James W. Coffron

**Der Mikroprozessor
68000**

Anwendung und Fehlersuche

Hardwarebeschreibung und Mikroprozessoren

Mikroprozessoren
von H. Schumny

Mikrocomputer, Aufbau und Anwendung
von J. Zschocke

Mikrocomputer – Struktur und Arbeitsweise
von R. Kassing

Mikrocomputerfibel
von G. Schnell und K. Hoyer

Mikrocomputer – Interfacefibel
von G. Schnell und K. Hoyer

Mikrocomputer – Jahrbuch
herausgegeben von H. Schumny

Digitaltechnik und Mikrorechner
von A. Schöne

Assembler-Programmierung von Mikroprozessoren (8080, 8085, Z80) mit dem ZX Spectrum
von P. Kahlig

Vieweg

James William Coffron

Der Mikroprozessor 68000

Anwendung und Fehlersuche

Friedr. Vieweg & Sohn   Braunschweig / Wiesbaden

Dieses Buch ist die deutsche Übersetzung von
James William Coffron
Using and Troubleshooting the MC68000
© 1983 by Reston Publishing Company, Inc., U.S.A.
Übersetzung aus dem Amerikanischen:
Constantin Schnell, Frankfurt a. Main

Das in diesem Buch enthaltene Programm-Material ist mit keiner Verpflichtung oder Garantie irgendeiner Art verbunden. Der Autor übernimmt infolgedessen keine Verantwortung und wird keine daraus folgende oder sonstige Haftung übernehmen, die auf irgendeine Art aus der Benutzung dieses Programm-Materials oder Teilen davon entsteht.

1985

Alle Rechte an der deutschen Ausgabe vorbehalten
© Friedr. Vieweg & Sohn Verlagsgesellschaft mbH, Braunschweig 1985

Die Vervielfältigung und Übertragung einzelner Textabschnitte, Zeichnungen oder Bilder, auch für Zwecke der Unterrichtsgestaltung, gestattet das Urheberrecht nur, wenn sie mit dem Verlag vorher vereinbart wurden. Im Einzelfall muß über die Zahlung einer Gebühr für die Nutzung fremden geistigen Eigentums entschieden werden. Das gilt für die Vervielfältigung durch alle Verfahren einschließlich Speicherung und jede Übertragung auf Papier, Transparente, Filme, Bänder, Platten und andere Medien. Dieser Vermerk umfaßt nicht die in den §§ 53 und 54 URG ausdrücklich erwähnten Ausnahmen.

Umschlaggestaltung: Ludwig Markgraf, Wiesbaden
Satz: Vieweg, Braunschweig
Druck und buchbinderische Verarbeitung: Lengericher Handelsdruckerei, Lengerich
Printed in Germany

ISBN 3-528-04330-X

Vorwort

Dieses Buch beschäftigt sich mit einem 16 Bit-Mikroprozessor, genauer, mit dem 68000. Geschrieben ist es für diejenigen, die mit Hardware arbeiten. Es liefert Informationen und Einzelheiten über die Organisation eines typischen 68000-Systems. Es beschreibt die Systemsteuerung und wie man die Fehlersuche mit einem Minimum von Software betreibt.

Damit ein Buch dieser Art eine wirkliche Unterstützung bei der Hardware-Fehlersuche sein kann, ist es wichtig, daß es auf die genauen Einzelheiten der Schaltungen eingeht und Pinzahlen und logische Spannungspegel an verschiedenen Prüfpunkten angibt. Eben das wird in diesem Buch geleistet.

Um einige Fehlersuch-Strategien anzuwenden, muß man die Software erlernen und einen hohen Grad von Übung in ihrer Anwendung erreichen. Dieses Problem stellt auch ein großes Hindernis für die Techniker dar, die bereits über digitale Hardware Bescheid wissen und die möglicherweise mit 8 Bit-Mikroprozessoren vertraut sind, aber die die 68000-Software nicht kennen. Aus diesem Grund und anderer Vorteile wegen behandelt dieses Buch den statischen Stimuliertest.

Der statische Stimuliertest ist eine Technik zur Hardware-Überprüfung, die sowohl unabhängig von Software als auch leistungsfähig bei der Lokalisierung von Hardware-Fehlfunktionen ist. Er ist eine einfache Ausweitung von Digitaltechniken, die bereits vielen bekannt sind, auf das Feld von Mikroprozessorsystemen.

Der Test benötigt lediglich normale Niedrigpreis-Instrumente, ein Gleichspannungs-Voltmeter und einen Logiktester, sowie einen statischen Stimuliertester, der gekauft oder selbst hergestellt werden kann. Der statische Stimuliertester liefert beliebig einstellbare Spannungspegel, 1 und 0, an die Anschlüsse des Mikroprozessorsockels. Diese logischen Spannungspegel pflanzen sich durch das System fort über die Adreßlinien, Datenbuslinien und Kontrollbuslinien bis zu ihren Bestimmungspunkten an den Speicheranschlüssen oder I/O Schaltungen. Da jeder logische Spannungspegel solange bestehen bleibt, bis der Bediener ihn ändert, ist genügend Zeit gegeben, um alle Punkte entlang des logischen Pfades zu prüfen. Die genannten Prüfungen können ohne jegliche Software-Kenntnis durchgeführt werden.

Kapitel 1 bietet eine Einführung und Übersicht über die Struktur und den Aufbau des MC 68000. Im Anschluß informiert es über Busstrukturen und Puffer. Der Rest des Kapitels handelt davon, wie Daten von einem Mikrocomputersystem in einen 68000 Mikroprozessor eingelesen werden, und es wird untersucht, wie das System organisiert ist, welche Kontrollsignale notwendig sind, welchen Namen sie jeweils tragen, wie diese Signale erzeugt werden und welche Signalfolgen zu beachten sind.

In Kapitel 2 diskutieren wir die wichtigen Einzelheiten bezüglich der Verwendung statischer RAMs mit dem 68000. Dabei betrachten wir die Erzeugung von Auswahl- und Kontrollsignalen ebenso wie eine Darstellung und Erläuterung der Signalfolge bei einer

Speicher-, READ- oder WRITE-Operation. Ein vollständiges Schaltbild dient als Unterlage für diese Erläuterungen. Kapitel 3 entspricht in der inhaltlichen Konzeption dem Kapitel 2, es behandelt aber das Schreiben und Lesen in einem I/O-Baustein des Systems.

Kapitel 4 behandelt ebenfalls Ein- und Ausgabe und es zeigt, wie man 6800-Peripherie-Bausteine an den 68000 anschließt.

Kapitel 5 führt in die Idee des statischen Stimuliertestens (SST) ein und untersucht den Aufbau eines statischen Stimuliertesters für den 68000. Es folgt eine eingehende Diskussion darüber, was der SST leisten muß und über die notwendige Hardware. Das Kapitel schließt mit einer Zusammenfassung der SST-Hardware.

Die Kapitel 6, 7 und 8 befassen sich mit der Fehlersuche im 68000-System. In den Kapiteln wird ausführlich erläutert, wie SST verwendet wird, um zu testen, Fehler zu suchen und Hardware-Operationen ohne Software zu prüfen. Dies beantwortet eine sehr wichtige Frage: Wie kann Hardware geprüft und in Ordnung gebracht werden ohne teure Software und ohne die Entwicklung von Software?

Das Buch schließt mit einer Erörterung in Kapitel 9, wie man mittels eines „Schrittmusters" rasch die einzelnen Speicherzellen prüfen kann. Das ist eine Speichersystem-Diagnose, die auf Software basiert. Der entscheidende Aspekt des „Schrittmusters" ist die Geschwindigkeit. Diese Technik kann nicht angewendet werden, wenn nicht ausreichend Speicherplatz vorhanden ist und das Hardware-System nicht imstande ist, das Programm zu bearbeiten. Deshalb wird genügend Speicherbereich und auch Hardware zunächst mit SST geprüft, damit die Schrittmuster-Diagnose auch laufen kann. Bevor also die Hardware nicht richtig funktioniert, ist es witzlos, eine auf Software basierende Diagnose zu versuchen, weil diese mit Sicherheit fehlschlagen wird.

Die Erörterungen in Kapitel 9 runden eine Fehlersuchstrategie ab, welche die große Vielzahl von Hardware-Problemen in einem typischen 68000-Mikroprozessor-System lösen. Die zukünftige Anwendung von 16 Bit-Anlagen ist vorhersehbar. Die Tatsache, daß Fachleute benötigt werden, um solche Systeme zu prüfen, zu reparieren, und in Betrieb zu halten, ist ebenfalls vorhersehbar und das bedeutet gute Berufsmöglichkeiten für diejenigen, die dazu imstande sind.

J. W. Coffron

Inhaltsverzeichnis

1 Auslesen aus dem System-ROM mit dem 68000 1
    1.1   Einführung 1
    1.2   Übersicht über die 68000-CPU 2
    1.3   Der Adreßbus des 68000 5
    1.4   Der Datenbus des 68000 8
    1.5   Bidirektionales Puffern des Datenbusses 12
    1.6   Lesen der Daten vom ROM 18
    1.7   Ein ROM-Lesevorgang des 68000 19
    1.8   Zeitablauf eines Speicherlesevorgangs 22
    1.9   Zusammenfassung der Signalfolge eines Lesevorgangs 26
    1.10 Zusammenfassung 26

2 Statische RAMs am 68000 28
    2.1   Übersicht über das System-RAM 28
    2.2   Die Speichersteuersignale 29
    2.3   Erzeugung der Speicherauswahlsignale 30
    2.4   Der RAM-Baustein 2114 32
    2.5   Steuersignale für den Speicher 2114 37
    2.6   Gesamtschaltung eines RAM-Speichers mit $1\,K \times 16$ Bit 39
    2.7   Ereignisfolge bei einem RAM-Lesezyklus 39
    2.8   Ereignisfolge bei einem RAM-Schreibzyklus 41
    2.9   Zusammenfassung der READ- und WRITE-Zyklen 42
    2.10 Vergrößerung der Zugriffszeit mit $\overline{DTACK}$ 43
    2.11 Zusammenfassung 46

3 Input und Output beim 68000 47
    3.1   Überblick über die I/O-Funktionen des 68000 47
    3.2   Die Port-Adresse 48
    3.3   Erzeugung des Signals $\overline{IORQ}$ 49
    3.4   Erzeugung des Port-Schreibsignals 50
    3.5   Erzeugung des Port-Lesesignals 52
    3.6   Vollständige Schaltung des I/O-Ports 54
    3.7   Zusammenfassung der Ereignisfolge für eine I/O-Operation 56
    3.8 $\overline{DTACK}$ bei einer I/O-Operation 57
    3.9   Zusammenfassung 58

4 Ein 6800-Peripheriebaustein am 68000 59
    4.2 Überblick über die PIA 6821 59
    4.2 Programmierung des 6821 62
    4.3 Datenbusverbindung zwischen dem 68000 und dem 6821 65
    4.4 Adressierung des 6821 66
    4.5 Der Eingang $\overline{VPA}$ des 68000 69
    4.6 Anschluß von $R/\overline{W}$ 72
    4.7 READ-Ereignisfolge für 6800-Peripherie 73
    4.8 WRITE-Ereignisfolge für 6800-Peripherie 74
    4.9 I/O-Unterschiede zwischen 68000 und 6800 75
    4.10 Software für die Programmierung des 6821 76
    4.11 Zusammenfassung 76

5 Statischer Stimuliertest beim 68000 83
    5.1 Einführung 83
    5.2 Überblick über den Statischen Stimuliertest 84
    5.3 Aufbau des Statischen Stimuliertesters 87
    5.4 Stimulierung von A1 bis A23 87
    5.5 Stimulierung von FC0 bis FC2 89
    5.6 Stimulierung der Steuerleitungen 89
    5.7 Stimulierung der Daten 91
    5.8 LED-Anzeige für den Datenbus 91
    5.9 LED-Anzeige weiterer 68000-Eingänge 93
    5.10 Zusammenfassung 93

6 Fehlersuche bei ROMs 94
    6.1 Ereignisfolge für das Lesen vom ROM 94
    6.2 Prüfung der Adreßpuffer 94
    6.3 Prüfung der Speicherauswahlleitungen 100
    6.4 Lesen von EPROM-Daten mit SST 102
    6.5 Dateneinspeisung in den ROM-Sockel 107
    6.6 Zusammenfassung 108

7 Fehlersuche bei statischen RAMs 109
    7.1 Einführung 109
    7.2 Ereignisfolge bei einem Lesezyklus 110
    7.3 Fehlersuche beim Lesen vom RAM 111
    7.4 Ereignisfolge bei einem Schreibzyklus 114
    7.5 Fehlersuche beim Schreiben zum RAM 115
    7.6 Zusammenfassung 118

8 Fehlersuche bei I/O-Operationen 119
- 8.1 Überblick über die I/O-Ports 119
- 8.2 Ereignisfolge beim Lesen vom Port 121
- 8.3 Fehlersuche beim Lesen vom Port 121
- 8.4 Ereignisfolge beim Schreiben zum Port 128
- 8.5 Fehlersuchen beim Schreiben zum Port 129
- 8.6 Zusammenfassung 132

9 Ein Systemspeichertest 133
- 9.1 Einführung 133
- 9.2 Einbau eines Schrittmusters 135
- 9.3 Flußdiagramm des Schrittmusters 137
- 9.4 Fehlerabschnitt des Flußdiagramms 140
- 9.5 Programmliste 144
- 9.6 Zusammenfassung 148

Anhang 149

Sachwortverzeichnis 195

1 Auslesen aus dem System-ROM mit dem 68000

1.1 Einführung

Dieses Buch handelt von dem sehr realen Problem des Fehlerfindens oder -einkreisens bei der Hardware, aus der ein typisches 68000-Mikroprozessorsystem besteht.

Gleichgültig, mit welchem Namen man den Vorgang der exakten Lokalisierung des Fehlfunktions-Ortes in einem Mikroprozessorsystem belegt, jeder erfahrene Hardware-Entwickler wird bestätigen, daß das ein sehr frustierendes und zeitraubendes Geschäft sein kann. Dieses Buch soll die notwendigen Richtlinien liefern für jeden, der daran interessiert ist, eine effektive Fehlersuche bei 68000-Mikroprozessor-Systemen durchzuführen. Es soll aber kein Hardware-Entwurfshandbuch sein, obwohl viele Beispiele für die Beschaltung der 68000-CPU angegeben und erklärt werden. Diese Erklärungen sind gedacht für jemanden, der einen 16 Bit-Mikroprozessor zum ersten Mal antrifft und werden dem Anfänger helfen, der dabei ist, die Mikroprozessor-Hardware-Organisation oder Hardware-Fehlersuche kennenzulernen. Das Ziel all dieser Erläuterungen ist es, dem Leser zu helfen, mit den verschiedenen Hardware-Funktionen des 68000 vertraut zu werden. Hat man sich die Wirkungsprinzipien, Zeitabläufe und Einzelheiten, die in diesen Beispielen gezeigt werden, angeeignet, so hat man einen sicheren Hintergrund, vor dem man sich später mit neuen System vertraut machen kann.

Die zweite Hälfte des Textes beschäftigt sich mit der Fehlersuche. Deren genaue Erläuterung kann nicht vorgenommen werden, bevor nicht einige Tatsachen bezüglich der Wirkungsweise des 68000 mitgeteilt wurden.

Die Kenntnis dieser Tatsachen erlaubt, jeden Schritt in dem Fehlersuch-Prozeß logisch nachzuvollziehen. Die Lösung eines Problems zu liefern, ohne sicher zu gehen, daß die Elemente des Problems verstanden sind, wird niemand von dem Wert der gezeigten Technik überzeugen. Deshalb ist die erste Hälfte dieses Textes der Beschaltung des 68000 mit der wichtigsten Hardware gewidmet, die man in einem typischen 68000-System findet.

Es mag überraschen, daß die wirkungsvolle Fehlersuche in der Hardware von Mikroprozessor-Systemen keine große Kenntnis der Software erfordert. Wir behaupten das jetzt zu Beginn des Textes. Der Leser mag dem zustimmen oder nicht. Aber am Ende dieses Textes fordern wir den Leser auf, diesen Satz nochmals zu lesen und zu entscheiden, ob unser Anspruch richtig war. Auf die Software für den 68000 wird in diesem Text kein großes Gewicht gelegt. Die Erläuterung der Fehlersuche für die Hardware wird soweit wie möglich ohne Bezug auf die System-Software gegeben. Ausnahmen werden vorkommen in den Fällen, wo Software-Testroutinen verwendet werden.

Wenn wir Fehlersuche ohne Software machen wollen, muß eine neue Hardware-Fehlersuchtechnik verwendet werden.

Diese Technik muß die Hardware-Fehlersuche unabhängig von der System-Software machen. Eine solche Technik ist der statische Stimuliertest. Es ist dies die hauptsächliche Fehlersuch-Methode, die in diesem Buch verwendet wird. Eine genaue Beschreibung des SST und wie er verwendet wird, ist der Schwerpunkt der letzten Kapitel.

In den Fällen, wo SST nicht ausreicht für die Fehlersuche, werden andere Techniken angeboten. Bei der Untersuchung von System-RAMs beispielsweise kann SST verwendet werden, um die Fehler der Speicher-Hardware zu finden. Wenn der Speicher jedoch groß ist, kann eine Software-Speichertestroutine verwendet werden, um den Fehlereinkreis-Prozeß zu beschleunigen. Jede Erörterung über Fehlersuche hängt in der Luft, wenn diese Erörterung nicht aktuelle Probleme aus der Praxis in Betracht zieht. Deshalb werden wir an einem typischen 68000-System zeigen, wie diese Fehlerfindetechniken angewendet werden. Unsere Beschreibung der Fehlersuche wird sich mit jedem wichtigen Schaltkreis der System-Hardware auseinandersetzen. Auf diese Weise wird der Leser aktuelle Beispiele finden, sowohl für die Anwendung der Fehlersuch-Techniken als auch die Schaltungstechniken bei der System-Hardware des 68000.

1.2 Übersicht über die 68000-CPU

Dieser Abschnitt eröffnet die technische Erörterung mit einigen wichtigen Einzelheiten und Bemerkungen bezüglich des Mikroprozessors 68000.

Diese Erörterung setzt voraus, daß der Leser einigermaßen vertraut ist mit wenigstens einem 8 Bit-Mikroprozessor. Wenn er einige Software geschrieben hat und sich durch die Hardware-Details irgendeines Mikroprozessorsystems hindurchgearbeitet hat, so ist dies ein ausreichender Hintergrund, um von diesem Text zu profitieren.

Es wäre verfrüht, schon jetzt das vollständige Blockdiagramm des Mikroprozessors 68000 zu besprechen. Deshalb werden wir nur diese Bereiche des 68000 untersuchen, die direkt in Beziehung zu dem gerade untersuchten Thema stehen. Dieser Text behandelt alle wichtigen Punkte bezüglich der Hardware des 68000, aber sie werden nach und nach erklärt werden.

Bild 1.1 zeigt die Gruppierung der Anschlüsse des 68000. Es mag dem Leser in diesem Augenblick noch nicht klar sein, warum die Signale in der gezeigten Weise gruppiert sind. Außerdem versteht er möglicherweise nicht vollständig die Namen dieser Signale. Jede dieser Hauptgruppen wird erläutert, sobald es im Verlauf des Textes notwendig ist.

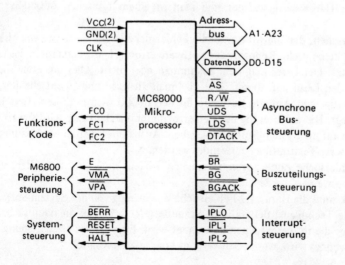

Bild 1.1

Gruppierung der Anschlüsse des 68000 in Funktionsblöcke

1.2 Übersicht über die 68000-CPU

Bei der Betrachtung der Signale in Bild 1.1 kommen einem von der Kenntnis der 8 Bit-Mikroprozessoren her einige der Gruppen sehr vertraut vor, wie z. B. die mit „Adressbus" benannte Gruppe. Es gibt 23 Adressleitungen in dieser Gruppe.

Der Datenbus hat 16 anstelle von 8 Leitungen. Die Datenbus-Gruppe plaziert den 68000 in die Kategorie der 16 Bit-Mikroprozessoren.

Die Stromversorgung für den 68000 erfolgt über + 5 Volt und Masse. Ein einziger externer Taktanschluß versorgt den 68000. Es gibt keinen internen Taktgenerator wie bei manchen 8 Bit-Mikroprozessoren. Auf den Takteingang werden wir später zurückkommen.

Bild 1.1 zeigt die Gruppe der als „Interrupt Control" bezeichneten Signale. Mittels dieser Eingänge kann der Mikroprozessor in seiner Arbeit unterbrochen werden. Der Ausdruck Interrupt ist nicht neu, sondern derselbe wie für die 8 Bit-Mikroprozessoren.

Eine andere Gruppe von Signalen in Bild 1.1 ist bezeichnet mit „M6800 Pheripheral Control". Diese Signale werden verwendet, um den 68000 direkt mit den herkömmlichen 6800-Peripheriebausteinen zu verbinden. Der 6800 ist ein 8 Bit-Mikroprozessor, der 68000 ein 16 Bit-Mikroprozessor. In einem der späteren Kapitel wird gezeigt, wie man den 68000 an eine übliche 6800 Peripherie-Einheit anschließt, nämlich an die 6821 PIA.

Eine andere Gruppe der in Bild 1.1 gezeigten 68000-Signale heißt „Prozessorstatus". Wenn der Leser mit dem 8080, einem 8 Bit-Mikroprozessor, vertraut ist, dann kennt er das Konzept des Prozessorstatus. Für die Leser, die andere 8 Bit-Mikroprozessoren kennen, mag das Konzept des Prozessorstatus vollkommen neu sein. Ganz allgemein zeigen die Zustände dieser Statusanschlüsse die Art von Hardware-Aktivität an, die augenblicklich im 68000 abläuft.

Ebenfalls neu ist in Bild 1.1 die Art Pfeil, die für 2 der 68000-System-Kontrollsignale verwendet wird: „Halt" und „Reset". Das bidirektionale „Halt"-Signal kann entweder von einer externen Quelle an den 68000 gesendet werden, oder es kann vom 68000 nach außen gegeben werden. Dies ist ein neues Konzept für jeden, der mit 8 Bit-Mikroprozessoren vertraut ist. Bei den meisten 8 Bit-Mikroprozessoren geht das Haltsignal nur in eine Richtung, d.h., das Signal wurde von einer externen Quelle erzeugt und wird zum Mikroprozessor gesendet. Wir werden die meisten der in Bild 1.1 angegebenen Signale besprechen, wenn wir zu den Schaltbeispielen dieses Buches kommen.

Bild 1.2 zeigt die genaue Pinanordnung des 68000. Es ist ganz interessant, die Größe des Bausteins in Bild 1.2 zu untersuchen. Ein 68000 ist in einem dual-in-line-Gehäuse mit 64 Anschlüssen untergebracht. Dieses Gehäuse ist viel größer als jedes der normalen 40 Pin-DIL-Gehäuse, die normalerweise für 8 Bit-Mikroprozessoren Verwendung finden.

Bild 1.3 vergleicht die Abmessungen des 64 Pin-Gehäuses mit dem vertrauteren 40 Pin-Gehäuse.

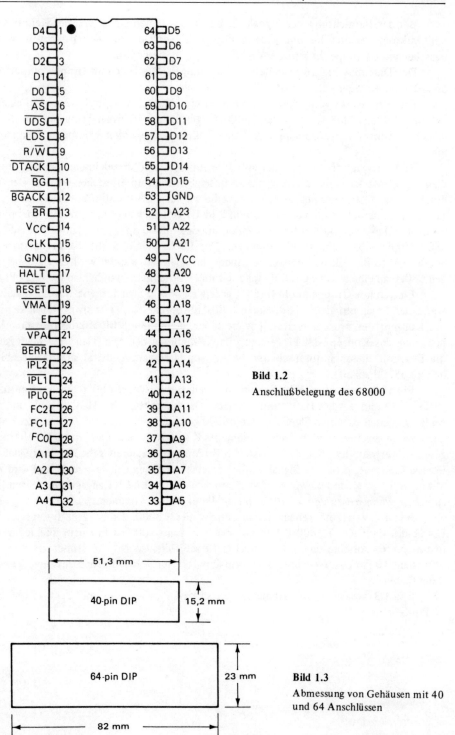

Bild 1.2
Anschlußbelegung des 68000

Bild 1.3
Abmessung von Gehäusen mit 40 und 64 Anschlüssen

1.3 Der Adreßbus des 68000

Wir wollen nun untersuchen, wie der Adreßbus des 68000 in einem typischen System aufgebaut ist.

Bild 1.4 zeigt, wie die einzelnen Adreßleitungen des 68000 den Anschlüssen des 64 Pin-Dip-Gehäuses zugeordnet sind. Man beachte in dieser Abbildung, daß die Adreßleitungen mit „A1" beginnen. Die meisten anderen Mikroprozessoren starten mit der Adreßlinie A0.

Es gibt eine logische Adressenleitung A0 beim 68000, die intern genutzt wird. Die externe Hardware greift darauf nicht zurück. Dieser Punkt wird klarer, wenn wir im Verlauf des Textes auf die Konstruktion des tatsächlichen Speicherbereiches für den 68000 kommen.

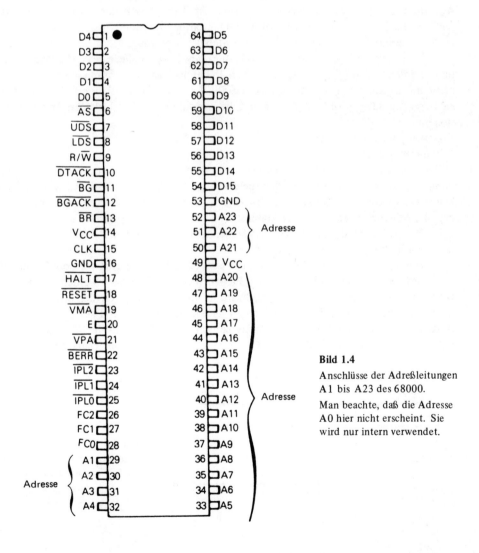

Bild 1.4

Anschlüsse der Adreßleitungen A1 bis A23 des 68000.

Man beachte, daß die Adresse A0 hier nicht erscheint. Sie wird nur intern verwendet.

Alle Adressenleitungen A1–A23, die in Bild 1.4 gezeigt sind, haben jeweils eigene pin-Anschlüsse, im Gegensatz zu anderen 16 Bit-Mikroprozessoren, wie dem Z 8000 und dem 8086.

Jeder dieser Mikroprozessoren multiplext den Adressen- und den Datenbus. Das Multiplexen des Adressen- und Datenbusses erlaubt, die Anzahl der pins des Gehäuses zu reduzieren. Diese Tatsache erlaubt dem Z 8001 ein 48 Pin-DIP-Gehäuse, während der Z 8002 und der 8086 in einem 40 Pin-Gehäuse verpackt sind.

Der gesamte Adreßraum für den 68000 berechnet sich auf folgende Weise:

Es gibt 24 wirksame Adreßleitungen, A0–A23. (Man erinnere sich daran, daß A0 keine nach außen geführte Adreßleitung ist.) Mit 24 Adreßleitungen kann der gesamte Adreßraum zu 2^{24} oder 16.777.216 Speicherplätzen berechnet werden.

Der Adreßraum, den wir soeben berechnet haben, stellt die Gesamtzahl von Datenbytes dar, auf die der 68000 zugreifen kann. Da der 68000-Speicherbereich in Form von Wörtern (16 bit, 2 paralle Bytes) organisiert ist, beläuft sich der gesamte Speicherbereich auf 8.388.608 Worte. Mehr über die Organisation des 68000-Speicherbereichs später, wenn wir einige typische Speichersysteme untersuchen werden.

Vergessen wir nicht, daß die einzelnen Hardware-Anschlüsse des 68000 dann eingeführt werden, wenn wir sie brauchen. Deshalb beschäftigen wir uns in diesem Augenblick nicht mit den anderen Anschlüssen des 68000. Es ist einfacher, sich auf eine kleine Anzahl von Anschlüssen zu beschränken und die Wirkungsweise dieser kleinen Anzahl zu verstehen.

Die wichtigsten Leitungen, die mit dem Adreßbus zusammenhängen, sind die Adreßleitungen und ein Kontrolsignal vom 68000, genannt „$\overline{AS}$". Die Adreßleitungen des 68000 werden nicht zeitlich mit dem Datenbus gemultiplext, und in den meisten Anwendungen bedarf es keiner Zwischenspeicherung der Adressen. Das $\overline{AS}$-Kontrollsignal kündigt der externen Hardware an, daß eine Adresse auf den Adreßleitungen anliegt und daß alle Adreßleitungen elektrisch stabil sind.

Bild 1.5 zeigt den zeitlichen Zusammenhang zwischen dem $\overline{AS}$-Kontrollsignal und den Adreßleitungen A1 bis A23 des 68000.

Der Leser mag sich wundern, warum ein Adreß-Strobe-Signal vom 68000 ausgegeben wird, obwohl die Adreßleitungen nicht zwischengespeichert werden müssen. Ein Grund ist, daß manche periphere Hardware in einem System von der Information Gebrauch machen kann, daß die Adressen zu diesem Zeitpunkt stabil auf den Adressenleitungen liegen. Beispielsweise kann ein dynamisches RAM-System das $\overline{AS}$-Signal verwenden, um die Signalfolge $\overline{RAS}$, $\overline{MUX}$, $\overline{CAS}$ für die Steuerung des Speichersystems ablaufen zu lassen.

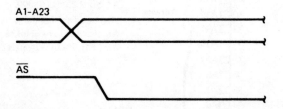

Bild 1.5
Zeitdiagramm für die Adressen A1 bis A23 und das Steuersignal $\overline{AS}$

1.3 Der Adreßbus des 68000

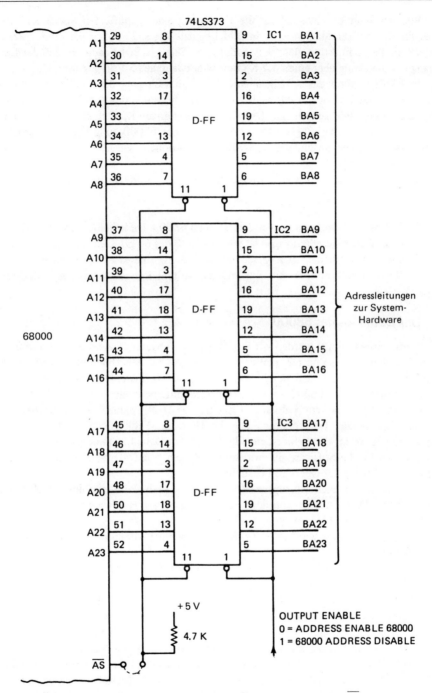

Bild 1.6 Beispiel für die Adreßpufferung beim 68000. Das Steuersignal $\overline{AS}$ wird hier nicht verwendet.

Bild 1.6 zeigt ein Beispiel für die Erzeugung eines gepufferten Speicheradressenbusses für den 68000. Man beachte in Bild 1.6, daß 74LS373-Puffer verwendet werden, aber daß die Pufferfunktion nicht verwendet wird. Dies geschieht dadurch, daß der Latch-Eingang der Bausteine über einen 4,7 K Ohm-Widerstand auf 5 Volt gezogen wird.

In Bild 1.6 kann das $\overline{AS}$-Signal mit dem Latch-Eingang des 74LS373 verbunden werden, wenn der Entwickler das wünscht. (Es muß betont werden, daß dieser Text nicht als ein Schaltungsbuch gedacht ist. Der Zweck dieser ersten Kapitel ist es, einen allgemeinen Einblick in die Wirkungsweise der Hardware des 68000 zu geben. Dies geschieht durch einige Beispiele verschiedener Hardware-Funktionen, wie sie mit dieser CPU realisiert werden können.)

Bis hierher haben wir 3 Grundtatsachen über den 68000 Adreßbus eingeführt. Sie sind:

1. Es gibt 23 Adreßleitungs-Anschlüsse beim 68000. Diese heißen „A1 bis A23".
2. Jeder dieser Adreßleitungen ist ein Anschluß des 64 pin-Gehäuses zugeordnet.
3. Das Kontrollsignal „$\overline{AS}$" erscheint zeitlich so, daß es einer externen Hardware die Information über den Zustand der Adreßleitungen A1 bis A23 des 68000 liefert.

1.4 Der Datenbus des 68000

In diesem Abschnitt werden wir Einzelheiten des System-Datenbusses des 68000 erklären. Man beachte in Bild 1.7, daß es 16 Anschlüsse für den Datenbus des 68000 gibt. Diese Tatsache bedeutet, daß der 68000 parallel auf 16 Datenleitungen arbeiten kann.

Die Software des 68000 kann Operationen mit mehr als 16 Bit durchführen, die Hardware des Systems kann jedoch gleichzeitig nur 16 Bit parallel in den 68000 hinein oder aus ihm heraus transferieren. Für die Hardware-Fehlersuche ist diese Tatsache äußerst wichtig. Wenn der Fehlersuchende den 16 Bit-Datenbus zum korrekten Arbeiten bringt, dann wird die Software die notwendige Anzahl von Datenworten erhalten, die sie für die Durchführung der Operation braucht.

Wie bei den meisten Mikroprozessoren sind die Datenleitungen des 68000 bidirektional, d.h. die Daten können von der CPU zu der externen Hardware oder von der externen Hardware zu der CPU transferiert werden.

Diese Operationen werden in Zyklen durchgeführt, die man WRITE- und READ-Zyklen nennt.

Bild 1.8 zeigt ein Blockdiagramm dieser beiden Datenoperationen.

Wir werden nun ein neues Signal einführen, welches „R/$\overline{W}$" genannt wird (pin 9 in Bild 1.7). Dieses Ausgangssignal des 68000 informiert darüber, welche Art von Datenübertragung stattfinden soll. Wenn das R/$\overline{W}$-Signal logisch 1 ist, liest der 68000 Daten ein. Wenn das R/$\overline{W}$-Signal logisch 0 ist, schreibt der 68000 Daten in eine externe Anordnung.

Zwei weitere Signale müssen hier erwähnt werden. Diese Signale heißen: „$\overline{UDS}$" und „$\overline{LDS}$" (pin 7 u. 8 des Bildes 1.7). Der Ausdruck $\overline{UDS}$ ist die Abkürzung für „UPPER DATA STROBE" und $\overline{LDS}$ für „LOWER DATA STROBE". Diese beiden Signale sind für den Zeitablauf wichtige Steuersignale. Die Ausdrücke „UPPER" und „LOWER" beziehen sich auf das Datenbyte des Datenbusses.

1.4 Der Datenbus des 68000

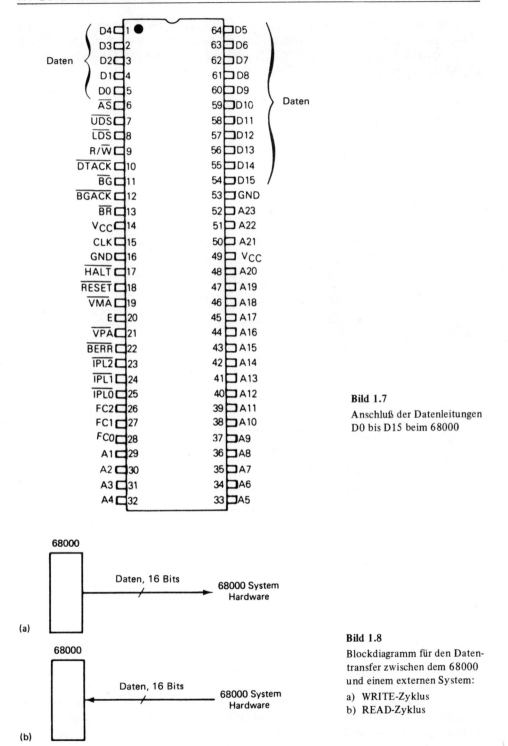

Bild 1.7
Anschluß der Datenleitungen D0 bis D15 beim 68000

Bild 1.8
Blockdiagramm für den Datentransfer zwischen dem 68000 und einem externen System:
a) WRITE-Zyklus
b) READ-Zyklus

1 Auslesen aus dem System-ROM mit dem 68000

Der Datenbus des 68000 ist 16 Byte breit. Diese 16 Bytes bestehen aus 2 parallelen Bytes, einem „oberen Byte" und einem „unteren Byte". Das „obere Byte" bezieht sich auf die Datenleitungen D8 bis D15. Das „untere Byte" bezieht sich auf die Datenleitungen D0 bis D7.

In Bild 1.9 ist gezeigt, wie das obere und das untere Datenbyte den jeweiligen Gehäuseanschlüssen des Datenbusses zugeordnet sind.

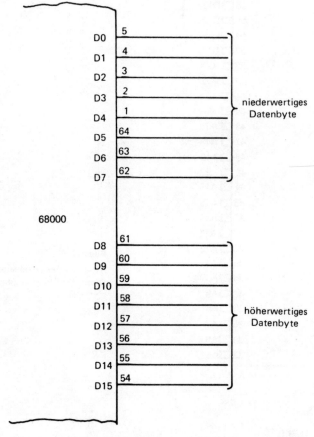

Bild 1.9 Zuordnung des oberen und unteren Datenbyte zu den Anschlüssen des 68000

Der Leser mag fragen, wozu die beiden Leitungen $\overline{UDS}$ und $\overline{LDS}$ notwendig sind. Wir geben jetzt eine allgemeine Antwort auf diese Frage und später eine genauere. Der 68000 kann sowohl mit Bytes als auch mit 16 Bit-Worten Daten austauschen. Manchmal ist ein Programm so geschrieben, daß nur die Information, die in dem Datenbyte der Leitungen D8 bis D15 stecken, gefragt ist. Dies könnte z.B. der Fall bei einem 8-Bit-I/O-Baustein sein, der an diese 8 Datenleitungen angeschlossen ist (Bild 1.10).

1.4 Der Datenbus des 68000

In dem Beispiel des Bildes 1.10 soll das obere Datenbyte gelesen oder geschrieben werden. Die Software des 68000 kann auch nur die $\overline{\text{UDS}}$-Leitung des 68000 während eines READ- oder WRITE-Zyklus aktivieren. In diesem Fall würde die Information auf den unteren Datenleitungen nicht beeinflußt (siehe Bild 1.11) werden.

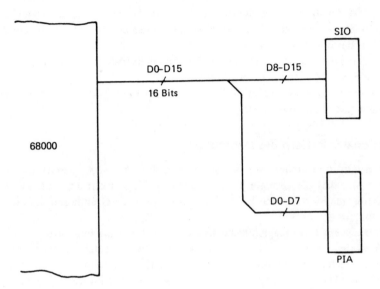

Bild 1.10 Der Anschluß des 68000 an 8-bit-I/O-Bausteine

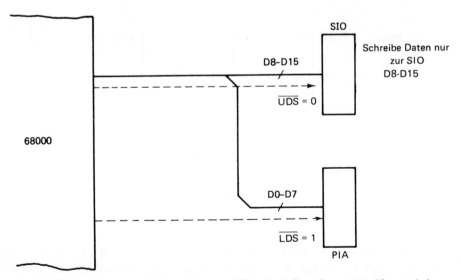

Bild 1.11 Wenn I/O-Bausteine an die oberen und die unteren Datenbytes angeschlossen sind, kann der 68000 das eine Byte unabhängig vom anderen anwählen.

Wir werden die $\overline{\text{UDS}}$- und $\overline{\text{LDS}}$-Steuerleitungen ausführlich besprechen wenn wir tatsächlich ein Mikroprozessorsystem aufbauen. Jetzt halten wir fest, daß die $\overline{\text{UDS}}$- und $\overline{\text{LDS}}$-Steuerleitungen mit dem oberen bzw. unteren Datenbyte verknüpft sind. In diesem Abschnitt über den Datenbus des 68000 haben wir vier Hauptpunkte eingeführt:

1. An dem 64 Pin-DIP-Gehäuse des 68000 gibt es 16 Anschlüsse für den Datenbus.
2. Das R/$\overline{\text{W}}$-Steuersignal gibt Auskunft über die Art des Datentransfers, die auf dem Datenbus des 68000 stattfindet.
3. Die beiden Steuerleitungen $\overline{\text{UDS}}$ und $\overline{\text{LDS}}$ sind dem oberen bzw. unteren Datenbyte des System-Datenbusses zugeordnet.
4. Der 68000 kann entweder mit 8 Bits (oben oder unten) oder 16 Bits bei jeder Datenübergabe kommunizieren.

1.5 Bidirektionales Puffern des Datenbusses

Wir wollen nun untersuchen, wie der Systemdatenbus des 68000 gepuffert werden kann. Bedenken Sie, daß die gezeigte Technik nur eine Möglichkeit aufzeigt, wie diese Hardware-Funktion realisiert werden kann. Sie demonstriert die Grundlagen der bidirektionalen Pufferung für den 68000.

Bild 1.12 zeigt ein Blockdiagramm dessen, was wir durch die bidirektionale Pufferung erreichen wollen. Wie Bild 1.12 zeigt, müssen die Systemdaten bei einer READ-Operation von der externen Hardware zum 68000 gepuffert werden. Für eine WRITE-Operation müssen die Daten vom 68000 zu der externen Hardware hin gepuffert werden.

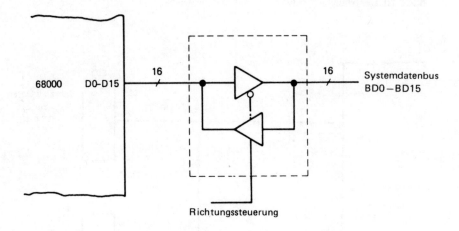

Bild 1.12 Das Konzept des bidirektionalen Puffers beim Datenbus des 68000

Bild 1.13a zeigt die tatsächlichen elektrischen Bausteine, die für die Pufferung verwendet werden. Es sind dies zwei 74LS245, oktale bidirektionale Puffer. Der eine der beiden 74LS245 puffert das obere Datenbyte und der andere das untere. Bild 1.13a zeigt nicht, wie die Richtung der Puffer gesteuert wird. Bild 1.13b zeigt die Innenschaltung des

1.5 Bidirektionales Puffern des Datenbusses

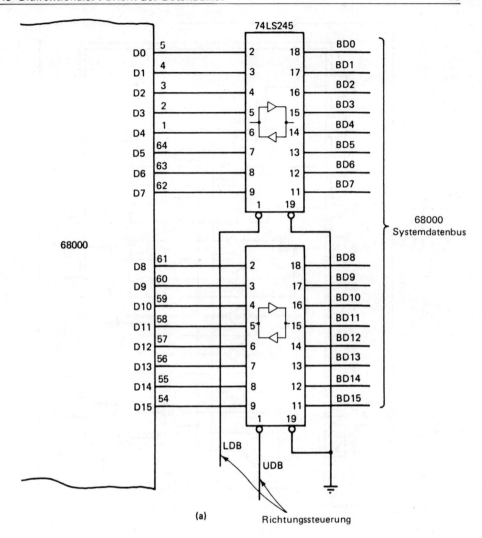

Bild 1.13 Bidirektionale Datenpufferung
a) Schaltbild

14   1 Auslesen aus dem System-ROM mit dem 68000

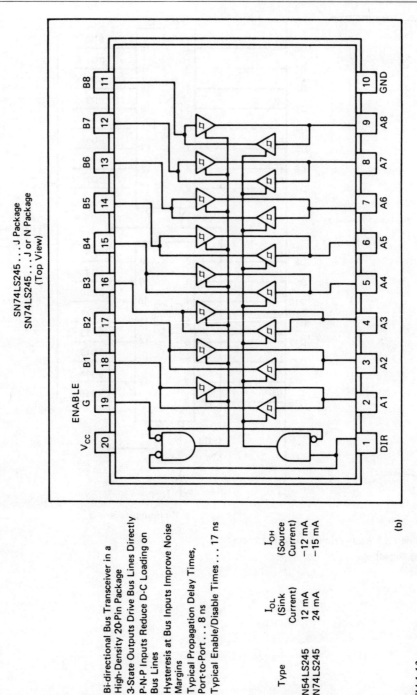

SN74LS245 ... J Package
SN74LS245 ... J or N Package
(Top View)

- Bi-directional Bus Transceiver in a High-Density 20-Pin Package
- 3-State Outputs Drive Bus Lines Directly
- P-N-P Inputs Reduce D-C Loading on Bus Lines
- Hysteresis at Bus Inputs Improve Noise Margins
- Typical Propagation Delay Times, Port-to-Port ... 8 ns
- Typical Enable/Disable Times ... 17 ns

Type	I_{OL} (Sink Current)	I_{OH} (Source Current)
SN54LS245	12 mA	−12 mA
SN74LS245	24 mA	−15 mA

(b)

Bild 1.13
b) Tristate-Bustreiber 74LS245

1.5 Bidirektionales Puffern des Datenbusses

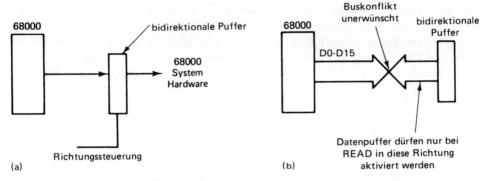

Bild 1.14 Blockbild der bidirektionalen Datenpuffer:
a) Ein möglicher Buskonflikt kann durch die richtige Richtungssteuerung der bidirektionalen Puffer vermieden werden.
b) Die bidirektionalen Puffer sind ständig für die Datenrichtung vom 68000 zum System aktiviert, ausgenommen bei einer READ-Operation.

74LS245. Die bidirektionalen Puffer sind so geschaltet, daß normalerweise die Datenanschlüsse des 68000 auf den Systemdatenbus deuten (vgl. Bild 1.14a). Das einzige Mal, wo die bidirektionalen Puffer die Systemdaten auf die Datenpins des 68000 geben, geschieht während eines READ-Zyklus, damit jeder mögliche „Buskonflikt" mit den Datenpins des 68000 zu vermieden wird. Bild 1.14b zeigt ein Blockdiagramm dieser Situation.

Die Steuersignale des 68000 zur Steuerung der bidirektionalen Pufferung sind:

1. $R/\overline{W}$,
2. $\overline{UDS}$ (upper data strobe),
3. $\overline{LDS}$ (lower data strobe).

Die genaue Zeitfolge dieser Signale haben wir nicht untersucht. Für unsere Zwecke ist es nicht notwendig, die genaue Zeitfolge zu verstehen; man muß lediglich die Reihenfolge der Kontrollsignale kennen. Die Reihenfolge der Ereignisse für einen READ-Zyklus ist:

1. Der Systemadreßbus wird auf die Adreßleitungen gegeben.
2. $\overline{AS}$ (adress strobe) wird gesetzt.
   Diese beiden Ereignisse haben für unsere Untersuchung der Steuerung der bidirektionalen Puffer keine Bedeutung.
3. Nun wird das $R/\overline{W}$-Signal auf logisch 1 gesetzt.
4. Das $\overline{UDS}$-Signal wird auf logisch 0 gesetzt, wenn das System Daten für das obere Byte liest.
5. Das $\overline{LDS}$-Signal wird auf logisch 0 gesetzt, wenn das System Daten für das untere Datenbyte liest.

Man sollte beachten, daß die beiden Aktionen 4 und 5 zur gleichen Zeit auftreten können, wenn das System in der parallelen Weise mit 16 Bits arbeitet.

Das Zeitdiagramm des Bildes 1.15 zeigt den prinzipiellen Ablauf der Signale R/$\overline{\text{W}}$, $\overline{\text{UDS}}$, und $\overline{\text{LDS}}$ für eine Byte- oder Wortübertragung. Anhand der Information des Bildes 1.15 kann die Logik für die Steuerung der bidirektionalen Datenpuffer, wie in Bild 1.16 gezeigt, entworfen werden.

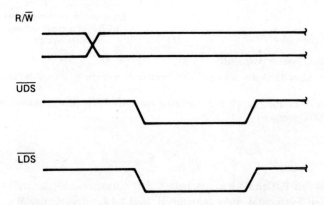

Bild 1.15 Zeitdiagramm der Steuersignale R/$\overline{\text{W}}$, $\overline{\text{UDS}}$ und $\overline{\text{LDS}}$ des 68000

Die bidirektionalen Puffer in Bild 1.16 lassen das obere bzw. das untere Datenbyte nur während eines READ-Zyklus zum 68000. Man muß beachten, daß auch beide Datenbytes gleichzeitig übertragen werden können. Man erkennt in Bild 1.16 auch, daß die bidirektionalen Puffer die Daten vom 68000 zum System hin ständig puffern, ausgenommen während eines READ-Zyklus. Während eines WRITE-Zyklus werden die bidirektionalen Puffer von keinem der Steuersignale des 68000 beeinflußt.

1.5 Bidirektionales Puffern des Datenbusses

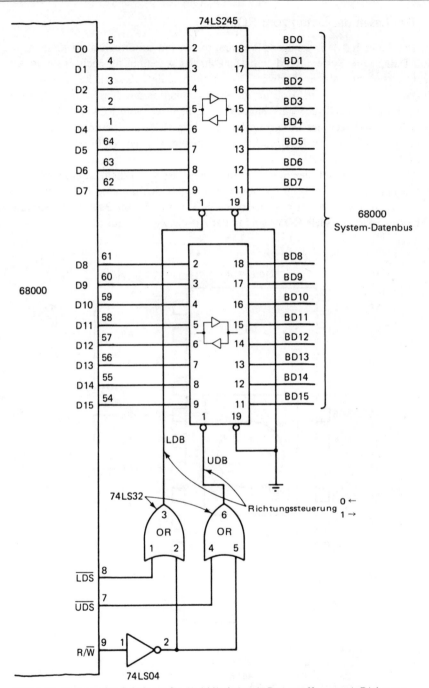

Bild 1.16 Vollständige Schaltung für die bidirektionale Datenpufferung mit Richtungssteuerungslogik

1.6 Das Lesen der Daten vom ROM

Der Leser hat nun genügend Vorkenntnisse, um untersuchen zu können, wie der 68000 Daten vom System-ROM liest. Sowohl der Adreßbus als auch der bidirektionale Datenbus sind bei dieser Hardware-Operation beteiligt. Zusätzliche Steuersignale des 68000 werden erklärt, sobald sie für die Kommunikation mit dem System-ROM benötigt werden. Es ist sinnvoll, vor der genauen Erklärung, wie vom ROM gelesen wird, einige allgemeine Grundlagen des Datenzugriffs bei einem ROM zu erläutern. Von dieser allgemeinen Grundlage aus ist es einfacher zu verstehen, wie der 68000 im einzelnen Daten vom ROM liest.

Der Typ des ROM, der hier untersucht wird, ist in Wirklichkeit ein EPROM (Eraseable Programmable Read Only Memory). Es handelt sich um eine 2716-Einheit, wie sie Bild 1.17 zeigt. Das 2716 ist organisiert in $2K \times 8$ Bits. Dieser Baustein ist ein universell einsetzbares EPROM. Viele ROMs sind in der Art des Zugriffs auf die internen Daten ähn-

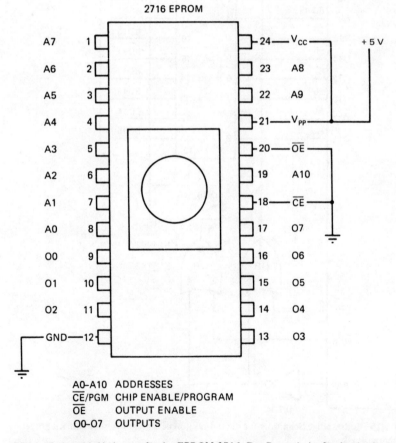

Bild 1.17 Anschlußbelegung für das EPROM 2716. Der Baustein ist für das Auslesen geschaltet.

lich, deshalb leidet die Allgemeingültigkeit unserer Erläuterungen nicht, wenn wir uns auf diesen Baustein beschränken. Damit irgendein Mikroprozessor Daten vom EPROM 2716 lesen kann, muß eine Adresse an die Speicheradreßleitungen A0 bis A10 des Bausteins angelegt werden. Der Eingang $\overline{CE}$ (pin 18) und der Eingang $\overline{OE}$ (pin 20) müssen logisch 0 sein. Der Anschluß V_{pp} (pin 21) wird auf 5 Volt gelegt (vgl. Bild 1.17).

Unter diesen Eingangsbedingungen sind die Ausgänge 00 bis 07 des EPROMs aktiv. In einem Mikroprozessorsystem werden die Ausgänge des ROM elektrisch auf den Systemdatenbus gelegt, wenn der Mikroprozessor Daten aus dem Adressenraum des ROM liest. Das bedeutet, daß die Ausgänge des 2716 die gesamte Last des Systemdatenbusses tragen müssen. In einem kleinen System, wo die Last des Datenbusses nicht so groß ist, benötigt der 2716 keine vorherige Pufferung, wenn er an den Systemdatenbus gelegt wird. Eine Faustregel für die Entscheidung, ob das ROM-Speichersystem Pufferung benötigt oder nicht, ist diese:

Wenn der Mikroprozessor eine bidirektionale Pufferung benötigt, dann braucht der Speicher auch einen Ausgangspuffer.

Das ist so, weil die Ausgangsbelastbarkeit des Mikroprozessors normalerweise so groß ist, wie die der meisten Halbleiterspeicherbausteine.

1.7 Ein ROM-Lesevorgang des 68000

Nun werden wir untersuchen, wie der 68000 Daten von dem System-ROM liest. Der 68000 kann ein einfaches Byte (8 Bits) oder ein Wort (16 Bits) während jedes READ- oder WRITE-Zyklus lesen bzw. schreiben. Der Systemspeicher ist organisiert in N × 16 Bits, wo N die Nummer einer einzelnen Adreßstelle ist. Wenn der 68000 Daten vom Speicher liest, muß die Systemspeicher-Hardware nicht darüber informiert werden, ob ein Byte oder ein Wort gelesen werden soll. Die System-Hardware kann ganz einfach die ganzen 16 Bits auf den Datenbus legen und den Mikroprozessor die Daten lesen lassen, die er braucht (siehe Bild 1.18).

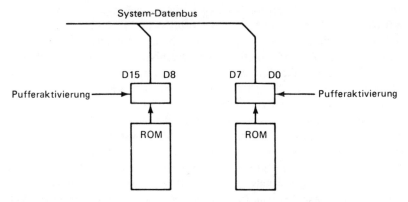

Bild 1.18 Die Ausgabe von Daten aus dem ROM auf den Systemdatenbus über Speicherpuffer

Wenn der Mikroprozessor das höherwertige Byte der Daten vom ROM liest, also D8 bis D15, ist die Speicheradresse geradzahlig. Oder, andersherum, es wird D8 bis D15 von einer Adresse gelesen, bei der A0 logisch 0 ist. Die Daten-Bits D0 bis D7 werden von einer ungeradzahligen Adresse gelesen, d.h., einer Adresse, bei der A0 logisch 1 ist. Wenn der 68000 Operationen durchführt, die Datenbytes verwenden, dann veranlaßt die System-Software die Hardware, eine ungerade oder gerade Adresse auszugeben. Das Adreß-Bit A0 wird intern im 68000 verwendet, um die Ausgangssteuersignale $\overline{UDS}$ und $\overline{LDS}$ zu erzeugen.

Eine Frage kann sich nun stellen: „Wenn der 68000 ein Wort, also 16 Bits, vom Speicher liest, verwendet er dann zwei Speicher-READ-Zyklen; einen mit A0 auf logisch 0 und den anderen mit A0 auf logisch 1?" Die Antwort auf diese Frage ist „Nein". Der 68000 liest alle 16 Bits in einem einzigen Speicher-READ-Zyklus. Die interne Logik des 68000 setzt die Signale $\overline{UDS}$ und $\overline{LDS}$ gleichzeitig, wenn 16 Bits gelesen werden. Bis jetzt ist angenommen worden, daß alle Speicher-READ-Zyklen vom System-ROM Wort-(16 Bit) Operationen sind. Diese Annahme ist korrekt und beschränkt die Leistungsfähigkeit des Systems nicht.

Wenn die Worte aus dem Adreßraum des System-ROM gelesen werden, so wird die interne Adreßleitung A0 durch den 68000 ignoriert. Die Signale $\overline{UDS}$ und $\overline{LDS}$ werden zur gleichen Zeit gesetzt. Die Adreßleitungen A1 bis A11 werden verwendet als Adresseneingänge für das EPROM 2716. Die Adreßleitungen A12 bis A15 werden für die Erzeugung von Speicherauswahlleitungen verwendet. Bestimmte Steuerbits des 68000 werden logisch verknüpft, um das Enable-Signal für die Speicherdatenpuffer zu liefern. Die Schaltung für ein ROM-System mit 4K × 16 Bit für den 68000 zeigt Bild 1.19.

Man beachte in Bild 1.19, daß der Speicherbereich mit den Adressen 0000–0FFF (0–4095) durch die ROMs A und B bereitgestellt wird. Der Speicherbereich mit den Adressen 1000–1FFF (4096–8191) wird durch die ROMs C und D bereitgestellt. Alle 23 Adreßleitungen werden bei jeder Speicheroperation durch den 68000 logisch festgelegt. In diesem Beispiel verwenden wir nur 15 dieser Leitungen. Aus der Anordnung des Adressenbereichs ergibt sich, daß er in 4K-Blöcken angeordnet ist, wodurch sich ein gesamter Adreßbereich von 8K ergibt. Wir haben aber nun festgelegt, daß dieser Bereich durch die Bausteine 2716 bedient wird, deren Organisation 2K × 8 Bit ist.

Der Grund für diese anscheinende Ungereimtheit liegt darin, daß der adressierbare Speicherbereich des 68000 auf eine byteweise Organisation bezogen ist. Die byteweise Organisation erfordert, daß die CPU den doppelten Adreßbereich wie bei einzelnen Bytes verwendet, wenn sie mit einem Speicher kommuniziert, der 16 Bits breit ist.

Aus Bild 1.19 ist weiterhin zu ersehen, daß das Bit A0 des Adreßbusses elektrisch nicht erscheint. Das ist auf die Tatsache zurückzuführen, daß der 68000 dafür keinen Ausgang besitzt. Die Grundlage des Verständnisses des ROM-Systems in Bild 1.19 beruht auf der Tatsache, daß der 68000 eine Anzahl elektrischer Zustände durch die Verwendung seiner Adressen-, Daten- und Steuerbits herstellt. Wenn die elektrischen Zustände korrekt sind, so wird ein zuverlässiger Signalweg von den ROM-Ausgängen zu den Dateneingängen des 68000 aufgebaut. Man hat eine Datenquelle (ROM), eine Datensenke (68000 CPU) und einen vollständigen Datenweg, der durch die entsprechend aktivierte Hardware hergestellt wird.

1.7 Ein ROM-Lesevorgang des 68000

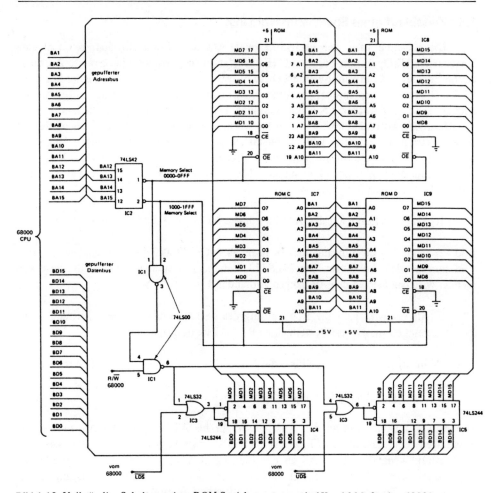

Bild 1.19 Vollständige Schaltung eines ROM-Speichersystems mit 4K × 16 bit für den 68000

Wir wollen die Reihenfolge der elektrischen Ereignisse für eine Speicher-READ-Operation durchgehen. Dabei werden wir die exakte Zeitfolge nicht erwähnen. Die Beziehungen der Signale untereinander werden als individuelle elektrische Ereignisse untersucht. Einige Ereignisse werden nacheinander eintreten, während andere wiederum zur gleichen Zeit auftreten. Um den Erläuterungen folgen zu können, werden die Bilder 1.19, 1.6 und 1.16 herangezogen.

1.8 Zeitablauf eines Speicherlesevorgangs

Die folgende Liste der Ereignisse zeigt, was der 68000 ausführt, wenn er eine Speicher-READ-Operation vornimmt. (Es sei darauf hingewiesen, daß gewisse Ausgänge des 68000 hier nicht erwähnt werden. Diese Ausgänge ändern sich während einer Speicher-READ-Operation, werden aber im Augenblick nicht erläutert. Sie werden eingeführt, sobald sie gebraucht werden.) Nur die Ausgänge des 68000, die direkt auf die hier betrachtete Hardware-Aktivität einwirken, werden wir hier erwähnen. Man beachte ebenfalls, daß diese elektrischen Ereignisse schnell vonstatten gehen — manchmal in einigen 100 Nanosekunden — und so die Illusion eines dynamischen Vorgangs ergeben. Für das Verstehen und auch für die Fehlersuche können diese Ereignisse jedoch verlangsamt und als statische elektrische Ereignisse betrachtet werden.

1. Als erstes liegen auf den Adreßleitungen A1 bis A23 die Speicheradressen.

Bild 1.6 zeigt, daß die Eingänge des Bustreibers 74LS373 aktiviert werden. Die Adressen sind nun an den Ausgängen des 74LS373 vorhanden. (Auch wenn das $\overline{AS}$-Signal verwendet wird, sind sie an den Ausgängen vorhanden.)

2. Als nächstes geht die R/$\overline{W}$-Leitung des 68000 in den logischen Zustand 1 und zeigt so an, daß das System einen READ-Zyklus durchführt.

Dieser Vorgang legt den Eingang Pin 5 des NAND-Gatters 74000 in Bild 1.19 auf logisch 1.

3. Das Signal $\overline{AS}$ wird vom 68000 auf logisch 0 gesetzt.

Die Adresseninformation an den Anschlüssen A1 bis A23 des 68000 wird nun an den Ausgängen der Latches (D-Flipflops) 74LS373 zwischengespeichert. Dies geschieht jedoch nur, wenn das Signal $\overline{AS}$ an den Eingang „LATCH ENABLE" des 74LS373 gelegt wurde, wie in Bild 1.6 gezeigt. Ist dies nicht der Fall, so hat der Ausgang $\overline{AS}$ des 68000 keinen Einfluß auf die gesamte Speicherkommunikation.
Wenn die Adressen A1 bis A23 für das Speichersystem gültig geworden sind, so liegen sie auch an den Eingängen A1 bis A10 des 2716-Bausteins. Der Decoder 74LS42 in Bild 1.19 hat als Eingänge die Adressenleitungen BA12 bis BA15. Nehmen wir an, der 68000 lese von der Speicheradresse 0400 (hexadezimal) oder von darunter liegenden Adressen. Unter diesen Bedingungen ist der Ausgang pin 1 des 74LS42 aktiv 0. Damit wird der Eingang $\overline{OE}$ (pin 20) der ROMs A und B vom Typ 2716 aktiv.
Wenn die Eingänge $\overline{OE}$ der ROMs A und B aktiv werden, so werden die Ausgänge der ROMs auf die Speicher-Datenbusleitungen MD0 bis MD15 gegeben. Zu diesem Zeitpunkt werden diese Ausgänge der ROMs noch nicht auf die System-Datenbusleitungen gegeben. Sie liegen erst an den Eingängen der Datenpuffer IC4 und IC5 des Bildes 1.19.

4. Die Ausgänge $\overline{UDS}$ und $\overline{LDS}$ des 68000 werden auf logisch 0 gesetzt.

Wenn dies auftritt, informiert der 68000 die externe Hardware darüber, daß er bereit ist, Daten zu empfangen. Bild 1.19 zeigt, wie die Signale $\overline{UDS}$ und $\overline{LDS}$ an die Eingänge der

1.8 Zeitablauf eines Speicherlesevorgangs

beiden ODER-Gatter angeschlossen sind. Wenn über die Speicherauswahl einerseits und das R/$\overline{\text{W}}$-Signal andererseits die beiden Eingänge des AND-Gatters (IC1) auf logisch 1 sind, so werden die Eingänge 1 bzw. 4 der beiden ODER-Gatter (IC3) auf logisch 0 gesetzt.

Die Datenpuffer IC4 und IC5 für den Speicher werden aktiviert, wenn das Steuersignal $\overline{\text{UDS}}$ oder $\overline{\text{LDS}}$ vom 68000 gesetzt wird. Wenn der 68000 Daten von dem oberen Datenbyte liest, dann wird $\overline{\text{UDS}}$ gesetzt. Damit wird der Ausgang pin 6 des ODER-Gatters IC3 auf logisch 0 gesetzt.

Wenn der pin 6 logisch 0 wird, so wird der Datenpuffer IC5 aktiviert. Damit werden die Daten von dem EPROM 2716 (ROM B) auf die System-Datenbusleitungen BD8 bis BD15 gegeben.

Setzt der 68000 das Kontrollsignal $\overline{\text{UDS}}$ auf logisch 0, so wird der Ausgang pin 3 des ODER-Gatters IC3 auf logisch 0 gesetzt. Damit wird der Datenpuffer IC4 auf den Systemdatenbus geschaltet über die ENABLE-Eingänge pin 1 und 19. Über den aktivierten Puffer 74LS244 werden die Speicherdaten vom EPROM (ROM A) auf die System-Datenbusleitungen BD0 bis BD7 gegeben.

Aus dem Vorhergehenden folgt, daß entweder das obere oder das untere Speicherdatenbyte auf den Systemdatenbus gegeben werden kann, unabhängig von dem Zustand des anderen Byte. Weiterhin werden beide Signale, $\overline{\text{UDS}}$ und $\overline{\text{LDS}}$, gesetzt, wenn die Software des 68000 die CPU veranlaßt, ein ganzes Wort vom Datenbus zu holen. Dadurch werden beide Puffer 74LS244 aktiviert. Geschieht dies, so werden die Daten von den ROMs A und B auf die System-Datenbusleitungen BD0 bis BD15 gegeben. Wenn der Systemspeicherbereich im EPROM so ausgelegt ist, daß byteweise Daten niemals abgerufen werden, kann man die Möglichkeit zur Anwahl des oberen oder unteren Byte wegfallen lassen. Wann immer der Speicherbereich adressiert wird, können die Speicherdaten ganz einfach zum richtigen Zeitpunkt auf den Systemdatenbus gegeben werden, wobei alle Datenbits zur Verwendung kommen. Es muß jedoch Vorsorge getroffen werden, mögliche Schwierigkeiten mit den bidirektionalen Datenpuffern, die von der CPU verwendet werden, zu vermeiden.

Nun wenden wir uns den bidirektionalen Puffern zu, die in Bild 1.16 gezeigt sind. Diese Puffer werden aktiviert, wenn Daten von den System-Datenbusleitungen BD0 bis BD15 an die Dateneingänge D0 bis D15 des 68000 gegeben werden sollen. Dies wird durch die beiden ODER-Gatter 74LS32 in Bild 1.16 erreicht. Die Anschlüsse 2 und 5 des Bausteins 74LS32 sind 0 durch das R/$\overline{\text{W}}$-Signal, das wiederum aktiv 1 wird und durch den Inverter 74LS04 invertiert wird. Dieses Signal zeigt einen READ-Zyklus an.

Die pins 1 und 4 der ODER-Gatter werden auf logisch 0 gesetzt, weil $\overline{\text{UDS}}$ und $\overline{\text{LDS}}$ aktiv 0 werden und so anzeigen, daß der 68000 bereit ist, den Datentransfer zu beginnen. In Kapitel 2 werden wir sehen, daß die Signale $\overline{\text{UDS}}$ und $\overline{\text{LDS}}$ ebenfalls während eines Speicher-WRITE-Zyklus aktiv 0 sind.

Man beachte in Bild 1.16, daß die mit Pfeilen versehenen Richtungs-Steuerleitungen anzeigen, in welche Richtung die Daten, entsprechend der logischen Bedingung an pin 1 der Bausteine 74LS245, gepuffert werden.

Solange die obigen elektrischen Zustände stabil sind, gibt es einen elektrischen Weg von den 2716-EPROMs A und B des Bildes 1.19 durch die Speicher-Datenpuffer (74LS244) hin zum Systemdatenbus. Von dem Systemdatenbus geht der elektrische Weg weiter durch die bidirektionalen Puffer des Bildes 1.6. Der Ausgang dieser Puffer ist schließlich der Eingang der Datenleitungen D0 bis D15 des 68000.

Es ist festzuhalten, daß dieser Weg stabil bleibt, solange die soeben beschriebenen elektrischen Bedingungen aufrecht erhalten werden. Diese Tatsache ist die Grundidee des statischen Stimulationstestes.

Das nächste Ereignis in der elektrischen Signalfolge ist ein Eingangssignal des 68000, das wir noch nicht besprochen haben. Es heißt $\overline{\text{DTACK}}$. Dies ist eine Abkürzung für DATA TRANSFER ACKNOWLEDGE. Der Mikroprozessor 68000 hält die vorhergehenden elektrischen Signale solange auf dem Systembus stabil, bis die externe Hardware mit $\overline{\text{DTACK}}$ signalisiert, daß der 68000 die Daten übernehmen kann.

Bild 1.20 zeigt ein Zeitdiagramm dieses Ablaufs.

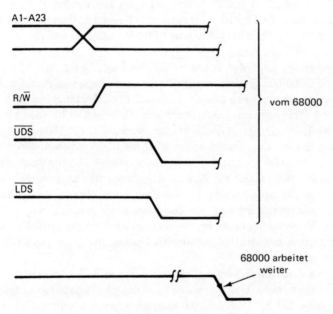

Bild 1.20 Die gezeigten Steuersignale des 68000 bleiben stabil, bis die externe Hardware $\overline{\text{DTACK}}$ setzt.

Jeder Datenaustausch zwischen dem 68000 und der externen Hardware muß im „handshake"-Modus stattfinden. Das ist notwendig, weil der 68000 ein sehr schneller Mikroprozessor ist. Er kann die Daten schneller transferieren als manche Speicher oder Peripheriebausteine senden oder empfangen können. Deshalb erlaubt der Eingang $\overline{\text{DTACK}}$ dem externen Baustein, den 68000 zu verlangsamen, wenn die beiden miteinander kommunizieren.

Im nächsten Kapitel werden wir zeigen, wie der 68000 mit Hilfe dieses Eingangs verlangsamt wird. Wir nehmen an, daß der 68000 so langsam getaktet wird, daß genügend Zeit für den Speicherzugriff bleibt. In diesem Fall werden wir kein handshake mit dem

1.8 Zeitablauf eines Speicherlesevorgangs

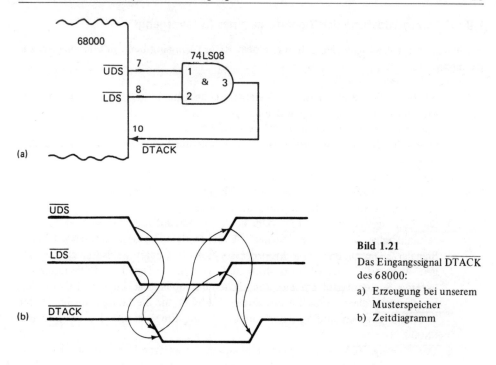

Bild 1.21

Das Eingangssignal $\overline{\text{DTACK}}$ des 68000:
a) Erzeugung bei unserem Musterspeicher
b) Zeitdiagramm

Systemspeichern vornehmen. Der Eingang $\overline{\text{DTACK}}$ wird auf logisch 0 gesetzt, sobald die Ausgangssignale $\overline{\text{UDS}}$ oder $\overline{\text{LDS}}$ gesetzt sind (vgl. Bild 1.21a). Bild 1.21b zeigt in einem Zeitdiagramm, wie der Eingang $\overline{\text{DTACK}}$ während einer Speicherübertragung aktiv wird.

    5. Der Eingang $\overline{\text{DTACK}}$ des 68000 wird durch die externe Hardware auf logisch 0 gesetzt.

Der 68000 wird im Datentransfer nicht eher fortfahren, bis der Eingang $\overline{\text{DTACK}}$ auf logisch 0 gesetzt wird. Wenn wir die Fehlersuche beim 68000 behandeln, werden wir Techniken angeben, mit denen man überprüft, ob die Eingangsleitung $\overline{\text{DTACK}}$ auf logisch 0 gesetzt wird oder nicht.

    6. Die Signale $\overline{\text{UDS}}$, $\overline{\text{LDS}}$ und $\overline{\text{AS}}$ werden zurückgesetzt.

Eine logische 1 ist der zurückgesetzte Zustand für diese Ausgangsleitungen. Der 68000 setzt die Signale auf logisch 1, um zu zeigen, daß der Speicher-READ-Zyklus und die vorhergehende Signalfolge beendet sind. Zu diesem Zeitpunkt sollte der Datentransfer stattgefunden haben. Die Ausdrucksweise „sollte stattgefunden haben" wird verwendet, weil es keine Möglichkeit gibt, direkt festzustellen, ob die Daten vom ROM korrekt in den 68000 gelesen wurden.

    Nachdem der Eingang $\overline{\text{DTACK}}$ von der externen Hardware gesetzt wurde, werden die Daten in den 68000 übernommen. Die ansteigende Flanke von $\overline{\text{UDS}}$ oder $\overline{\text{LDS}}$ ist die aktive Flanke, durch die die Daten in den 68000 übernommen werden.

1.9 Zusammenfassung der Signalfolge eines Lesevorgangs

Stellen wir die Signalfolge, die bei einem READ-Vorgang beim 68000 abläuft, zusammen:

1. A1 bis A23 werden auf die Systemspeicher-Adresse gesetzt, von der die gespeicherten Daten gelesen werden sollen.
2. Das Signal R/$\overline{\text{W}}$ wird auf logisch 1 gesetzt.
   Dies zeigt an, daß eine READ-Operation mit der System-Hardware stattfinden wird.
3. Das Signal $\overline{\text{AS}}$ wird auf logisch 0 gesetzt.
   Wenn $\overline{\text{AS}}$ logisch 0 ist, kann die Mikroprozessoradreßausgabe A1–A23 als gültig vom Systemspeicher übernommen werden.
4. Die Leitungen $\overline{\text{UDS}}$ oder $\overline{\text{LDS}}$ oder beide werden auf logisch 0 gesetzt. Sie sind zeitabhängige Ausgangssteuersignale für die System-Hardware des 68000. Diese Signale zeigen an, daß der Mikroprozessor elektrisch bereit ist, Daten zu empfangen. Wenn $\overline{\text{UDS}}$ oder $\overline{\text{LDS}}$ logisch 0 sind, werden die Daten des ROM durch die externe System-Hardware auf den Systemdatenbus gegeben. Die ROM-Daten werden über die unidirektionalen Puffer 74LS244 auf die bidirektionalen Puffer 74LS245 gegeben und von dort direkt auf die Eingangs-pins D0 bis D15 des 68000.
5. Der Eingang $\overline{\text{DTACK}}$ des 68000 wird durch die externe Hardware auf logisch 0 gesetzt. Dieses Signal zeigt, daß die externe Hardware bereit ist, den Speicherzyklus fortzuführen.
6. Die Steuerleitungen $\overline{\text{LDS}}$, $\overline{\text{UDS}}$ und $\overline{\text{AS}}$ werden von dem 68000 auf logisch 1 gesetzt. Damit ist der Datentransfer beendet. Die Daten werden im 68000 gespeichert mit der ansteigenden Flanke dieser Signale. Die ROM-Daten werden vom Systemdatenbus genommen. Der 68000 ist nunmehr bereit, einen anderen Datentransfer durchzuführen. Dieser Datentransfer kann ein weiterer Speicherlesezyklus oder eine sonstige zulässige Hardware-Operation sein.

1.10 Zusammenfassung

Dieses Kapitel hat eine Anzahl wichtiger Punkte bezüglich der Hardware des 68000 beschrieben und illustriert. Die Funktion mehrerer Steuerbits, wie $\overline{\text{AS}}$, R/$\overline{\text{W}}$, $\overline{\text{UDS}}$, $\overline{\text{LDS}}$ und $\overline{\text{DTACK}}$ wurden beschrieben. Das vollständige Schaltbild eines 4K × 16 bit-ROM-Speichers wurde aufgezeigt und an den 68000 angeschlossen. Man sieht, daß viele allgemeine Gedanken über Mikroprozessor-Systeme, die für 8 bit-Anordnungen gültig sind, ebenfalls für 16 bit-CPUs gelten. Beispielsweise die Techniken zur Erzeugung der Speicherauswahlleitungen, die bidirektionalen Datenpuffer und Speicherpuffer. Das hauptsächliche Ziel dieses Kapitels war die genaue Beschreibung, wie der 68000 Daten vom System-ROM liest. Es wurde keine Software besprochen, die dem 68000 erlauben würde, vom System-ROM zu lesen. Die Erläuterungen beschränkten sich auf Hardware-Funktionen, Signalfolgen und Schaltungdetails.

1.10 Zusammenfassung

Es wurde angenommen, daß der Mikroprozessor zum Lesen vom ROM programmiert war. Ebenso wurde beschrieben, wie die Hardware darauf reagierte.

Es wurden nicht alle Anschlüsse des 68000 in diesem Kapitel besprochen, sondern nur die Anschlüsse, die für eine spezielle Hardware-Operation notwendig waren. In den folgenden Kapiteln werden, demselben Schema folgend, noch weitere Anschlüsse des 68000 erläutert werden. Wie bereits erwähnt, soll jeder neue Anschlußstift derartig besprochen werden, daß seine Funktion in Beziehung zu einer ähnlichen Information gesetzt werden kann, die bereits vorgekommen ist.

Kapitel 2 wird sich mit dem Lesen und Schreiben von Daten beim System-RAM beschäftigen. Der Leser sollte die im ersten Kapitel behandelten Einzelheiten beherrschen, bevor er zu Kapitel 2 fortschreitet.

2 Statische RAMs am 68000

2.1 Übersicht über das System-RAM

Dieses Kapitel behandelt den Anschluß des 68000 an statische RAMs. Die Dekodier- und Puffertechniken in diesem Kapitel sind als Lehrbeispiele gedacht und nicht als endgültige Lösungen zu betrachten. Nachdem der Leser ihre Wirkungsweise verstanden hat, können Schritte zur Verminderung der Bausteinanzahl und zu einer möglichen Vergrößerung der Leistungsfähigkeit des Systems unternommen werden.

Bevor man daran gehen kann, die Hardware für ein RAM-System zu entwerfen, muß ein Blockdiagramm über das Zusammenwirken von RAM und Mikroprozessor verstanden werden. Ein System-RAM für den 68000 ist organisiert in N × 16 bit, wobei N die Anzahl der einzelnen Speicherplätze des Speichers darstellt. Das RAM-System, das wir entwerfen wollen, ist organisiert in 1 K × 16 bit. Dieses RAM-System kann man sich in 2 Hälften oder 2 paralle Bytes aufgeteilt vorstellen, in die obere (D8–D15) und in die untere Hälfte (D0 bis D7). Der 68000 kann Daten in Byte- oder Wortform lesen, wie Bild 2.1 zeigt.

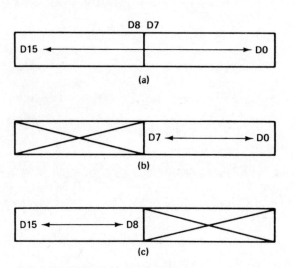

Bild 2.1 Die möglichen Datenkombinationen des 68000 bei Ein- und Ausgabe:
a) Der 68000 kann ein ganzes Wort mit 16 Bits lesen oder schreiben.
b) Der 68000 kann das untere Datenbyte D0 bis D7 lesen oder schreiben. Das „X" bedeutet, daß das obere Datenbyte nicht verändert wird.
c) Der 68000 kann das obere Datenbyte D8 bis D15 lesen oder schreiben.

2.2 Die Speichersteuersignale

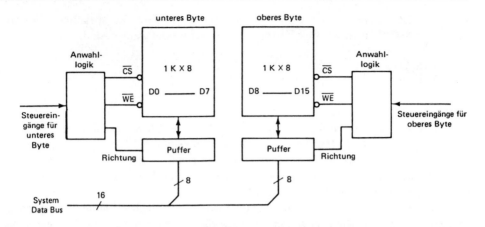

Bild 2.2 Blockbild eines statischen RAM-Speichers für den 68000

In Bild 2.1 sehen wir außerdem, daß eine Möglichkeit des Datenaustausches mit dem Systemspeicher ein vollständiges Wort (16 bit) ist. In dem Wort-Modus werden beide Hälften des Systemspeichers aktiviert. (Man beachte das Blockdiagramm des Systemspeichers in Bild 2.2). Eine andere Möglichkeit für den Datenaustausch zwischen dem 68000 und dem Systemspeicher ist das Lesen oder Schreiben eines Byte von der oberen Hälfte (vgl. Bild 2.1b).

In diesem Modus wird mit den Datenbits D8–D15 kommuniziert. Um die obere Hälfte des Speichers anzuwählen, muß die Systemadresse geradzahlig sein (A0 = 0). Die dritte Möglichkeit des Datenaustausches zwischen Mikroprozessor und Systemspeicher ist in Bild 2.1d gezeigt. In diesem Modus tauscht die CPU mit dem unteren Byte Daten aus. Damit dies geschieht, muß die Systemadresse ungerade sein (A0 = 1). Der Austausch findet mit dem Datenbits D0 bis D7 statt.

2.2 Die Speichersteuersignale

Die elektrischen Signale, die beim Datenaustausch mit statischen RAMs vorkommen können, sind:

1. READ Datenwort (D0 bis D15).
2. READ oberes Byte (D8 bis D15).
3. READ unteres Byte (D0 bis D7).
4. WRITE Datenwort (D0 bis D15).
5. WRITE oberes Byte (D8 bis D15).
6. WRITE unteres Byte (D0 bis D7).

Für diese Liste müssen wir die System-Hardware entwerfen. Die spezifischen Steuersignale des 68000, die für die Speicheroperationen verwendet werden, sind:

1. R/$\overline{\text{W}}$
2. $\overline{\text{UDS}}$
3. $\overline{\text{LDS}}$

Die Wahrheitstabelle für die logischen Zustände der Steuersignale für jede o.a. Datenart zeigt das Bild 2.3. Man beachte, daß das Steuersignal R/$\overline{\text{W}}$ in Bild 2.3 kein zeitbestimmendes Steuersignal ist, d.h., dieses Signal ist stabil für die gesamte Speicheroperation. Ein Beispiel für ein zeitbestimmendes Signal ist $\overline{\text{UDS}}$. Dieses Signal ist nur zeitweise während der Speicheroperation gesetzt.

Die benötigte Art von Logik, die man braucht, um ein RAM an den 68000 anzuschließen, hängt sehr von dem verwendeten Speicher ab. Wir werden die Logik zeigen, die notwendig ist, um den 68000 an ein Speichersystem anzuschließen, das aus den Bausteinen 2114 besteht, den gebräuchlichen RAMs mit der Organisation 1K × 4 bit. Aus dieser Erläuterung heraus wird es dem Leser dann auch möglich sein, die Beschaltung anderer Speicherbausteine zu verstehen.

CPU	R/$\overline{\text{W}}$	$\overline{\text{LDS}}$	$\overline{\text{UDS}}$
Read Word	1	0	0
Read Upper Byte	1	1	0
Read Lower Byte	1	0	1
Write Word	0	0	0
Write Upper Byte	0	1	0
Write Lower Byte	0	0	1

Bild 2.3 Wahrheitstabelle der Steuerausgänge des 68000 für die verschiedenen Speicheroperationen

2.3 Erzeugung der Speicherauswahlsignale

Das statische System-RAM befindet sich in irgendeinem vorher festgelegten Adreßbereich. Der Adreßbereich, der für dieses Beispiel gewählt wurde, ist 3000 bis 3FFF (12.288–16.383). Die Auswahl dieses Systemadreßbereiches war zufällig. Der RAM-Adreßbereich könnte in jedem verfügbaren Speicherbereich des Systems liegen. Wenn man den erlaubten Speicherbereich für dieses Beispiel untersucht, so stellt man fest, daß 4096 Speicherplätze festgelegt werden.

Man erinnere sich, daß dies beim 68000 4096 bytes bedeutet, deshalb haben wir 2048 Worte reserviert. Unser statisches RAM-System ist organisiert in 2048 × 16 bytes.

Wir haben eingangs festgelegt, daß der Speicher unseres Beispiels 1 K × 16 bytes umfassen soll. Dies bedeutet, daß nicht der ganze verfügbare statische RAM-Bereich benützt wird. Die Speicher-Bausteine 2114 haben die Organisation 1024 × 4 bytes. Deshalb

2.3 Erzeugung der Speicherauswahlsignale

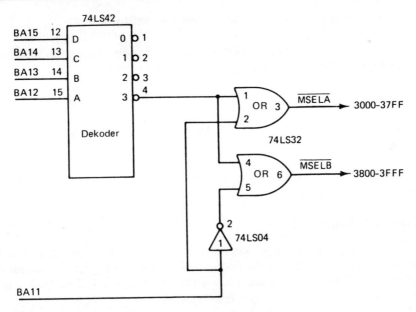

Bild 2.4 Schaltung der Dekodierlogik für den Speicherbereich

müssen wir weiterhin die 2K des RAM-Bereichs unterteilen in zwei 1K-Blöcke. Bild 2.4 zeigt, wie man das hardwaremäßig durchführen kann.

Wie Bild 2.4 zeigt, sind die oberen Systemadreßleitungen BA12 bis BA15 zuständig für die obere Ebene der Speicherauswahl, d.h. sie trennen den RAM-Bereich von dem übrigen Speicherbereich. Diese Adreßleitungen sind dieselben wie diejenigen, die wir in Kapitel 1 besprochen haben. Der Baustein in Bild 2.4 ist ein Decoder 74LS42. Der Ausgang 3, pin 4, wird als Aktivierungssignal für die Speicherauswahlleitungen 3000 bis 3FFF verwendet. Die Adreßleitung BA11 wird benutzt, um den Gesamtbereich in 2 getrennte Bereiche aufzuteilen, nämlich 3000 bis 37FF und 3800 bis 3FFF. Die resultierenden Speicherauswahlleitungen werden $\overline{\text{MSELA}}$ und $\overline{\text{MSELB}}$ genannt.

In Bild 2.4 ist die Speicherauswahlleitung $\overline{\text{MSELA}}$ (3000 bis 37FF) aktiv (logisch 0), wenn folgende Bedingungen erfüllt sind:

1. BA15 bis BA12 = 0011 (3000 bis 3FFF, Decodierung des übergeordneten Speicherbereichs)

und

2. BA11 = logisch 0 (3000 bis 37FF, Decodierung des untergeordneten Speicherbereichs).

$\overline{\text{MSELB}}$ ist aktiv (logisch 0), wenn folgende Bedingungen erfüllt sind:

1. BA15 bis BA12 = 0011 (3000 bis 3FFF, Decodierung des übergeordneten Speicherbereichs)

und

2. BA11 = logisch 1 (3800 bis 3FFF, Decodierung des untergeordneten Speicherbereichs).

Wir werden in folgenden Beispiel nur $\overline{\text{MSELA}}$ benutzen. Der 2. Adreßbereich 3800 bis 3FFF wird nicht benutzt.

2.4 Der RAM-Baustein 2114

Die Erzeugung der geeigneten Steuersignale für irgend ein System hängt von dem Typ des Speicherbausteins ab, der für das System gewählt wurde. Der Speicherbaustein 2114, ein statisches RAM mit der Organisation 1K × 4 bit, wurde für diese Untersuchung gewählt, weil er in der Industrie häufig verwendet wird.

Hat man die Erläuterungen, wie dieser Baustein zusammen mit dem 68000 anzuwenden ist, verstanden, so wird man keine große Mühe haben, die Einzelheiten auf andere Bausteine zu übertragen.

Wir werden den 2114 nur aus der Sicht des Benutzers betrachten. Weiterhin wird vorausgesetzt, daß die Speicherzugriffszeit mit der übrigen Systemzeit zusammenpaßt, d.h., daß wir keine Wartezyklen für langsame Speicher erzeugen müssen. Das wird am Ende des Kapitels in einem speziellen Abschnitt behandelt. Wir beginnen mit der Frage, wie viele Speicherbausteine wir für unser System benötigen. Jeder 2114 ist 4 bit breit. Das bedeutet, daß vier 2114-Bausteine parallel adressiert werden müssen, um ein vollständiges 16 bit-Datenwort zu erzeugen (vgl. Bild 2.5).

Damit die Speicher parallel adressiert werden können, müssen die Systemadressenleitungen BA1 bis BA10 auf die Adreßeingänge A0 bis A9 des 2114-Bausteins gegeben werden (vgl. Bild 2.6). Die Datenein- und Ausgänge werden angeordnet, wie es Bild 2.6 zeigt.

Wir wollen nun untersuchen, wie die Daten vom 2114-Speicher gelesen werden. Die Speicheradressen müssen am Eingang anliegen, und, um den Baustein zu aktivieren, muß pin 8 aktiviert werden ($\overline{\text{CS}}$ = 0). Wenn dies geschieht, sind die Datenausgänge des Speichers aktiv. Die Speicherausgänge sind gemultiplexte Ein- und Ausgänge. Während eines READ-Zyklus werden diese Anschlüsse des Speichers als Speicherdatenausgänge behandelt. In kleinen Systemen können die Speicherausgänge direkt an den System-Datenbus angeschlossen werden. Bei unserem System verwenden wir Datenpuffer. Die Datenanschlüsse des 2114 dienen sowohl als Ein- wie auch als Ausgänge; deshalb verwendet man bidirektionale Puffer. Bei dem ROM-System des Kapitel 1 wurden unidirektionale Puffer (74LS244) verwendet, da dort der Datenfluß nur vom Speicher weg stattfindet.

2.4 Der RAM-Baustein 2114

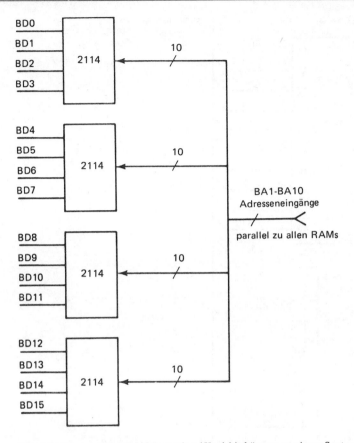

Bild 2.5 Vier statische RAM-Bausteine 1K×4 bit können zu einem Systemspeicher 1K×16 bit parallel geschaltet werden.

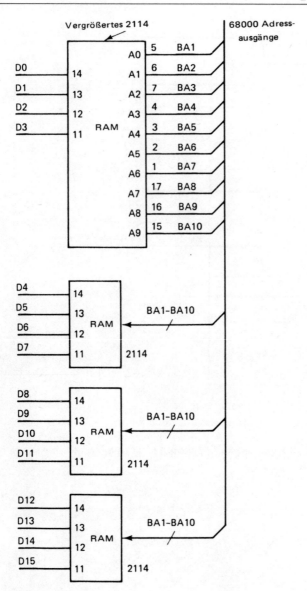

Bild 2.6 Die zwischengespeicherten Adreßleitungen werden parallel an die Speicherbausteine geschaltet.

2.4 Der RAM-Baustein 2114

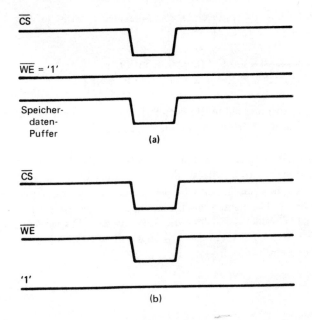

Bild 2.7
Zeitdiagramm für die
Aktivierung der Speicher-
datenpuffer:
a) READ-Zyklus
b) WRITE-Zyklus

Die bidirektionalen Puffer müssen in die richtige Richtung aktiviert werden, wenn das System Daten vom 2114 liest. Die erforderlichen Signale zeigt Bild 2.7. Die bidirektionalen Speicherpuffer werden so aktiviert, daß sie die Daten vom Systemdatenbus zum RAM hin puffern, ausgenommen bei einem Speicher-READ-Zyklus. Diese Pufferung wird so durchgeführt, daß es keinen Buskonflikt zwischen den bidirektionalen Speicherpuffern und dem Systemdatenbus geben kann. Mit den Datenanschlüssen des Speichers wird es keinen Konflikt geben, denn die Anordnung wird nur angewählt, wenn sie gelesen oder beschrieben wird (vgl. Bild 2.8).

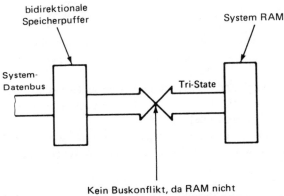

Bild 2.8
Blockbild eines möglichen
Buskonflikts zwischen den
Datenausgängen des 2114
und den Speicherdatenpuffer-
ausgängen

In der vorhergehenden Betrachtung hat sich ergeben, daß zwei elektrische Vorgänge während eines Speicher-READ-Zyklus auftreten müssen:

1. Aktivieren der Speicherbausteine 2114 (logisch 0 auf $\overline{CS}$, pin 8).
2. Aktivieren der bidirektionalen Puffer in der richtigen Richtung.

In dem betrachteten System werden die bidirektionalen Puffer für einen Speicher-READ-Zyklus in der richtigen Richtung aktiviert, wenn die Richtungssteuerleitung zu den Puffern auf logisch 0 ist.

Wenn in den 2114 geschrieben wird, so werden die Daten auf die Datenleitung des Speichers gelegt, und die Leitungen „Chip select" und „write enable" werden gesetzt. Für die Speicherbausteine 2114 gibt es einige zeitliche Beschränkungen bei den Eingängen $\overline{WE}$ und $\overline{CS}$. Wenn Daten in den 2114 eingeschrieben werden, darf das Signal $\overline{CS}$ nicht gesetzt werden, bevor das Signal $\overline{WE}$ gesetzt ist, denn die Ausgänge des 2114 werden aktiv, wenn das Signal $\overline{CS}$ gesetzt ist. Wenn die Ausgänge aktiv sind und der Mikroprozessor Daten zum Baustein sendet, so tritt ein Buskonflikt auf (s. Bild 2.9).

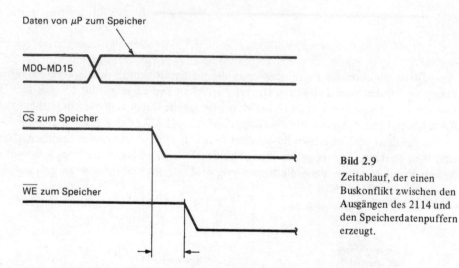

Bild 2.9
Zeitablauf, der einen Buskonflikt zwischen den Ausgängen des 2114 und den Speicherdatenpuffern erzeugt.

Dieses mögliche Problem kann umgangen werden, wenn man die Signale $\overline{WE}$ und $\overline{CE}$ etwa zur gleichen Zeit setzt. Dieses Vorgehen stimmt mit den Zeitspezifikationen des Bausteins 2114 überein.

Bild 2.10 zeigt den notwendigen Zeitablauf für die Vorgänge des Lesens und Schreibens beim Speicherbaustein 2114. Dabei ist die bidirektionale Pufferkontrolle während eines Speicher-WRITE-Zyklus (nicht gezeichnet) logisch 1.

Ebenfalls in Bild 2.10 sind die drei Speichersteuersignale zu sehen, die für die Kommunikation mit dem 2114 notwendig sind. Diese Speichersteuersignale sind:

1. Chip Enable Steuerung,
2. Write Enable Steuerung,
3. Speicherpuffer-Richtungssteuerung.

2.5 Steuersignale für den Speicher 2114

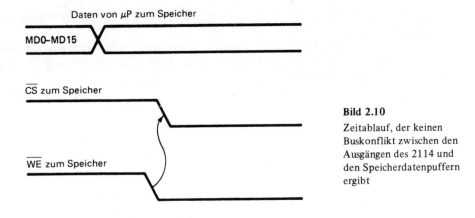

Bild 2.10
Zeitablauf, der keinen Buskonflikt zwischen den Ausgängen des 2114 und den Speicherdatenpuffern ergibt

2.5 Steuersignale für den Speicher 2114

Die Schaltung für die Erzeugung der Speichersteuersignale für den Baustein 2114 zeigt Bild 2.11.

Als erstes bemerkt man in Bild 2.11, daß zwei praktisch identische Schaltungen vorliegen. Die obere Schaltung ist für die Erzeugung des Speicherkontrollsignals für das obere Byte D8 bis D15 zuständig und die untere Schaltung für die Erzeugung des Speichersteuersignales für das untere Byte D0–D7.

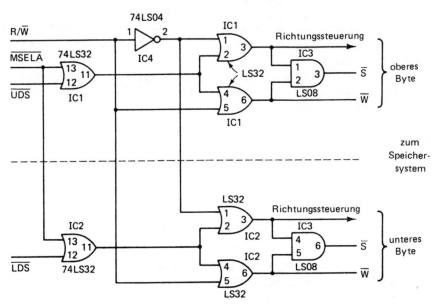

Bild 2.11 Teilschaltung für die Erzeugung der Steuersignale $\overline{S}$ und $\overline{W}$ für Speicherdatenpuffer und Speicherbausteine

Die Eingänge in Bild 2.11 heißen: R/$\overline{\text{W}}$, $\overline{\text{MSELA}}$, $\overline{\text{UDS}}$ und $\overline{\text{LDS}}$. Diese Signale wurden bereits früher besprochen.

Der Eingangsleitung $\overline{\text{MSELA}}$ des Bildes 2.11 entspricht dem Speicherselektierausgang, der in Bild 2.4 besprochen wurde. Die Eingänge R/$\overline{\text{W}}$, $\overline{\text{UDS}}$ und $\overline{\text{LDS}}$ sind Ausgänge des 68000, wobei $\overline{\text{UDS}}$ und $\overline{\text{LDS}}$ zeitkritische Steuerausgänge sind.

Wir wollen nun den Fall untersuchen, daß der Mikroprozessor ein Wort (16 bit) vom System-RAM liest. In diesem Fall sind die Eingänge der Schaltung von Bild 2.11 folgende:

1. R/$\overline{\text{W}}$ ist logisch 1. Dies zeigt einen READ-Zyklus an.
2. $\overline{\text{MSELA}}$ (Selektiere 3000 bis 37FF) ist aktiv 0 gesetzt. Sind die Eingänge in Bild 2.11 in diesen logischen Zuständen, so wird der Eingang 5 der ICs 1 und 2 logisch 1.

Diese logische 1 sperrt die ODER-Gatter. Gleichgültig, welche logischen Zustände die anderen Eingänge der Schaltung von Bild 2.11 haben, das Steuersignal $\overline{\text{WE}}$ zum oberen Byte oder zum unteren Byte wird nicht gesetzt. Es bleibt im Zustand logisch 1.

Der Eingang 1 von IC1 und IC2 wird logisch 0, und ebenso der Eingang 13 von IC1 und IC2, weil beide Leitungen $\overline{\text{MSELA}}$ und R/$\overline{\text{W}}$ gleichzeitig auf logisch 0 gesetzt werden. Mit diesen Eingängen auf logisch 0 werden die entsprechenden ODER-Gatter aktiviert. Sind dann die Steuersignale $\overline{\text{UDS}}$ und $\overline{\text{LDS}}$ auf logisch 0 gesetzt, wird der Ausgang 3 von IC1 und IC3 logisch 0. Dieser Ausgang 3 von IC1 und IC3 ist die Pufferrichtungssteuerung für das obere und das untere Datenbyte. Die bidirektionalen Puffer für das obere und untere Datenbyte werden so in die richtige Richtung für einen Speicherlesevorgang aktiviert. Weiterhin werden die Ausgänge 3 bzw. 6 der UND-Gatter auf logisch 0 gesetzt. Diese Ausgänge zwingen den Eingang $\overline{\text{CS}}$ der Speicherbausteine 2114 auf logisch 0. Die 2114 sind nun aktiviert und die Daten werden auf den Systemdatenbus gegeben. Wenn die Steuersignale $\overline{\text{UDS}}$ und $\overline{\text{LDS}}$ auf logisch 1 gehen, werden die Daten der 2114 vom Systemdatenbus genommen.

Die soeben beschriebene elektrische Signalfolge läuft ab, wenn ein Wort (16 bit) von dem Systemspeicher gelesen wird. Wenn ein Byte von dem Speicher zu lesen ist, so wird entweder das Steuersignal $\overline{\text{UDS}}$ oder das Steuersignal $\overline{\text{LDS}}$ gesetzt. Die Leitung, deren Signal nicht gesetzt wird, bleibt auf logisch 1. Unter diesen Bedingungen verhält sich die Schaltung in Bild 2.11 genau so, wie eben beschrieben, mit der Ausnahme, daß nur die eine Hälfte der vollständigen Schaltung aktiv wird, d.h. entweder das RAM des oberen Byte wird auf den Systemdatenbus aktiviert oder das RAM des unteren Byte wird auf den Systemdatenbus aktiviert. Derjenige Speicherausgang, der nicht auf den Systemdatenbus aktiviert wird, bleibt in der tristate-Bedingung und ist elektrisch hochohmig.

Verfolgen wir nun die Logik des Bildes 2.11 für den Vorgang des Schreibens eines Wortes (16 bit) in das RAM. Die Eingänge des Bildes 2.11 sind:

1. R/$\overline{\text{W}}$ ist logisch 0. Dies zeigt einen WRITE-Zyklus an.
2. $\overline{\text{MSELA}}$ ist logisch 0. Dies ist der aktive Modus.

Unter diesen Bedingungen sind die Eingänge 5 von IC1 und IC2 in Bild 2.11 logisch 0, wodurch diese ODER-Gatter vorbereitet werden. Wenn die Steuersignale $\overline{\text{UDS}}$ und $\overline{\text{LDS}}$ vom 68000 gesetzt werden, so werden die Ausgänge 11 von IC1 und IC2 logisch 0. Das zwingt die Ausgänge 6 von IC1 und IC2 auf logisch 0. Diese Ausgänge sind mit den Eingängen $\overline{\text{W}}$ der RAMs 2114 verbunden.

Nach der Verzögerungszeit eines Gatters ist der Eingang $\overline{\text{S}}$ der Speicher 2114 logisch 0. Dies, weil die Ausgänge 3 bzw. 6 der beiden UND-Gatter über die Eingänge 2 und 5 auf logisch 0 gesetzt werden. Genau diese Signalfolge ist notwendig, wenn Daten in den Speicher 2114 geschrieben werden sollen (vgl. Bild 2.10). Das heißt, der Eingang $\overline{\text{W}}$ des RAM wird aktiv, bevor der Baustein über den Eingang $\overline{\text{S}}$ aktiviert wird. So kann jeglicher Buskonflikt zwischen den Speicherausgängen und den bidirektionalen Speicherdatenpufferausgängen vermieden werden.

Aus der Schaltung in Bild 2.11 entnehmen wir, daß die Richtungssteuerungsleitungen der bidirektionalen Datenpuffer während eines Speicher-WRITE-Zyklus ihren logischen Zustand nicht von 1 auf 0 ändern. Werden Daten entweder in das obere Byte oder das untere Byte des Speichers geschrieben, dann ist nur der Teil der Schaltung in Bild 2.11 aktiv, der die Steuersignale zu dem entsprechenden Speicher liefert. Für das andere Byte wird weder $\overline{\text{S}}$ noch $\overline{\text{W}}$ gesetzt.

2.6 Gesamtschaltung eines RAM-Speichers mit 1 K × 16 Bit

Bild 2.12 zeigt die vollständige Schaltung für einen statischen RAM-Speicher mit 1 K × 16 Bit, der mit dem 68000 zusammenarbeitet. Wir haben alle Teilschaltungen des Bildes 2.12 im einzelnen bereits besprochen. Diese Schaltungen fügen wir nun zu einem vollständigen, arbeitsfähigen, statischen RAM-System mit 1 K × 16 Bit zusammen. Man beachte, daß die dekodierte Speicherauswahlleitung $\overline{\text{MSELB}}$ in unserem Beispiel nicht verwendet wird. Als bidirektionale Datenpuffer finden wir die Typen 74LS245. Das sind dieselben Puffer, die wir auch in Kapitel 1 für die bidirektionale Pufferung der Datenleitungen des Mikroprozessors besprochen haben.

Die Speicherbausteine 2114 werden genau so, wie es vorhergehend besprochen wurde an den Adreßbus, den Datenbus und an die Speichersteuerleitungen angeschlossen. Für die unteren Datenbytes D0 bis D7 des Speichers sind IC9 und IC10 zuständig, für die oberen Datenbytes D8 bis D15 des Speichers sind es IC11 und IC12.

2.7 Ereignisfolge bei einem RAM-Lesezyklus

Wir wollen nun die Reihenfolge der elektrischen Abläufe besprechen, die bei einem Speicher-READ-Zyklus in Bezug auf den 68000 erfolgen. Für den Leser ist es günstig, wenn er bei jedem Schritt dieser Ereignisfolge die Schaltung in Bild 2.12 betrachtet. Dies erleichtert die Nachprüfung der Reaktionen der Hardware.

1. A1 bis A23 werden auf die Speicheradressen gesetzt, von denen Daten gelesen werden sollen. In diesem Beispiel verwenden wir nur die Adreßlinien A1 bis A15.
2. $\overline{\text{AS}}$ wird auf logisch 0 gesetzt.

2 Statische RAMs am 68000

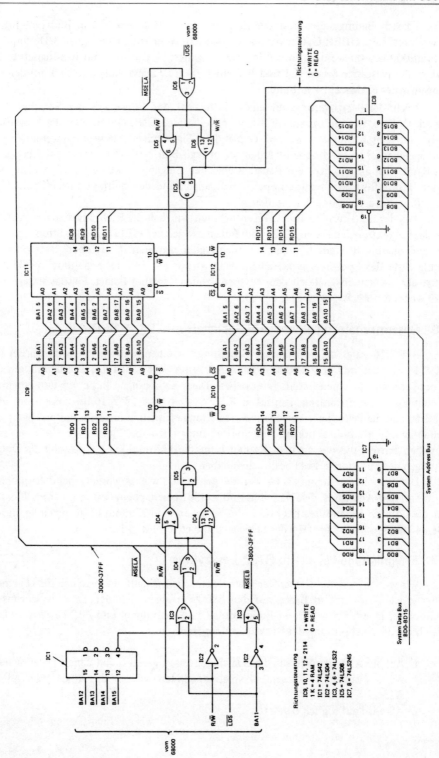

Bild 2.12 Vollständige Schaltung eines statischen RAM-Speichers 1 K × 16 bit für den 68000

2.8 Ereignisfolge bei einem RAM-Schreibzyklus

Wenn diese Reihenfolge abläuft, ist die Speicheradresse stabil und liegt an den Adreßeingängen des Systemspeichers. Die Adreßdekoder erzeugen dann die korrekten Adreßbereichssignale für den Speicher $\overline{\text{MSELA}}$ oder $\overline{\text{MSELB}}$. Es muß betont werden, daß das Signal $\overline{\text{AS}}$ nicht notwendig für die System-Hardware ist. Wir führen es in der Liste der Reihenfolge der Signale auf, weil es den Zeitpunkt fixiert, an dem die vom 68000 gelieferte Adresse stabil ist.

    3. Für den Lesezyklus wird das Signal $R/\overline{W}$ auf logisch 1 gesetzt.

Diese drei Signale werden vom 68000 erzeugt. Ihre logischen Zustände sind durch die System-Software bestimmt und treten früh in dem betreffenden Speicherzyklus auf. Die Signale $R/\overline{W}$ und $\overline{\text{AS}}$ und die Adreßleitungen können als statische Steuersignale betrachtet werden. Das heißt, wenn sie einmal durch den 68000 gesetzt sind, so ändern sie ihren logischen Zustand während des ganzen Speicherzyklus nicht mehr.

    4. Die Signale $\overline{\text{UDS}}$ und $\overline{\text{LDS}}$ oder beide werden auf logisch 0 gesetzt.

Dieser Vorgang informiert die System-Hardware darüber, daß der 68000 darauf vorbereitet ist, Daten vom Speicher zu empfangen. Wenn diese Signale auf logisch 0 gehen, werden die Daten von dem Systemspeicher auf den Systemdatenbus BD0 bis BD15 über die bidirektionalen Datenpuffer IC7 und IC8 des Bildes 2.12 gegeben.

    5. Als nächstes muß die externe Hardware den Eingang $\overline{\text{DTACK}}$ des 68000 auf logisch 0 setzen. Das geschieht bei unserem System genauso wie in Kapitel 1 beschrieben. Wir werden später noch andere Techniken zeigen, mit denen man die Aufgabe erfüllen kann.
    6. Die Steuersignale $\overline{\text{UDS}}$, $\overline{\text{LDS}}$ oder beide werden von dem 68000 auf logisch 1 gesetzt.
    7. Das Signal $\overline{\text{AS}}$ wird durch den 68000 auf logisch 1 gesetzt.

Die Ereignisse 6 und 7 beenden die Systemoperation; die externe Hardware wird darüber informiert, daß der Speicherzyklus abgeschlossen ist.

2.8 Ereignisfolge bei einem RAM-Schreibzyklus

In diesem Abschnitt besprechen wir die Folge der elektrischen Ereignisse beim Schreiben von Daten in das System-RAM mit dem 68000, Bild 2.12.

    1. A1 bis A23 werden auf die Speicheradresse gesetzt, auf die die Daten geschrieben werden sollen.
    2. $\overline{\text{AS}}$ wird durch den 68000 auf logisch 0 gesetzt.

Die Adreßdekoder sind nun aktiviert, um die richtigen Adressenbereichssignale abzugeben: $\overline{\text{MSELA}}$ oder $\overline{\text{MSELB}}$.

    3. $R/\overline{W}$ wird auf 0 gesetzt und zeigt so einen WRITE-Zyklus an.
    4. Die Leitungen D0 bis D15 übermitteln die zu schreibenden Daten vom 68000 auf den Systemdatenbus des Speichers.

In Bild 2.12 sehen wir, daß die Daten vom Systemdatenbus direkt auf die Dateneingänge des Bausteins 2114 gelangen. Die bidirektionalen Puffer sind in die richtige Richtung aktiviert, jedoch wurde der 2114 noch nicht über den WRITE-Zyklus informiert, noch wurde er elektrisch selektiert.

5. Die Signale $\overline{UDS}$, $\overline{LDS}$ oder beide werden durch den 68000 auf logisch 0 gesetzt.

Wenn diese Signale auf logisch 0 gesetzt werden, werden die Eingänge $\overline{W}$ und $\overline{S}$ gesetzt. Dies geschieht durch die Steuerschaltungen, die wir in Bild 2.11 besprochen haben. Die Daten, die im Augenblick auf dem Systemdatenbus liegen, werden jetzt in den Systemspeicher auf die Adresse geschrieben, die durch den Systemadreßbus angegeben wird.

6. Die System-Hardware setzt nun den Eingang $\overline{DTACK}$ des 68000 auf logisch 0.
7. Die Signale $\overline{UDS}$, $\overline{LDS}$ oder beide werden durch den 68000 auf logisch 1 gesetzt. Mit dieser Flanke der Signale $\overline{UDS}$ oder $\overline{LDS}$ werden die zu schreibenden Daten in den Speicher hineingetaktet.
8. Das Signal $\overline{AS}$ wird durch den 68000 auf logisch 1 gesetzt.

Damit sind die Hardware-Vorgänge beendet.

2.9 Zusammenfassung der READ- und WRITE-Zyklen

Hier haben wir eine Liste der Ereignisfolge beim Lesen und Schreiben von Daten vom bzw. zum System-RAM. Wenn wir in späteren Kapiteln die Fehlersuche in dem System beschreiben, werden wir auf sie zurückkommen.

READ-Zyklus:
1. A1 bis A23 werden auf die auszulesende Adresse gesetzt.
2. $\overline{AS}$ wird auf logisch 0 gesetzt.
3. R/$\overline{W}$ wird auf logisch 1 gesetzt.
4. $\overline{UDS}$, $\overline{LDS}$ oder beide werden auf logisch 0 gesetzt.
5. $\overline{DTACK}$ wird durch die externe Hardware auf logisch 0 gesetzt.
6. $\overline{UDS}$ und $\overline{LDS}$ werden auf logisch 1 gesetzt.
7. $\overline{AS}$ wird auf logisch 1 gesetzt.

Damit ist der Speicher-READ-Zyklus beendet.

WRITE-Zyklus:
1. A1 bis A23 werden auf die gewünschte Speicheradresse gesetzt.
2. $\overline{AS}$ wird auf logisch 0 gesetzt.
3. R/$\overline{W}$ wird auf logisch 0 gesetzt.
4. Auf die Leitungen D0 bis D15 werden die auf die angegebene Adresse zu schreibenden Daten gesetzt.
5. $\overline{UDS}$, $\overline{LDS}$ oder beide werden auf logisch 0 gesetzt.
6. $\overline{DTACK}$ wird durch die externe Hardware auf logisch 0 gesetzt.
7. $\overline{UDS}$ und $\overline{LDS}$ werden auf logisch 1 gesetzt.
8. $\overline{AS}$ wird auf logisch 1 gesetzt.

Damit ist der Speicher-WRITE-Zyklus beendet.

2.10 Vergrößerung der Zugriffszeit mit $\overline{\text{DTACK}}$

In diesem Abschnitt werden wir untersuchen, wie die Lese- und Schreibzugriffszeit für eine Speicheroperation mit Hilfe des Einganges $\overline{\text{DTACK}}$ des 68000 verlängert werden kann. Wir werden eine Schaltung zeigen, mit der man eine bestimmte Verzögerung einstellt. Weiterhin verzögert diese Schaltung nur in einem bestimmten Adreßraum, das heißt ein Bereich des Speicherraumes kann langsamer sein als der andere. Wird der langsame Speicherbereich angewählt, so wird der Eingang $\overline{\text{DTACK}}$ verzögert.

Zu Beginn dieser Erläuterung wollen wir die Funktion des Einganges $\overline{\text{DTACK}}$ des 68000 untersuchen. Wenn der 68000 die Steuersignale $\overline{\text{UDS}}$ oder $\overline{\text{LDS}}$ setzt, so informiert er damit die externe Hardware darüber, daß die CPU bereit ist, Daten für eine READ-Operation zu erhalten oder bereit ist, Daten für eine WRITE-Operation auszugeben. Die externe Hardware muß nun den 68000 informieren, wenn sie darauf vorbereitet ist, diese Daten zu empfangen oder zu senden.

Es gibt mehrere Gründe, aus denen die externe Hardware nicht bereit sein könnte:

1. Der Speicher hatte nicht genug Zeit, um auf die adressierte Stelle zuzugreifen.
2. Das dynamische RAM wird aufgefrischt.
3. Die externe Anordnung wartet auf das Signal irgendeiner anderen Hardware, bevor sie Daten zum 68000 sendet bzw. von ihm empfangen kann.

Was immer der Grund ist, wir wollen annehmen, daß die externe Hardware nicht darauf vorbereitet ist, den Datenaustausch weiterzuführen, der durch den 68000 begonnen wurde.

Um dieses Problem zu lösen, verzögern wir den Eingang $\overline{\text{DTACK}}$ des 68000 um ein ganzes Vielfaches des Taktzyklus. Das ist gleichbedeutend mit der Verzögerung von $\overline{\text{DTACK}}$ für eine bestimmte Zeitspanne. Weiterhin können wir diese Zeitspanne mittels eines DIP-Schalters einstellen. Bild 2.13 zeigt eine derartige Schaltung.

Die Schaltung in Bild 2.13 arbeitet folgendermaßen: Wir müssen als erstes annehmen, daß der 68000 einen neuen Speicher-READ- oder WRITE-Zyklus startet, und daß die Steuersignale $\overline{\text{UDS}}$, $\overline{\text{LDS}}$ und $\overline{\text{AS}}$ logisch 1 sind. Mit dem Signal $\overline{\text{AS}}$ im logischen Zustand 1 sind die Ausgänge pin 13, 14 und 15 des IC4 logisch 1. Pin 3 des NAND-Gatters IC1 ist logisch 0, weil $\overline{\text{UDS}}$ und $\overline{\text{LDS}}$ logisch 1 sind.

Wenn der Ausgang 3 des IC1 logisch 0 ist, so ist natürlich der Eingang $\overline{\text{LOAD}}$ des Zählers IC2 ebenfalls logisch 0. Dies setzt die Ausgänge QA, QB, QC, QD des Zählers auf die logischen Werte seiner Eingänge A, B, C, D. Diese Zählereingänge sind mit einem DIP-Schalter verbunden. Wenn der Schalter geschlossen ist, so ist der entsprechende Eingang logisch 0. Wenn der Schalter geöffnet ist, so ist der Eingang logisch 1.

Wir wollen nun annehmen, daß die Eingangsschalter A und B geschlossen sind. Dies bedeutet, daß der logische Zustand des Zählereingangs 1 1 0 0 ist, also „C" in hexadezimaler Schreibweise. Sind die Ausgänge $\overline{\text{UDS}}$ und $\overline{\text{LDS}}$ des 68000 im logischen Zustand 1, so sind die Ausgänge des Zählers voreingestellt auf 1 1 0 0. Bei einer logischen Null am Eingang $\overline{\text{LOAD}}$ des Zählers hat der Takt am Eingang 8 des Zählers keine Wirkung.

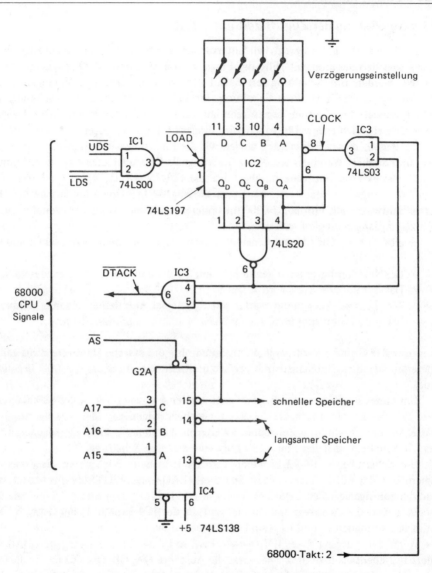

Bild 2.13 Schaltung für die Verzögerung des Eingangssignals $\overline{\text{DTACK}}$ des 68000

Als nächstes nehmen wir an, daß der Ausgang $\overline{\text{AS}}$ des 68000 auf logisch 0 gesetzt wurde. Der Dekoder IC4 wird nun aktiviert. War der Adreßbereich als „schneller Speicherbereich" dekodiert, so wird der Eingang 5 des UND-Gatters IC3 logisch 0, ebenso wird dann der Eingang $\overline{\text{DTACK}}$ des 68000 logisch 0 sein. Infolgedessen findet keine Verzögerung statt. Der logische Status des Zählers hat bei einem „schnellen Speicherbereich" keine Auswirkung.

2.10 Vergrößerung der Zugriffszeit mit $\overline{DTACK}$

Nehmen wir nun an, daß der Systemadreßbereich für einen „langsamen Speicherbereich" dekodiert ist. In diesem Fall ist der Ausgang 15 des Dekoders IC4 logisch 1. Der Eingang 5 des UND-Gatters IC3 wird logisch 1. $\overline{DTACK}$ wird nicht gesetzt.

Der Ausgang 6 des UND-Gatters 74LS20 ist von dem Zählerzustand abhängig. Der 68000 setzt nun die Kontrollsignale $\overline{UDS}$, $\overline{LDS}$ oder beide und den Eingang $\overline{DTACK}$ des 68000 auf logisch 1, weil beide Eingänge 4 und 5 des UND-Gatters IC3 auf logisch 1 sind. Wenn entweder $\overline{UDS}$ oder $\overline{LDS}$ gesetzt wird, wird der Eingang $\overline{LOAD}$ des Zählers IC2 auf logisch 1 gesetzt. Der Zähler beginnt mit der Taktrate zu zählen.

Der Zähler startet mit dem voreingestellten Wert 1 1 0 0. Der Zählerstand erhöht sich bei jedem Taktimpuls um eins. Die Zählerfolge ist 1 1 0 1, 1 1 1 0, 1 1 1 1. Wenn der Zähler bei 1 1 1 1 ist, sind die 4 Eingänge des NAND-Gatters 74LS20 alle logisch 1. Der Ausgang dieses NAND-Gatters geht dann auf logisch 0. Diese logische 0 zwingt den Ausgang 6 des UND-Gatters IC3 auf logisch 0. Der Eingang $\overline{DTACK}$ des 68000 wird dadurch auf logisch 0 gesetzt. Damit ist die Verzögerungszeit beendet und der 68000 fährt in der Ausführung des READ- oder WRITE-Zyklus fort.

Wenn der Ausgang 6 des UND-Gatters 74LS20 logisch 0 wird, so wird der Takteingang des Zählers blockiert. Am Ende des Speicherzyklus des 68000 werden die Steuersignale $\overline{UDS}$, $\overline{LDS}$ und $\overline{AS}$ wieder auf logisch 1 gesetzt. Die Reihenfolge der Ereignisse beginnt wieder mit der logischen 0 an dem Eingang $\overline{LOAD}$ des Zählers.

Aus dieser Erläuterung kann man erkennen, daß diese Schaltung bis zu 15 Taktzyklen des Zählers verzögern kann. Es ist zu beachten, daß die Taktfrequenz die Hälfte der Taktfrequenz des 68000 ist. Dies ergibt eine Gesamtverzögerung von 30 Taktzyklen des 68000. Die Verzögerungszeit wird durch die Schalter an den Voreinstelleingängen des Zählers festgelegt. Eine derartige Technik erlaubt einem System, mit optimaler Geschwindigkeit zu arbeiten, abhängig von der Art der Speicherbausteine. Wenn die Speicherbausteine eine schnelle Zugriffszeit haben, kann man die Verzögerungszeit ganz wegfallen lassen, indem man alle Schalter öffnet. Dies setzt den Zähler auf 1 1 1 1. Wenn die Speicherbausteine mit einer langsameren Zugriffszeit arbeiten, kann das System immer noch arbeiten, aber dann mit einer reduzierten Geschwindigkeit. Die Bilder 2.14 und 2.15 zeigen die wichtigen Signale für die Schaltung des Bildes 2.13.

Es muß betont werden, daß die hier gezeigte Technik nur ein Beispiel dafür ist, wie der Eingang $\overline{DTACK}$ des 68000 verwendet werden kann, um den Datenaustausch zu verzögern.

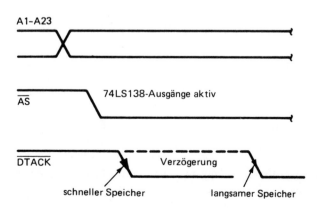

Bild 2.14
Zeitdiagramm der Verzögerung des Eingangs $\overline{DTACK}$ des 68000 für langsame Speicher

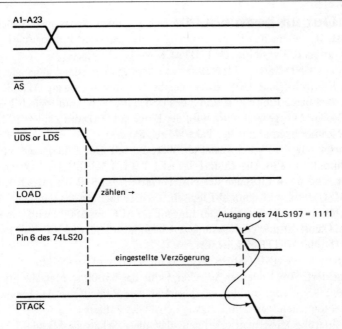

Bild 2.15 Zeitdiagramm der verschiedenen Signale von Bild 2.13

2.11 Zusammenfassung

In diesem Kapitel wurden die Einzelheiten des Datenaustausches zwischen 68000 und den statischen RAMs vom Typ 2114 besprochen. Dieses RAM wurde gewählt, weil es im industriellen Bereich häufig angewendet wird.

Wenn jemand die Einzelheiten bei der Anwendung dieses Speicherbausteins versteht, ist es einfach, diese Einzelheiten auf andere Speicherbausteine zu übertragen.

Die Schaltungen in diesem Kapitel wurden entworfen, um zu demonstrieren, was für den Datenaustausch zwischen dem 68000 und einem statischen RAM notwendig ist.

Es gibt viele verschiedene Techniken, die man verwenden kann, um die in diesem Kapitel beschriebenen Aufgaben zu lösen. Wir sind so vorgegangen, daß wir die Schaltung Schritt für Schritt verbessert haben, wie es für den Systementwickler der natürliche Weg ist. Für die Fehlersuche ist es notwendige Voraussetzung zu wissen, wie das System arbeiten soll. Wenn einmal das Prinzip des Datenaustausches verstanden ist, ist es nicht mehr schwierig, die Logik eines speziellen Systems zu verfolgen, welches diesen Datenaustausch bewerkstelligt.

Es wurde die Ereignisfolge besprochen, die vom 68000 erzeugt wird, wenn ein Dialog mit einem statischen RAM stattfindet. Diese Folge ist ein sehr wertvolles Hilfsmittel für die Fehlersuche. Verwendet man diese Ereignisfolge und den statischen Stimmulationstest, so kann eine schnelle Prüfung der Systemhardware durchgeführt werden. Das werden wir später im einzelnen zeigen.

Schließlich führten wir noch eine Technik vor, mit der man die READ- oder WRITE-Zugriffszeit verlängern kann. Diese Technik verwendet die Verzögerung des Eingangssignales DTACK des 68000.

3 Input und Output beim 68000

Zwei wichtige Hardware-Operationen, die ein Mikroprozessor ausführt, sind das Lesen der Daten von einem Eingang (Input) und das Schreiben der Daten auf einen Ausgang (Output). Dieses Kapitel bespricht die Einzelheiten des Datenaustausches zwischen dem 68000 und einer Eingangs- und Ausgangsschaltung.

Es wird ein allgemeiner I/O-Port entworfen. Dieser Port wird unter Verwendung von Einzelbausteinen entwickelt. Wir führen den I/O zu diesem Zeitpunkt vor, weil der Datenaustausch zwischen 68000 und I/O dem bei statischen RAMs ähnelt. Wir werden in der Tat in diesem Kapitel große Ähnlichkeiten bei dem Datenaustausch zwischen Mikroprozessor und statischen RAMs einerseits und Mikroprozessor und I/O-Ports andererseits feststellen. Der 68000 ist angelegt für eine speicherorientierte I/O-Architektur. Deswegen macht die Software des 68000 keinen Unterschied zwischen Speicher- und I/O-Datenaustausch. Der Unterschied liegt in den Schaltungen selber, die die Eingangs- und Ausgangs-Ports darstellen.

3.1 Überblick über die I/O-Funktionen des 68000

Es gibt drei Haupttypen von I/O-Operationen, die vom 68000 ausgeführt werden (siehe Bild 3.1). Gleichgültig, welcher Software-Befehl verwendet wird, um eine I/O-Operation zu erzeugen, die Hardware reagiert immer so, wie sie in diesem Kapitel beschrieben wird.

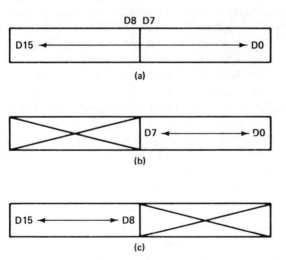

Bild 3.1 Die verschiedenen Datenformate für die Kommunikation zwischen dem 68000 und einem I/O-Port:
a) Der 68000 kann ganze Worte von 16 Bits in einem einzigen I/O-Transfer lesen oder schreiben.
b) Der 68000 kann nur das untere Datenbyte D0 bis D7 schreiben oder lesen. Das „X" bedeutet, daß das obere Datenbyte dadurch nicht beeinflußt wird.
c) Der 68000 kann nur das obere Datenbyte D8 bis D15 schreiben oder lesen.

In Bild 3.1 können wir erkennen, daß der Mikroprozessor mit dem I/O-Port entweder mit ganzen Worten (16 Bits) im parallelen Mode oder mit Bytes (8 Bits) verkehrt.

In dem Byte-Modus liest oder schreibt der 68000 das obere Byte (D8 bis D15) oder das untere Byte (D0 bis D7). Diese Vorgänge entsprechen dem Lesen oder Schreiben von Daten bei statischen RAMs. Es sollte erwähnt werden, daß I/O-Operationen mit einem Byte den 68000 mit vielen Standard-I/O-Bausteinen kompatibel machen, die bei 8-Bit-Mikroprozessoren angewendet werden. Darüber mehr in Kapitel 4.

3.2 Die Port-Adresse

Wie bereits ausgeführt, unterstützt der 68000 nur eine Art von I/O-Architektur, nämlich den speicherorientierten I/O. In einem 68000-System sind alle 23 Adressleitungen für die I/O-Dekodierung verfügbar. Wenn der Leser Erfahrung mit dem 6800 hat, dann ist dies kein neues Konzept für ihn.

Einige der 8 Bit-Mikroprozessoren, wie der 8080 und der 8085, verwenden nur 8 der insgesamt 16 Adreßleitungen, um I/O-Ports anzuwählen.

Die verwendeten Adreßleitungen sind für die speicherorientierte I/O-Adressierung dieselben wie für die Speicheradressierung. Wir werden später sehen, wie der Mikroprozessor 68000 die Speicherabfrage von der I/O-Abfrage unterscheidet. Es werden für den I/O nicht alle 23 Adreßleitungen benötigt, ebenso benötigen wir nicht alle verfügbaren Adreßleitungen für den Speicher. Für den allgemeinen I/O-Port in diesem Kapitel werden wir jedoch alle 23 Adreßleitungen verwenden.

Jeder I/O-Port in einem System wird nur auf eine einzige Bit-Kombination des Adreßbusses reagieren. Diese Adressenkombination nennt man die „Port-Adresse". Port-Adressen für den hier betrachteten I/O-Port sind FFFFFE oder FFFFFF. Der Port reagiert auf die eine oder andere dieser beiden Systemadreßkombinationen. Bild 3.2 zeigt eine Schaltung für die Dekodierung dieser Port-Adressen. Man beachte, daß wir nur 22 Adreßleitungen für die I/O-Adresse in Bild 3.2 verwenden. Die Adreßleitung A23 wird verwendet, um den I/O-Bereich von dem Speicherbereich zu unterscheiden. Wenn A23 logisch 1 ist, bedeutet dies „I/O". Wenn A23 logisch 0 ist bedeutet dies „Speicher".

Wir sehen in Bild 3.2, daß die Ausgänge 8 aller NAND-Gatter dann und nur dann logisch 0 sind, wenn alle Eingangsleitungen logisch 1 sind. Der Ausgang 3 des einen ODER-Gatters wird nur dann logisch 0, wenn die Ausgänge der beiden NAND-Gatter IC1 und IC2 logisch 0 sind. Dieser Ausgang wird mit dem Eingang 4 des anderen ODER-Gatters verbunden. Wenn dessen beide Eingänge 4 und 5 logisch 0 sind, so ist sein Ausgang 6 ebenfalls logisch 0. Dieser Ausgang 6 ist mit „Port-Select" bezeichnet. Die Port-Select-Leitung ist nur dann aktiv 0, wenn der Systemadressbus mit dem Kode für den Port logisch übereinstimmt.

Die Port-Auswahlleitung kann auch aktiv werden, wenn keine I/O-Kommunikation mit dem System stattfindet, weil der Systemspeicher ebenfalls die gleichen Adressleitungen benützt. Wenn beispielsweise der Mikroprozessor Daten von der Speicherstelle 7FFFFE oder 7FFFFF liest, dann wird die Leitung „Port-Select" in Bild 3.2 aktiv. Dies ist bei der Fehlersuche wichtig. Wenn man ein Mikroprozessorsystem prüft, darf man nicht überrascht sein, wenn die Leitung „Port-Select" aktiv wird, selbst wenn kein Software-Befehl den Datenaustausch mit einem Port anordnet. Dies ist ein zulässiger Vorgang und keine Fehlfunktion.

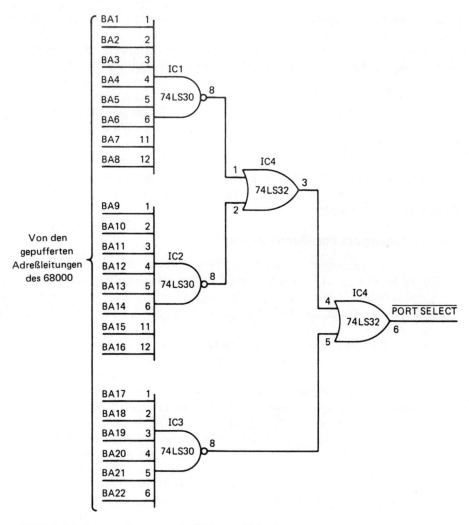

Bild 3.2 Schaltung zur Erzeugung des Port-Anwahlsignales.
Die Schaltung reagiert auf die Adressen FFFFFF und FFFFFE.

3.3 Erzeugung des Signals IORQ

In diesem Abschnitt untersuchen wir, wie man den 68000 ein elektrisches Signal erzeugen lassen kann, das anzeigt, daß eine I/O-Operation stattfinden wird. Der 68000 unterscheidet sich insofern von den 16-Bit-Mikroprozessoren 8086 und Z8000, als daß diese beiden Mikroprozessoren eine getrennte I/O-Architektur haben. Der 68000 dagegen arbeitet mit der speicherorientierten I/O-Architektur.

Speicherorientierte I/O-Architektur heißt, daß ein Bereich des Systemspeicherraumes für Eingangs- und Ausgangsoperationen I/O reserviert ist. Der Vorteil dieser Art I/O-Architektur ist, daß alle Speicherbefehle ebenfalls für I/O-Operationen verfügbar sind. Ein Nachteil des speicherorientierten I/O ist, daß ein Teil des verfügbaren Speicherraumes dabei verbraucht wird.

Unabhängig von den Vor- und Nachteilen des speicherorientierten I/O gibt es beim 68000 keine andere Wahl. Im Hinblick darauf muß der 68000 ein elektrisches Ausgangssignal erzeugen, das anzeigt, daß eine I/O-Operation im System stattfinden wird.

Die Technik, die wir anwenden, ist einfach: Wir verwenden die Adreßleitung A23. Wenn immer die Adresse A23 logisch 1 ist, führt der 68000 eine I/O-Operation durch. Diese Technik ist im Hinblick auf den Speicherbereich zwar recht verschwenderisch. Tatsächlich wird dabei die Hälfte des Speicherbereichs für I/O verwendet. In manchen Systemen mag dies befriedigend sein. Bei anderen Anwendungen wird ein Teil des Systemadreßbusses dekodiert, um das Steuersignal $\overline{IORQ}$ zu erzeugen.

Im Folgenden wird die Verwendung der Adreßleitung A23 zur Erzeugung des Steuersignals $\overline{IORQ}$ erläutert.

3.4 Erzeugung des Port-Schreibsignals

Das Port-Schreibsignal für ein 68000-System ist definiert als das Schreibaktivierungssignal für einen einzigen Ausgangsport. Das Port-Schreibsignal entsteht aus den beiden Signalen $\overline{PORTSELECT}$ und $\overline{IORQ}$. Die Aufgabe des Port-Schreibsignals ist es, zu veranlassen, daß die Daten von dem Mikroprozessor in den Ausgangs-Port übernommen werden.

Da die Breite des Ausgangs-Ports 16 bit ist, hat der 68000 die Möglichkeit, mit dem oberen Byte, dem unteren Byte oder dem gesamten 16 Bit-Wort zu arbeiten. Die Hardware muß eine Schreibaktivierung liefern, die bei dem oberen Byte, dem unteren Byte oder beiden Bytes aktiv ist. Dies müssen wir im Auge behalten, wenn die Hardware entwickelt wird. Das Diagramm in Bild 3.3 zeigt die allgemeine Zeitfolge, mit der wir arbeiten. Man beachte in dieser Abbildung, daß alle Steuersignale, ausgenommen $\overline{UDS}$ und $\overline{LDS}$, als statische Steuerpegel betrachtet werden können. Diese Signale bleiben während der ganzen Hardware-Operatione stabil. Aus alldem ergibt sich die Schaltung in Bild 3.4.

In Bild 3.4 sind die Eingänge 1 und 2 des ODER-Gatters $\overline{PORTSELECT}$ und $\overline{A23}$. Während einer Output-Operation ist A23 logisch 1 und $\overline{PORTSELECT}$ logisch 0. Außerdem ist, wenn der 68000 eine Output-Schreiboperation durchführt, das Signal $R/\overline{W}$ logisch 0.

Sind die Eingangsleitungen des Bildes 3.4 in den logischen Zuständen, die soeben beschrieben wurden, so wird der Ausgang 3 des einen ODER-Gatters auf logisch 0 und der Ausgang 6 des anderen ebenfalls auf logisch 0 sein. Diese logische Null liegt an den Eingängen 10 und 13 der nachfolgenden ODER-Gatter.

Wenn die Steuersignale $\overline{UDS}$, $\overline{LDS}$ oder beide von dem 68000 gesetzt werden, so ist der Ausgang 8, der Ausgang 11, oder es sind beide Ausgänge der ODER-Gatter gesetzt. Damit werden entweder das obere Datenbyte, das untere Datenbyte oder beide Datenbytes freigegeben.

Mit der Logik in Bild 3.4 kann das obere oder das untere Byte des Output-Ports freigegeben werden. Es wäre katastrophal, wenn bei einer Byte-Operation sowohl das obere als auch das untere Byte freigegeben würden, denn das Byte, das unverändert bleiben muß, würde ebenso verändert werden wie das planmäßig zu ändernde Byte. Das wird jedoch nur dann ein Problem, wenn sowohl das obere als auch das untere Byte des

3.4 Erzeugung des Port-Schreibsignals

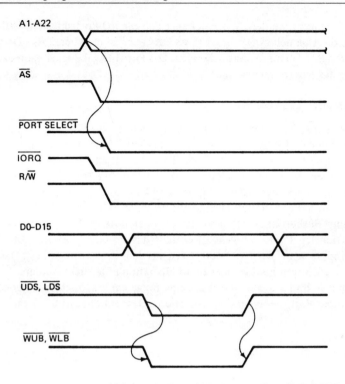

Bild 3.3 Zeitdiagramm der wichtigen Signale bei einer Port-WRITE-Operation

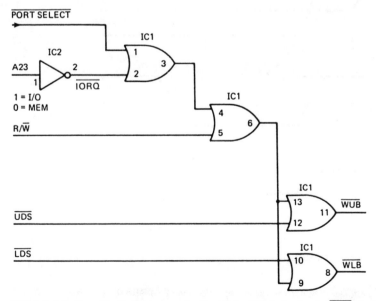

Bild 3.4 Schaltung für die Erzeugung der Port-Schreibfreigabesignale $\overline{\text{WUB}}$ und $\overline{\text{WLB}}$

angewählten I/O-Ports benutzt werden. Wird jedoch ein 8-Bit-I/O-Port mit dem 68000 verwendet, so werden die Dateneingänge dieses Ports entweder an die oberen Bits D8 bis D15 oder an die unteren Bits D0 bis D7 angeschlossen. Das Port-Freigabesignal kann dann nur auf das obere oder das untere Byte wirken.

3.5 Erzeugung des Port-Lesesignals

Nunmehr geht es darum, wie der 68000 Daten von dem 16 Bit-Eingangs-Port liest. Dabei ist zu beachten, daß der Mikroprozessor Input-Operationen sowohl mit dem oberen als auch dem unteren Byte vornehmen kann. Diese Tatsache ist jedoch beim Lesen von Daten nicht so zu beachten wie beim Schreiben von Daten auf den Port; denn die Hardware kann beide Bytes auf den Systemdatenbus geben und kann es dem 68000 überlassen, dasjenige Byte einzulesen, das er benötigt. Dies ist nur machbar, wenn die bidirektionalen Puffer am 68000 keine Buskonflikte mit dem oberen oder unteren Byte verursachen. Werden keine bidirektionalen Puffer verwendet, entfällt das Problem. Dieselbe Überlegung stellten wir in Kapitel 1 an, wo der 68000 Daten aus dem System-ROM liest. Daran ist zu denken, wenn die wichtigen Punkte einer Input-Operation untersucht werden.

Das Zeitdiagramm in Bild 3.5 gibt eine allgemeine Folge der elektrischen Ereignisse, die während einer Input-Port-Leseoperation auftreten. Das $\overline{\text{PORTSELECT}}$-Signal ist

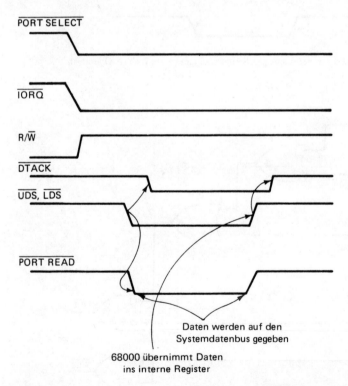

Bild 3.5 Zeitdiagramm der wichtigen Signale für eine Port-READ-Operation

3.5 Erzeugung des Port-Lesesignals

identisch mit dem des Schreibvorgangs. Das Signal $\overline{IORQ}$ ist ebenfalls dasselbe wie das für eine Output-Operation erzeugte. Das Signal $R/\overline{W}$ ist logisch 1 und zeigt so eine READ-Operation an.

Zwei wichtige in Bild 3.5 gezeigte Signale sind die zeitabhängigen Steuersignale $\overline{UDS}$ und $\overline{LDS}$. Diese zeitabhängigen zum Eingangs-Port gesandten Signale starten die Datenübertragung. Wenn eines oder beide dieser Signale auf logisch 0 gehen, werden die Daten von dem Eingangs-Port auf den Systemdatenbus gegeben. Während dieser Zeit liegen die Eingangs-Port-Daten auf den Eingängen des 68000. Anschließend werden die Signale $\overline{UDS}$ und $\overline{LDS}$ logisch 1. Dabei werden die Daten des Eingangs-Ports in den 68000 eingelesen und elektrisch von dem Systemdatenbus genommen.

Bild 3.6 zeigt eine Möglichkeit der Erzeugung eines Port-Lesesignals gemäß der logischen Bedingungen des Zeitdiagramms in Bild 3.5. In Bild 3.6 ist der Ausgang 3 des IC1 dann und nur dann logisch 0, wenn $\overline{PORTSELECT}$ logisch 0 und A1 logisch 1 ist. Dies ist der aktive Status eines Eingangs-Ports. Der Ausgang 3 des ODER-Gatters IC1 ist der Eingang 4 des nächsten ODER-Gatters. Der Eingang 5 dieses ODER-Gatters ist die invertierte logische Bedingung des Steuersignales $R/\overline{W}$ vom 68000. Wenn $R/\overline{W}$ logisch 1 ist und so eine READ-Operation anzeigt, ist der Eingang 5 des ODER-Gatters logisch 0. Bei beiden Eingängen 4 und 5 logisch 0 ist der Ausgang 6 des ODER-Gatters ebenfalls logisch 0.

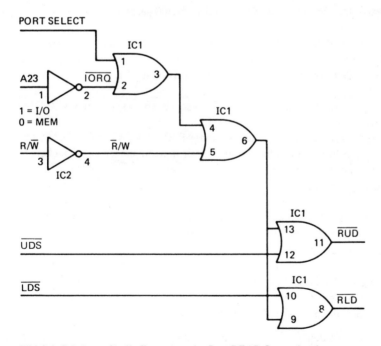

Bild 3.6 Schaltung für die Erzeugung der Port-READ-Steuersignale

Eine logische 0 am Ausgang 6 setzt die Eingänge 9 und 13 des nachfolgenden ODER-Gatters auf eine logische 0. Wenn die Steuersignale $\overline{\text{UDS}}$, $\overline{\text{LDS}}$ oder beide vom 68000 auf logisch 0 gesetzt werden, so werden auch die Ausgänge 8 und 11 oder beide logisch 0. Diese Ausgänge werden von dem Eingangs-Port verwendet, um die Daten auf den Systemdatenbus zu geben. Diese Signale sind praktisch das tristate-Steuersignal für den Eingangs-Port.

3.6 Vollständige Schaltung des I/O-Ports

In diesem Abschnitt besprechen wir die Ereignisfolge für eine I/O-Lese- und Schreiboperation. Dabei beziehen wir uns auf Bild 3.7, das die vollständige Schaltung eines allgemeinen 16 Bit-I/O-Ports zeigt. Bei jedem einzelnen Schritt dieser Folge wird die entsprechende Hardware-Aktivität untersucht werden. Wir beginnen mit der Output-Operation des 68000.

1. Zuerst werden durch den 68000 die Leitungen A1 bis A23 auf die gewünschte Ausgangsadresse gesetzt.

Die Ausgangsadressleitungen werden nun durch die Port-Select-Hardware dekodiert, die wir in Bild 3.1 kennengelernt haben. In Bild 3.7 sehen wir, daß der Eingang 4 des IC3 aktiv logisch 0 wird, wenn die richtige Ausgangsadresse anliegt.

2. Das Signal $\overline{\text{AS}}$ wird jetzt vom 68000 auf logisch 0 gesetzt.

Dieses Signal zeigt an, daß auf den Adreßleitungen nun eine stabile Adresse liegt. Das Signal $\overline{\text{AS}}$ bleibt logisch 0 bis zum Ende des laufenden Speicherzyklus. Dieses Signal muß nicht verwendet werden, wenn man Adressen auf das System gibt.

3. Das Signal $R/\overline{W}$ wird als nächstes auf logisch 0 gesetzt, was eine WRITE-Operation anzeigt.
4. Der 68000 gibt nun die auf den Ausgangs-Port zu schreibenden Daten aus. Man beachte in Bild 3.7, daß die Daten nun an den Eingängen der 8-fachen D-Flip-Flops IC7 und IC8 anliegen.
5. Die Signale $\overline{\text{UDS}}$, $\overline{\text{LDS}}$ oder beide werden von dem 68000 auf logisch 0 gesetzt.

Diese Signale takten die Aktivierungseingänge entweder eines (Byte) oder beider (Worte) Flip-Flops IC7 und IC8 auf logisch 0. Mit der positiven Flanke des Taktsignales übernehmen die Flip-Flops die Daten.

6. Nunmehr wird $\overline{\text{DTACK}}$ durch die externe Hardware gesetzt. Dieser Vorgang geschieht in der gleichen Art und Weise wie bei einer Speicheroperation.
7. $\overline{\text{UDS}}$, $\overline{\text{LDS}}$ und $\overline{\text{AS}}$ werden durch den 68000 auf logisch 1 gesetzt.

Wenn dies geschieht, werden die Takteingänge der D-Flip-Flops IC7 und IC8 auf logisch 1 gesetzt. Die Daten an den Eingängen der D-Flip-Flops werden nun in die Flip-Flops übernommen. Die positive Flanke der Signale $\overline{\text{UDS}}$ und $\overline{\text{LDS}}$ bedeutet das Ende der I/O-WRITE-Operation. Der Mikroprozessor ist bereit zur Durchführung einer anderen Hardware-Operation.

3.6 Vollständige Schaltung des I/O-Ports

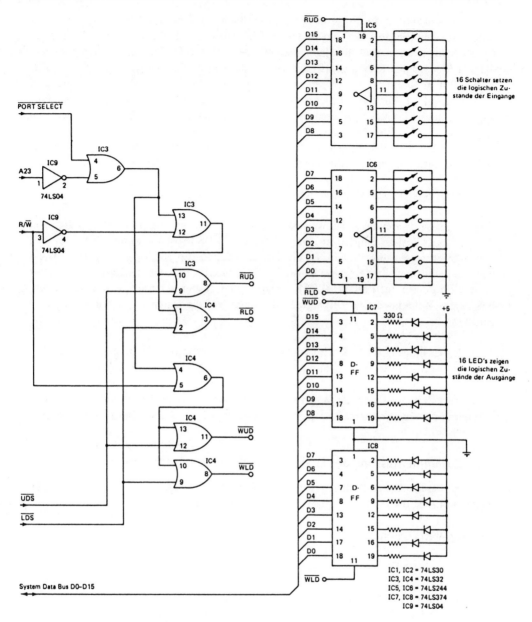

Bild 3.7 Vollständige Schaltung eines einfachen 16 Bit I/O-Port für den 68000. Der Port reagiert auf die I/O-Adresse FFFFFF oder FFFFFE.

Wir wollen nun die Folge der Ereignisse, die ein 68000 liefert, betrachten, wenn er Daten von dem Eingangs-Port des Bildes 3.7 liest. Die hauptsächlichen Ereignisse bei einer I/O-READ-Operation sind dieselben wie bei einer I/O-WRITE-Operation, ausgenommen, daß das Steuersignal R/$\overline{\text{W}}$ logisch 1 ist. Dies bedeutet eine READ-Operation. Das ODER-Gatter IC4 in Bild 3.7 wird an seinem Eingang 5 eine logische 1 haben, weil das Signal R/$\overline{\text{W}}$ logisch 1 ist. Mit diesem Signal im Zustand logisch 1 wird das Schreiben in den Port während eines Eingangs-Lesevorgangs blockiert. Zu diesem Zeitpunkt hat die Dekodierungslogik für den Eingangs-Port, IC3 und IC4, eine logische 0 an den Eingängen 1 und 10. Die Daten von dem Eingangs-Port liegen noch nicht auf dem Systemdatenbus. Die Hardware wartet darauf, daß die Steuersignale $\overline{\text{UDS}}$ oder $\overline{\text{LDS}}$ aktiv werden.

1. $\overline{\text{UDS}}$ oder $\overline{\text{LDS}}$ werden durch den 68000 auf logisch 0 gesetzt.

Dies ist der hardwaremäßige Hinweis darauf, daß der Mikroprozessor bereit ist, Daten von dem Eingangs-Port zu empfangen. Wenn $\overline{\text{UDS}}$ oder $\overline{\text{LDS}}$ logisch 0 werden, dann werden die Aktivierungseingänge 1 und 19 der Puffer IC5 und IC6 auf logisch 0 gesetzt. Diese logische Bedingung aktiviert diese Bausteine. Die Folge ist, daß, welche Daten auch immer an den Eingängen der Puffer 74LS240 anlagen, diese Daten jetzt auf dem Systemdatenbus liegen. Während dieser Zeit werden die Daten auf die Dateneingänge des 68000 gegeben.

2. Der Eingang $\overline{\text{DTACK}}$ wird von der externen Hardware auf logisch 0 gesetzt.
3. Die Signale $\overline{\text{UDS}}$, $\overline{\text{LDS}}$ und $\overline{\text{AS}}$ werden vom 68000 auf logisch 1 gesetzt.

Zu diesem Zeitpunkt sind die Daten von dem Eingangs-Port in den 68000 übernommen worden und werden elektrisch vom Systemdatenbus weggeschaltet. Die Systemoperation ist nun beendet.

3.7 Zusammenfassung der Ereignisfolge für eine I/O-Operation

In diesem Abschnitt listen wir die Reihenfolge der Signale auf, die bei einer Eingangs- und Ausgangsoperation mit dem 68000 stattfinden.

Ausgangs-WRITE-Folge

1. A1 bis A23 werden auf die richtige Ausgangs-Portadresse gesetzt.
2. $\overline{\text{AS}}$ wird auf logisch 0 gesetzt.
3. R/$\overline{\text{W}}$ wird auf logisch 0 gesetzt.
4. Die korrekten Daten, die in den Ausgangs-Port geschrieben werden sollen, werden auf die Datenleitungen D0 bis D15 gegeben.
5. $\overline{\text{UDS}}$, $\overline{\text{LDS}}$ oder beide werden auf logisch 0 gesetzt.
6. $\overline{\text{DTACK}}$ wird von der externen Hardware auf logisch 0 gesetzt.
7. $\overline{\text{UDS}}$, $\overline{\text{LDS}}$ und $\overline{\text{AS}}$ werden auf logisch 1 gesetzt.

3.8 DTACK bei einer I/O-Operation

Eingangs-READ-Folge

1. A1 bis A23 werden auf die richtige Eingangs-Portadresse gesetzt.
2. $\overline{\text{AS}}$ wird auf logisch 0 gesetzt.
3. $\text{R}/\overline{\text{W}}$ wird auf logisch 1 gesetzt.
4. $\overline{\text{UDS}}$, $\overline{\text{LDS}}$ oder beide werden auf logisch 0 gesetzt.
5. $\overline{\text{DTACK}}$ wird von der externen Hardware auf logisch 0 gesetzt.
6. $\overline{\text{UDS}}$, $\overline{\text{LDS}}$ und $\overline{\text{AS}}$ werden auf logisch 1 gesetzt.

3.8 $\overline{\text{DTACK}}$ bei einer I/O-Operation

Wenn der 68000 eine normale I/O-Operation durchführt, muß sein Eingang $\overline{\text{DTACK}}$ von der externen Hardware gesetzt werden. Genau dieses wurde bei einer Speicheroperation durchgeführt. Wir wollen annehmen, daß bei der vorliegenden Eingangs- und Ausgangsoperation die I/O-Schaltung schnell genug ist, um auf den 68000 ohne zusätzliche Wartezyklen zu reagieren. Deshalb werden wir den Eingang $\overline{\text{DTACK}}$ des 68000 auf genau die gleiche Art bedienen wie bei einem statischen RAM. Diese Technik wurde in Kapitel 1 gezeigt und wird in Bild 3.8 wiederholt.

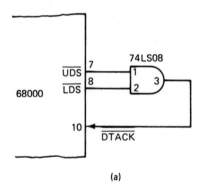

(a)

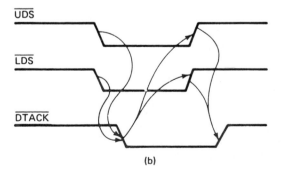

Bild 3.8
Die Erzeugung des Signales $\overline{\text{DTACK}}$ bei einem I/O-Zyklus:
a) Schaltung
b) Zeitdiagramm

3.9 Zusammenfassung

In Kapitel 3 haben wir vorgeführt und erklärt, wie der 68000 normale Eingangs- und Ausgangsoperationen durchführt. Einige hardwaremäßige Dekodiertechniken wurden gezeigt und erläutert. Die Schaltungen in diesem Kapitel sind nur als Lehrbeispiele gedacht. Am Ende dieses Kapitels haben wir die komplette Reihenfolge der Signaländerungen während einer Eingangs- und Ausgangsoperation aufgelistet.

Für den, der die Fehlersuche in der Hardware eines 68000-Systems durchführt, ist das Lernen dieser Signalfolge ein guter Startpunkt für das Verständnis der Hardware I/O-Operationen. Wir kommen später auf diese Ereignisfolge zurück, wenn wir die Einzelheiten der Fehlersuche bei Eingangs- und Ausgangs-Ports mit Hilfe des statischen Stimmulationstests vornehmen.

4 Ein 6800-Peripheriebaustein am 68000

In diesem Kapitel besprechen wir, wie man eine Peripherieeinheit des 6800 an einen 68000-Mikroprozessor anschließt. Der I/O-Baustein, den wir betrachten wollen, ist die PIA 6821 von Motorola. PIA heißt „Peripheral Interface Adapter". Es wird gezeigt, wie der I/O-Baustein aktiviert wird und an die Systemumgebung angeschlossen wird. Die Besprechung wird so allgemein sein, daß man die Grundzüge des Anschlusses dieser Art Bausteine an den 68000 erkennt, jedoch auch so genau, daß der Leser sieht, wie man diesen speziellen Baustein an den 68000 anschließt.

Die Besprechung beginnt mit einer Übersicht über den PIA-Baustein, wobei wir nicht auf jede Einzelheit des Bausteins eingehen werden. Genaueres findet man in dem Datenblatt des Herstellers. Wir werden uns auf die Erklärungen beschränken, die dem Leser ermöglichen, zu verstehen, wie die PIA mit dem Mikroprozessor 68000 Daten austauscht.

Anschließend an diese Übersicht der Wirkungsweise der PIA werden wir zeigen, wie der Baustein in einem typischen System arbeitet. Dadurch wird der Leser erkennen, wie der 68000 prinzipiell mit einem 8-Bit-I/O-Baustein zusammenarbeitet.

Schließlich, nachdem wir gesehen haben, wie die PIA in der Systemumgebung arbeitet, werden wir die Software des 68000 zeigen. Sie erlaubt, Daten zwischen der PIA 6821 und der CPU 68000 auszutauschen.

4.1 Überblick über die PIA 6821

Bei den folgenden Erläuterungen beschränken wir uns auf zwei Anwendungsarten der PIA, zum einen als normaler 8-Bit-Eingangs-Port, zum andern als 8-Bit-Ausgangs-Port. Der Baustein beherrscht zwar viele verschiedene Arbeitsweisen, jedoch würden wir, wenn wir jeden Arbeitsmodus besprechen wollten, dafür ein extra Kapitel benötigen.

Es ist notwendig zu wissen, wie die PIA 6821 in einer Systemumgebung arbeitet, bevor wir den Versuch machen, diese Schaltung anzuschließen oder gar nach Fehlern zu suchen. Wir müssen wissen, was „da sein sollte"; andernfalls sagen uns durchgeführte Messungen und gewonnene Daten überhaupt nichts.

Die Blockschaltung der PIA 6821 zeigt Bild 4.1. Wir sehen dort, daß der Baustein drei große Gruppen von I/O-Leitungen besitzt. Das sind die Gruppe A (PA), Gruppe B (PB) und die Steuergruppe (CA, CB). Die jeweilige Funktion dieser Leitungen hängt davon ab, wie der Baustein in dem System verwendet werden soll.

Beispielsweise kann die ganze Gruppe A als Ausgang geschaltet werden und die Gruppe B als Eingang. Oder beide Gruppen können sowohl Ausgang als auch Eingang sein. Wenn man genauere Information über alle Betriebsarten dieses Bausteins benötigt, sollte man auf das Datenblatt des Herstellers zurückgreifen. Es ist im Anhang beigelegt.

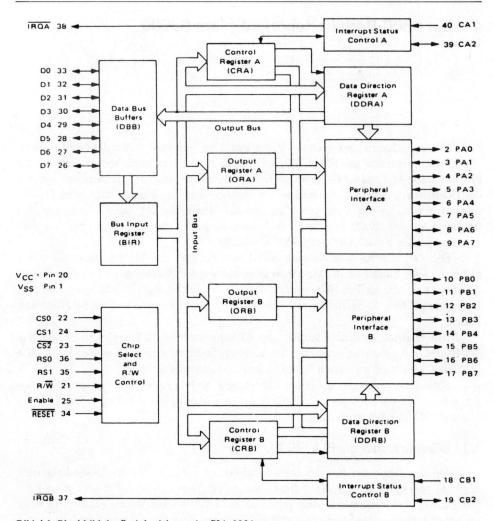

Bild 4.1 Blockbild des Peripheriebausteins PIA 6821

Uns interessiert die Arbeitsweise, bei der die Gruppen A und B Ausgänge bzw. Eingänge sind. Um die PIA in die Betriebsart zu bringen, die wir wünschen, muß sie programmiert werden. Mit „programmiert" meinen wir, daß der Baustein Informationen braucht, die ihm vom Mikroprozessor gegeben werden müssen. Diese Informationen definieren genau, wie sich die ausgangsseitigen Gruppen des Bausteins verhalten.

Wenn der Mikroprozessor die PIA programmiert oder „einstellt", werden genauso Daten zu dem Baustein gesendet, wie wenn der Mikroprozessor irgendeine Ausgangs-Operation vornimmt. Die Hardware des Systems muß die PIA elektrisch darüber informieren, daß die vom Mikroprozessor gesendeten Daten nun Programmierdaten und keine Ausgangsdaten sind. Dies geschieht dadurch, daß verschiedene logische Eingänge der PIA gesetzt werden. Wir wollen einige dieser Eingänge und ihre logischen Funktionen besprechen.

4.1 Überblick über die PIA 6821

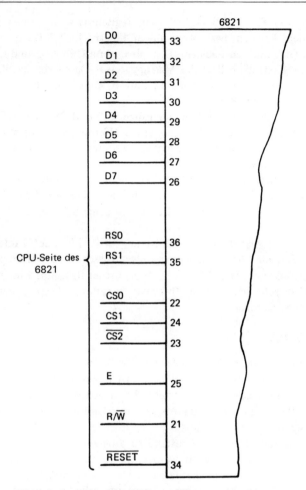

Bild 4.2 Anschlüsse des 6821 zum Mikroprozessor hin

Bild 4.2 zeigt die Eingangsanschlüsse der PIA. Wir erkennen in Bild 4.2 die mit „D0 bis D7" bezeichneten Stifte. Dies sind die Daten-Ein- und Ausgangsleitungen für den Datenaustausch mit dem Mikroprozessor. Die PIA ist ein 8-Bit-Baustein, der nur 8 Datenleitungen benötigt. Dies ist kein Problem für den 16-Bit-Prozessor 68000, da wir die 8 Datenleitungen an das obere oder untere Byte seines 16-Bit-Datenbusses anschließen.

Die nächsten Eingänge der PIA in Bild 4.2 heißen CS0, CS1 und $\overline{CS2}$. Das sind die Chip-Auswahl-Eingänge. Wenn CS0 = 1 ist, CS1 = 1 und $\overline{CS2}$ = 0, so ist die PIA aktiviert. Mit dem aktivierten Baustein ist es möglich, den Datenaustausch zwischen der PIA und dem Mikroprozessor zu betreiben. Der Ausdruck „ist es möglich" wurde verwendet, weil weitere Eingänge der PIA im richtigen logischen Zustand sein müssen, um diese Chip-Aktivierungs-Eingänge wirksam werden zu lassen. Die Eingänge CS0, CS1 und $\overline{CS2}$ haben eine ähnliche Funktion wie der Chip-Enable-Eingang des EPROMs 2716, das wir in Kapitel 1 besprochen haben.

Der Eingang 21, R/$\overline{\text{W}}$, der PIA in Bild 4.2 ist aktiv logisch 1, wann immer der Mikroprozessor Daten von dem Baustein liest. Wenn dieser Eingang logisch 0 ist, dann schreibt der Mikroprozessor Daten in den Baustein. D.h. also, wenn CS0, CS1 und $\overline{\text{CS2}}$ gesetzt sind und R/$\overline{\text{W}}$ logisch 1 ist, dann liest der Mikroprozessor Daten von der PIA. Wenn die vorigen Bedingungen erfüllt sind, aber die Leitung R/$\overline{\text{W}}$ auf logisch 0 ist, so schreibt der Mikroprozessor Daten in die PIA.

In Bild 4.2 sieht man noch die weiteren Steuereingänge RS0 und RS1. Diese Eingangssignale definieren, auf welche interne Registergruppe der Mikroprozessor beim Einstellen der PIA Zugriff hat. Wir werden über diese Eingänge weiteres erfahren, wenn die Programmierung der PIA besprochen wird.

Der Eingang 34 in Bild 4.2 heißt RESET. Diese Eingangsleitung wird normalerweise mit dem System-Reset-Signal verbunden. Über diesen Eingang kann die PIA auf einen definierten Anfangszustand gesetzt werden. Das ist nützlich, damit keine Buskonflikte beim Einschalten entstehen.

Das letzte zu besprechende Signal in Bild 4.2 ist der ENABLE- oder Takteingang. Der Takt wird verwendet, um alle Datenübertragungen zwischen dem Mikroprozessor und der PIA zu synchronisieren. Die PIA ist kein dynamischer Baustein, d.h., man kann den Takt anhalten und es geht keine interne Information verloren. Diese Tatsache ist bei der Fehlersuche mittels SST nützlich.

4.2 Programmierung der PIA

Nach dieser kurzen Einführung in die Signale der PIA betrachten wir nun, wie dieser Baustein verwendet wird. Zunächst werden wir die PIA in einen Betriebszustand bringen, in dem sie aus zwei 8-Bit-Ausgangs-Ports besteht, d.h., einen Betriebszustand, in dem sowohl Port A als auch Port B als Ausgangs-Ports arbeiten. Dies gibt dem Baustein insgesamt 16 einzelne Ausgangsleitungen (vgl. Bild 4.3).

Um die PIA für einen bestimmten Betriebszustand zu programmieren, müssen ihr Daten durch den Mikroprozessor eingeschrieben werden. Diese Daten definieren die Funktionen der Ports A und B. Die Programmierdaten, die der Mikroprozessor in die PIA einschreiben muß, zeigt Bild 4.4. Die korrekten Datenbytes erhalten wir aus dem Datenblatt der PIA. Sie sind in Bild 4.4 eingetragen.

Der Mikroprozessor kann 6 Programmieroperationen für die PIA durchführen. Die ersten drei Bytes definieren die I/O-Signale der Gruppe A. Diese Signale werden nur als Ausgänge definiert. Dies bedeutet, daß die gesamte Leitungsgruppe namens „PA0 bis PA7" Ausgangsleitungen der PIA sind.

Um Daten von dem Mikroprozessor in die internen Register der PIA zu schreiben, müssen einige externe Signale an der PIA im richtigen logischen Zustand sein. Diese Signale sind:

CS0, CS1, $\overline{\text{CS2}}$, R/$\overline{\text{W}}$, RS0, RS1 und ENABLE (E).

Um die Leitungen der Gruppe A der PIA zu programmieren, müssen die Signaleingänge RS0 und RS1 0 bzw. 1 sein (siehe Bild 4.4). Wenn man Daten in die PIA einschreiben will, muß der Baustein entsprechend aktiviert sein. Deshalb müssen die Signale CS0, CS1 und $\overline{\text{CS2}}$ im richtigen logischen Zustand für die Programmierung sein.

4.2 Programmierung der PIA

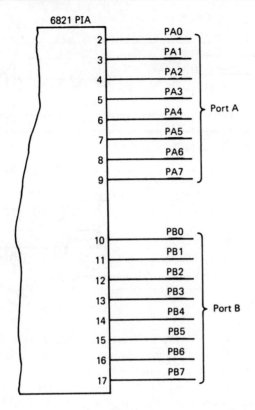

Bild 4.3 Anschlüsse des 6821 zu den Ausgangs-Ports A und B hin

Function	RS1	RS0	DATA	
CONTROL REG A	0	1	00	
CONTROL REG B	1	1	00	
DATA DIR REG A	0	0	FF	} Setzt die Portleitungen
DATA DIR REG B	1	0	FF	auf Ausgang
CONTROL REG A	0	1	04	
CONTROL REG B	1	1	04	
WRITE DATA PA	0	0		
WRITE DATA PB	1	0		

Bild 4.4 Steuerworte für den 6821, damit beide Ports A und B als Ausgangs-Ports arbeiten.

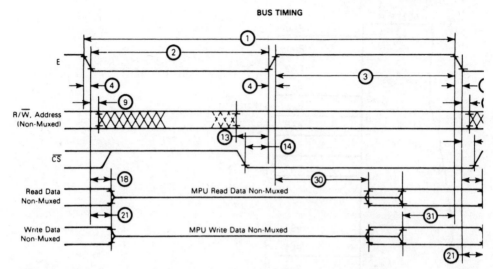

Bild 4.5 Ausschnitt aus dem Datenblatt: Das Signal E synchronisiert den Datentransfer.

Wäre die PIA an einen Mikroprozessor 6800 angeschlossen, so würde eine der Leitungen CS0 oder CS1 an den Ausgang VMA der CPU angeschlossen werden. Die anderen Chip-Select-Leitungen werden in der normalen, speicherorientierten Art dekodiert.

Der Eingang R/$\overline{W}$ des 6821 wird logisch 0 sein und so den I/O-Transfer als eine WRITE-Operation definieren. Die Datenleitungen der CPU liefern die Information auf die Datenleitungen des 6821. Das auszugebende Byte wird 00 (hexadezimal) sein.

Schließlich wird der Eingang ENABLE, der normalerweise die Phase 2 bei einem 6800-System ist, den Datentransfer synchronisieren. Dies zeigt das Zeitdiagramm des Bildes 4.5.

Um den Port A vollständig zu programmieren, muß der 6800 folgende Datenworte in die internen Register schreiben:

Register	RS1	RS0	DATEN (hexa)
Kontroll-Register A	0	1	0 0
Datenrichtungs-Register A	0	0	F F
Kontroll-Register A	0	1	0 4

Der Port A ist nun bereit, Ausgangsdaten von dem Mikroprozessor 6800 zu empfangen und diese Daten auf die Ausgangsleitungen, wie in Bild 4.3 gezeigt, zu geben.

Der Port A ist nun als Ausgang programmiert. Die Leitungen des Port B sind noch nicht programmiert. Um den Port B zu programmieren, benötigt man genau dieselben Bytes wie für die Programmierung des Ports A. Der einzige Unterschied bei der Programmierung ist, daß die Eingänge RS0 und RS1 auf andere interne Register eingestellt werden müssen. Dies zeigt der PIA, daß die Register des Port B angesprochen sind. Die Datenworte für die Programmierung des Port B als Ausgänge sind:

REGISTER	RS1	RS0	DATEN (hexa)
Kontroll-Register B	1	1	0 0
Datenrichtungs-Register B	1	0	F F
Kontroll-Register B	1	1	0 4

Damit ist der Port B so eingestellt, daß er Daten vom Mikroprozessor 6800 an seine Ausgangsleitungen gibt, wie Bild 4.3 zeigt.

4.3 Datenbusverbindung zwischen dem 68000 und dem 6821

In diesem Abschnitt besprechen wir, wie der Datenbus des 68000 an die PIA 6821 angeschlossen wird. Als Erstes ist zu beachten, daß die PIA 6821 ursprünglich für den Mikroprozessor 6800 entwickelt wurde. Der Mikroprozessor 6800 ist ein 8-Bit-Baustein, der 6821 ist ein 8-Bit-Peripherie-Baustein mit 8 Datenleitungen.

Der 68000 hat 16 Datenleitungen; deshalb muß der Baustein 6821 entweder an die oberen 8 Bits des Datenbusses des 68000 oder an die unteren 8 Bits angeschlossen werden. In Bild 4.6 haben wir den 6821 an die Datenleitungen des unteren Byte des 68000 angeschlossen. Für die Systemsoftware ist es wichtig zu wissen, an welche Hälfte des Systemdatenbusses die PIA angeschlossen ist. Bei einer Datenübertragung mit dem I/O-Baustein muß der 68000 darüber informiert sein, auf welches Byte des Datenbusses die Daten gelegt werden. Wir werden das noch bei der Besprechung der Software des 68000 für die Steuerung der PIA 6821 sehen.

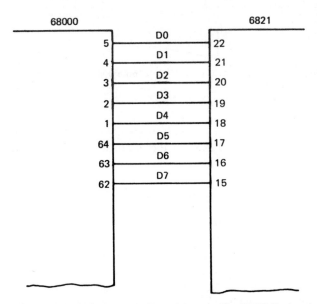

Bild 4.6 Die Verbindung der Datenleitungen des 68000 für das niedrige Byte mit den Dateneingängen des 6821

4.4 Adressierung der PIA 6821

Wir wollen nun untersuchen, wie die Adreßleitungen des 68000 an die PIA 6821 angeschlossen werden. Es gibt zwei Adreßleitungen des 68000, die direkt an den 6821 angeschlossen werden, die Adreßleitungen A1 und A2. Man erinnere sich daran, daß es beim 68000 keine externe Adreßleitung A0 gibt.

Die Adreßleitungen A1 und A2 werden direkt angeschlossen an die Eingänge RS0 und RS1 des 6821 (vgl. Bild 4.7). Mit den derart angeschlossenen Adreßleitungen wird die Registerauswahl beim 6821 durch die möglichen logischen Kombinationen von A1 und A2 durchgeführt.

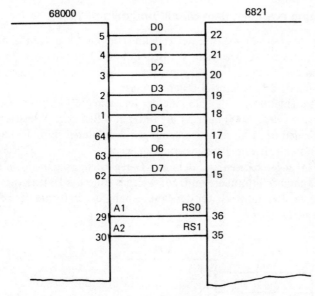

Bild 4.7 Die Verbindung der Adreßleitungen A1 und A2 des 68000 mit den Eingängen RS0 und RS1 des 6821

Bei einer byteweisen Schreibweise der Adressen würde das bedeuten, daß A0 ebenfalls eingeschlossen ist. Außerhalb der CPU existiert aber A0 nicht. Die logischen Kombinationen für das Adreßbyte sind:

A2	A1	A0	PIA-REGISTER
0	0	0	Register 0 D0–D7
0	0	1	Register 0 D8–D15
0	1	0	Register 1 D0–D7
0	1	1	Register 1 D8–D15
1	0	0	Register 2 D0–D7
1	0	1	Register 2 D8–D15
1	1	0	Register 3 D0–D7
1	1	1	Register 3 D8–D15

4.4 Adressierung der PIA 6821

Aus dieser Liste kann man erkennen, daß es möglich ist, jedes der vier internen Register der PIA anzuwählen. Wenn man mit dem 8-Bit-Baustein verkehrt, ist es wichtig zu wissen, an welche Datenleitungen der Baustein angeschlossen ist. Wenn der Baustein an die Datenleitungen des oberen Byte, D8 bis D15, angeschlossen ist, dann werden die ungeraden Adressen 1, 3, 5 und 7 verwendet, um die PIA-Register 0, 1, 2 und 3 zu adressieren. Wenn die PIA an die Datenleitungen des unteren Byte, D0 bis D7, angeschlossen ist, werden alle geraden Adressen 0, 2, 4 und 6 verwendet, um die PIA-Register 0, 1, 2 und 3 anzuwählen.

Da wir nun wissen, wie die Eingänge RS0 und RS1 der PIA an den Datenbus angeschlossen werden, wollen wir die Frage beantworten, wie der Baustein innerhalb des möglichen Adreßraums zu adressieren ist. In Kapitel 3 haben wir die speicherorientierte I/O-Architektur des 68000 besprochen. Wir müssen nun den Baustein 6821 innerhalb des Systemspeicherbereichs unterbringen. Es gibt eine ganze Anzahl klassischer Möglichkeiten für die Unterbringung eines I/O-Bausteins in einem Systemspeicherbereich. Zum besseren Verständnis werden wir eine ganz einfache Möglichkeit wählen. Wir wollen annehmen, wenn die Adreßleitung A23 logisch 1 ist, daß wir mit einem I/O-Baustein kommunizieren (vgl. Kapitel 3).

Um diesen I/O-Bereich weiter zu unterteilen, wollen wir annehmen, daß der 6821 für den Datentransfer mit der CPU angewählt ist, wenn A23 und A21 logisch 1 sind. Diese Art Architektur kann man sich speicherorientiert, linear selektiert vorstellen, d.h., unser I/O-Bereich ist speicherorientiert und der I/O-Bereich wird durch lineare Selektierung aufgeteilt. Jedem möglichem I/O-Baustein ist eine einzige Adreßleitung A1 bis A22 zur Aktivierung zugeordnet.

Den Anschluß der Adreßleitungen A21 und A23 an die PIA zeigt Bild 4.8. Hier ist zu beachten, daß sowohl A23 als auch A21 logisch 1 sein müssen, damit CS0 und CS1 logisch 1 werden. Das Signal $\overline{CS2}$ haben wir noch nicht behandelt.

Zur Dekodierung des 8-Bit-Peripheriebausteins kann man die Ausgangssignale $\overline{UDS}$ und $\overline{LDS}$ des 68000 verwenden. Wenn der 8-Bit-Baustein an die oberen 8 Bits des Datenbus angeschlossen ist, kann man $\overline{UDS}$ verwenden, um ein Auswahlsignal zu erhalten. Wenn der Peripheriebaustein an die unteren 8 Bits des Datenbusses angeschlossen ist, so kann man $\overline{LDS}$ verwenden, um ein Auswahlsignal zu erhalten.

Bei 8-Bit-Operationen takten die Signale $\overline{UDS}$ und $\overline{LDS}$ keine Daten. Man kann sich diese Steuersignale als $\overline{UDS}$ = A0 und $\overline{LDS}$ = $\overline{A0}$ vorstellen. Man benötigt diese Signale, wenn je ein 8-Bit-Peripheriebaustein an das obere und das untere Datenbyte unter derselben I/O-Adresse angeschlossen ist. Wenn $\overline{UDS}$ logisch 0 ist, arbeitet die CPU mit dem Baustein für das obere Byte. Wenn $\overline{LDS}$ logisch 0 ist, arbeitet die CPU mit dem Baustein für das untere Byte (siehe Bild 4.9).

Wenn unter einer speziellen Adresse nur das obere oder das untere Byte verwendet wird, kann die richtige Softwareadresse verwendet werden, um den 68000 zu informieren, wo die Daten herkommen bzw. hingehen. Eine hardwaremäßige Anwahl ist nicht notwendig.

68   4 Ein 6800-Peripheriebaustein am 68000

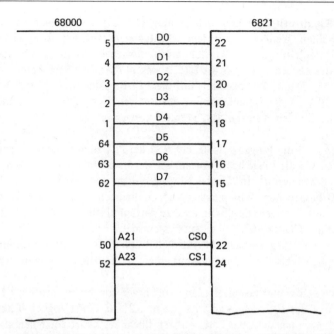

Bild 4.8 Die Verbindung der Adreßleitungen A 21 und A 23 mit den Eingängen CS0 und CS1 des 6821

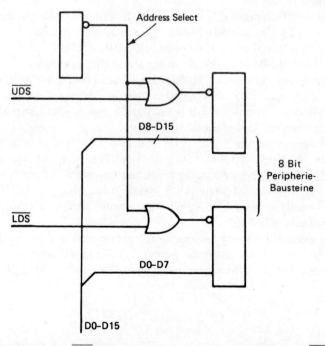

Bild 4.9 Für $\overline{\text{UDS}}$ logisch 0 wird das obere Byte freigegeben, für $\overline{\text{LDS}}$ logisch 0 wird das untere Byte freigegeben.

4.5 Der Eingang $\overline{\text{VPA}}$ des 68000

Der Mikroprozessor 68000 kann mit Taktgeschwindigkeiten bis zu 10 MHz arbeiten, während die PIA 6821 mit Taktfrequenzen in der Nähe oder unterhalb von 1 MHz arbeitet. Die meisten Peripheriebausteine für den 6800 arbeiten mit Taktfrequenzen bei 1 MHz. Die Entwickler des 68000 haben vorhergesehen, daß viele Anwender die Peripheriebausteine des 6800 am 68000 verwenden wollen.

Deshalb wurde in den 68000 eine spezielle Funktion eingebaut, die diesen Anschluß ohne weiteres gestattet. Es ist dies ein Eingang des 68000 namens $\overline{\text{VPA}}$. $\overline{\text{VPA}}$ ist eine Abkürzung für „Valid Peripheral Address". Wenn dieser Eingang auf logisch 0 gesetzt wird, weiß der 68000, daß der Kommunikationszyklus mit einem Peripheriebaustein des 6800 stattfindet.

Wenn der Eingang $\overline{\text{VPA}}$ gesetzt ist, dann synchronisiert sich der 68000 mit seinem Ausgang 20 namens E. Der Ausgang E entspricht dem Eingangstakt des 68000 am Eingang 15, geteilt durch 10. Wenn man Peripheriebausteine des 6800 mit dem 68000 verwendet, so übernimmt der Ausgang E dieselbe Funktion wie der Takt Phase 2 in einem 6800-System.

In Bild 4.10 sieht man, wie der Eingang $\overline{\text{VPA}}$ des 68000 aktiviert werden kann. In Bild 4.10 ist der richtige Adreßraum bereits dekodiert und wird von dem Ausgangssignal $\overline{\text{AS}}$ des 68000 bestätigt. Dies stellt sicher, daß der Eingang $\overline{\text{VPA}}$ des 68000 im richtigen Zeitpunkt des Kommunikationszyklusses gesetzt wird.

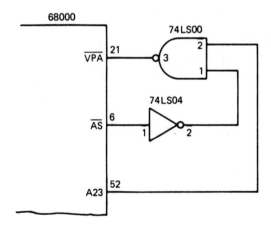

Bild 4.10 Der Eingang $\overline{\text{VPA}}$ des 68000 wird während eines 6800-typischen Datentransfers gesetzt.

Der Takt des Ausgangs E des 68000 wird mit dem Eingang 25, ENABLE, des 6821 verbunden (siehe Bild 4.11).

Ein weiteres wichtiges Signal des 68000 für den Anschluß von Peripheriebausteinen des 6800 heißt $\overline{\text{VMA}}$. Leser, die mit 6800-Systemen vertraut sind, verstehen die Funktion des Ausgangs $\overline{\text{VMA}}$ des 6800. Dieser Ausgang wird verwendet, um die externe Hardware eines 6800-Systems darüber zu informieren, daß eine gültige Speicheradresse, „Valid Memory Address", auf dem Adreßbus des 6800 liegt. Die Hardware des Systems gibt dann die Bausteindekodierung mit dem Signal $\overline{\text{VMA}}$ frei.

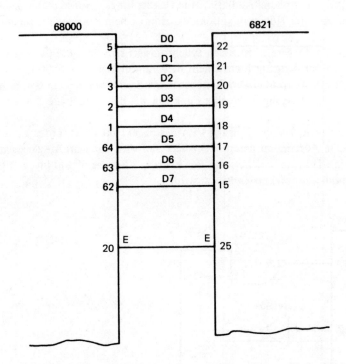

Bild 4.11 Der Ausgang E des 68000 wird mit dem Eingang E des 6821 verbunden.

4.5 Der Eingang $\overline{\text{VPA}}$ des 68000

Bei einem 68000-System zeigt der Ausgang $\overline{\text{VMA}}$ an, daß der 68000 einen Datentransfer vom Typ 6800 vornimmt. Dieses Signal sollte dazu verwendet werden, die Auswahladresse des 6800-Peripheriebausteines freizugeben. Wann immer der 68000 eine Systemadresse in einem 6800-Zyklus ausgibt, ist der Ausgang $\overline{\text{VMA}}$ logisch 0. Beim 6821 verbinden wir den Ausgang $\overline{\text{VMA}}$ des 68000 mit dem Eingang 23, $\overline{\text{CS2}}$, der PIA. In Bild 4.12 sind alle bisher besprochenen Verbindungen zwischen dem 68000 und dem 6821 dargestellt.

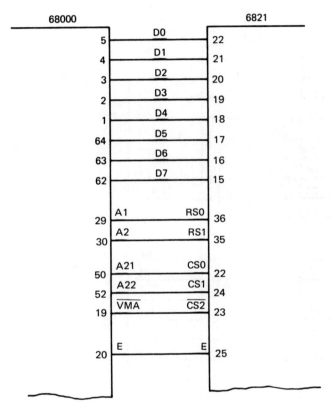

Bild 4.12 Sämtliche Verbindungen zwischen dem 68000 und den 6821

4.6 Anschluß von R/W̄

Der 68000 hat einen einzigen Ausgang R/W̄. Wenn dieser Ausgang logisch 1 ist, dann liest die CPU Daten. Wenn R/W̄ logisch 0 ist, dann schreibt die CPU Daten. Das sind dieselben logischen Zustände, auf die der 6821 mit seinem Eingang 21, R/W̄, reagiert. Deswegen können wir den Ausgang R/W̄ des 68000 direkt mit dem Eingang R/W̄ des 6821 verbinden. Bild 4.13 zeigt alle notwendigen Verbindungen zwischen dem 68000 und dem 6821.

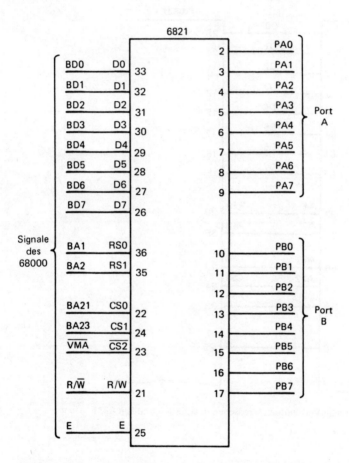

Bild 4.13 Vollständige Beschaltung des Peripheriebausteins 6821

4.7 READ-Ereignisfolge für 6800-Peripherie

In diesem Unterkapitel besprechen wir die allgemeine Ereignisfolge, die während einer READ-Operation zwischen dem 68000 und einer Peripherieeinheit vom Typ 6800 abläuft. Diese Reihenfolge ist wichtig als ein erster Schritt für das Verständnis des Anschlusses von Peripherieeinheiten des Typs 6800. Darauf aufbauend kann man dann die Datenblätter studieren, um die notwendigen Zeitabläufe zu verstehen. Diese Einzelheiten sind zwar notwendig, aber nicht einfach zu verstehen, wenn man nicht bereits einen allgemeinen Überblick über das hat, was bei einem Datenaustausch geschieht. In Bild 4.14 sieht man den allgemeinen Zeitablauf bei einer READ-Operation zwischen dem 68000 und dem 6821.

Die Ereignisfolge für eine READ-Operation ist folgende:

1. Die Adreßleitungen A1 bis A23 werden auf die Peripherieadresse gesetzt.
2. Der 68000 setzt das Signal $\overline{AS}$.
3. Der Eingang $\overline{VPA}$ des 68000 wird gesetzt; freigegeben durch $\overline{AS}$.

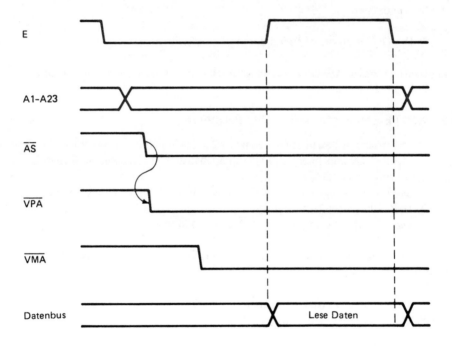

R/W = Logical 1

Bild 4.14 Zeitdiagramm eines allgemeinen I/O-READ-Zyklus zwischen dem 68000 und einem 6800-typischen I/O-Baustein

Der 68000 ist nun darauf vorbereitet, daß ein Datentransferzyklus mit einer Peripherie des Typs 6800 stattfindet. Die Peripherie ihrerseits wurde durch die dekodierten Adressen angewählt und wartet auf den Ausgang $\overline{\text{VMA}}$ des 68000, der den Chip-Select-Eingang des Peripheriebausteines freigibt.

4. R/$\overline{\text{W}}$ wird auf logisch 1 gesetzt und kündigt so der externen Hardware an, daß ein READ-Zyklus abläuft.
5. Der 68000 liefert das Signal $\overline{\text{VMA}}$.

Der Peripheriebaustein ist nun von dem 68000 für die Kommunikation angewählt.

6. Der Ausgang E (ENABLE) des 68000 wird im richtigen Zeitpunkt auf logisch 1 gesetzt, um den Datentransfer zu synchronisieren.

Daten des 6800-Peripheriebausteins werden auf den Systemdatenbus gegeben, wenn der Ausgang E des 68000 auf logisch 1 gesetzt wird. Geht der Ausgang E des 68000 auf logisch 0, so ist der Datentransfer abgeschlossen und die Peripheriedaten werden vom Datenbus genommen.

7. Der Datentransfer ist beendet.

Datentransfers dieser Art laufen verlangsamt ab, damit sie an die Geschwindigkeit der 6800-Peripheriebausteine angepaßt sind.

4.8 WRITE-Ereignisfolge für 6800-Peripherie

Die nachstehend beschriebene Ereignisfolge läuft während einer WRITE-Operation zwischen dem 68000 und einem 6800-Peripheriebaustein ab. Das Bild 4.15 zeigt das allgemeine Zeitdiagramm für diesen Fall.
1. Die Adreßleitungen A1 bis A23 werden auf die Peripherieadresse gesetzt.
2. Der 68000 setzt das Signal $\overline{\text{AS}}$.
3. Die externe Hardware liefert $\overline{\text{VPA}}$ an den Eingang des 68000.

Der 68000 ist nun darüber informiert, daß die Kommunikation mit einem 6800-Peripheriebaustein stattfindet.

4. Der 68000 setzt R/$\overline{\text{W}}$ auf logisch 0.
5. Der 68000 setzt $\overline{\text{VMA}}$ auf logisch 0.

Nun verwendet der Peripheriebaustein den Ausgang $\overline{\text{VMA}}$, um die Chip-Select-Schaltungen freizugeben.

6. Der 68000 gibt die auf den Peripheriebaustein zu schreibenden Daten auf den 68000-Datenbus. Die Daten befinden sich entweder auf den oberen oder den unteren Datenleitungen.
7. Der Ausgang E des 68000 wird zum richtigen Zeitpunkt auf logisch 1 gesetzt.

4.9 I/O-Unterschiede zwischen 68000 und 6800

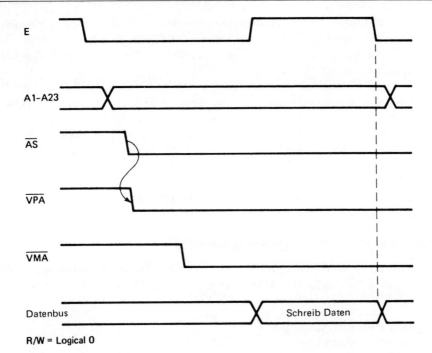

Bild 4.15 Zeitdiagramm eines allgemeinen I/O-WRITE-Zyklus zwischen dem 68000 und einem 6800-typischen I/O-Baustein

Das Signal E (ENABLE) synchronisiert den Datentransfer vom 68000 zum 6800-Peripheriebaustein. Die Ausgangsdaten werden bei der negativen Flanke dieses Signals in den 6800-Baustein übernommen. Das ist genau derselbe Vorgang, der abläuft, wenn die Peripherieeinheit in einem 6800-System verwendet wird und einen Takteingang Phase 2 hat.

8. Der Datentransfer ist abgeschlossen, wenn das Signal E des 68000 von logisch 1 auf logisch 0 übergeht.

4.9 I/O-Unterschiede zwischen 68000 und 6800

In diesem Abschnitt wollen wir die Unterschiede bei I/O-Operationen mit dem 68000 besprechen. Wenn der 68000 mit 68000-typischen I/O-Bausteinen kommuniziert, ist der Datentransfer genau derselbe wie der mit Speichern (vgl. Kapitel 3). Wir konzentrieren uns daher auf die Unterschiede, die auftreten, wenn der 68000 mit Peripheriebausteinen kommuniziert, die 6800-typisch sind.

Der erste Unterschied, der uns auffällt, ist, daß der Eingang $\overline{DTACK}$ des 68000 nicht bei einem 6800-Buszyklus verwendet wird. Wir wissen, daß der Eingang $\overline{DTACK}$ des 68000 den Prozessor darüber informiert, daß die Datenquelle bzw. -senke bereit ist, in dem Datentransferzyklus fortzufahren. Bei einem 6800-Zyklus muß dieser Eingang nicht bedient werden. Der Eingang $\overline{DTACK}$ ist während eines Datentransfers mit einer

6800-Einheit auf logisch 1. Die Spezifikationen für den 68000 sagen, daß der Eingang $\overline{\text{DTACK}}$ während eines I/O-Zyklus mit einem 6800-Baustein logisch 1 sein muß. Das heißt, daß die externe Hardware sicherstellen muß, daß der Eingang $\overline{\text{DTACK}}$ nicht gesetzt wird, solange der Eingang $\overline{\text{VPA}}$ aktiv ist.

Der nächste Unterschied zwischen einem 6800- und einem 68000-Zyklus ist die Verwendung der Ausgänge $\overline{\text{UDS}}$ und $\overline{\text{LDS}}$. Bei einem 6800-Zyklus werden diese beiden Ausgänge in ähnlicher Weise den Adreßleitungen zugeordnet. Wenn die Adresse gerade ist, dann ist $\overline{\text{LDS}}$ = 0, und wenn die Adresse ungerade ist, dann ist $\overline{\text{UDS}}$ = 0. Beide Signale sind logisch 0, wenn durch die Systemsoftware eine Wort-Operation vorgeschrieben ist.

Während einer I/O-Operation mit 68000-typischen Bausteinen werden die Ausgänge $\overline{\text{UDS}}$ und $\overline{\text{LDS}}$ benützt, um das obere und das untere Datenbyte zu trennen. Sie liefern den Datenübernahmetakt (STROBE). Bei einer 6800-typischen Operation muß der Peripheriebaustein das Signal E (ENABLE) verwenden, um die Daten zu übernehmen.

4.10 Software für die Programmierung des 6821

Auf den folgenden Seiten 77 bis 82 zeigen wir die Software, die notwendig ist, um den Baustein 6821 für verschiedene Arbeitsweisen zu programmieren. Diese Arbeitsweisen sind:

1. Beide Ports sind Ausgänge.
2. Beide Ports sind Eingänge.
3. Ein Port ist Ausgang und ein Port ist Eingang.

Wenn wir das Programm genauer anschauen, so sehen wir, daß nur wenige Änderungen von Beispiel zu Beispiel stattfinden. Wir machen dabei Gebrauch von der in Abschnitt 4.2 gegebenen allgemeinen Information über die PIA. Es wird weiterhin angenommen, daß die PIA in der Weise an den 68000 angeschlossen ist, wie dies Bild 4.13 zeigt.

Es ist zu beachten, daß in der Software Wort-Operationen für die Kommunikation mit der Peripherieeinheit angegeben sind. Bei Wort-Operationen befinden sich die Daten stets auf dem unteren Byte.

4.11 Zusammenfassung

Wir haben in Kapitel 4 die Grundlagen von Eingangs- und Ausgangs-Operationen zwischen dem 68000 einerseits und 6800-Peripheriebausteinen andererseits besprochen. Diese Erläuterung begann mit einem Überblick über den Baustein 6821. Dabei haben wir Informationen bezüglich der Arbeitsweise des 6821 gegeben.

Anschließend wurde die hardwaremäßige Ankopplung zwischen 68000 und 6821 gezeigt. Jeder Eingang des 6821 wurde besprochen und an den entsprechenden Anschluß des 68000 gelegt. Dann haben wir die Unterschiede zwischen I/O-Operationen mit 68000-typischen und 6800-typischen Peripheriebausteinen besprochen.

Schließlich wurde ein Beispiel für die Programmierung des Bausteins 6821 in 68000-Assembler angegeben.

Der Leser sollte nach den in diesem Kapitel gegebenen Informationen eine gute Vorstellung davon haben, wie man die meisten 6800-typischen Peripherieeinheiten an den 16 Bit-Mikroprozessor 68000 anschließt.

4.11 Zusammenfassung

```
        ASMB,L
     2
     3
     4*  ************************************************
     5*
     6*  68000 PROGRAM TO CONTROL THE 6821 PERIPHERAL DEVICE
     7*  A23 = 1 DESIGNATES I/O SPACE
     8*  A21 = 1 DESIGNATES 6821 SELECTED
     9*
    10*  SELECT CODES FOR THE 6821 ARE
    11*
    12*  A00000 = REGISTER 0   RS0 = 0, RS1 = 0
    13*  A00002 = REGISTER 1   RS0 = 1, RS1 = 0
    14*  A00004 = REGISTER 2   RS0 = 0, RS1 = 1
    15*  A00006 = REGISTER 3   RS0 = 1, RS1 = 1
    16*
    17*  THE DEVICE IS CONNECTED TO THE LOWER BYTE DATA BITS ON
    18*  THE 68000 DATA BUS.
    19*
    20*  ************************************************
    21*
    22*
    23*
    24
    25
    26
    27
    28
    29
    30
```

```
31 *****************************************
32 *
33 * THIS SECTION OF CODE WILL SET UP THE 6821 TO HAVE BOTH
34 * PARTS A AND B AS OUTPUTS
35 *
36 *****************************************
37 *
38 *
39 0000  227C          MOVE.L  #0A00002,A1    SET ADD IN REG A1
40 0006  7000          MOVE    #0000H,D0      SET DATA IN REG D0
41 0008  3280          MOVE    D0,[A1]        BIT 2=0,CRA
42 *
43 * CONTROL REGISTER A HAS BIT 2 SET TO A LOGICAL 0. THIS
44 * INDICATES THAT WE HAVE ACCESS TO THE DATA
45 * DIRECTION CONTROL REGISTER
46 *
47 000A  207C  0000    MOVE.L  #0A00000,A0    SET ADD IN REG A0
48 0010  303C  00FF    MOVE    #00FFH,D0      SET DATA IN D0
49 0014  3080          MOVE    D0,[A0]        SET PA TO OUTPUT
50 *
51 * WE HAVE JUST PROGRAMMED THE DATA OUTPUT LINES IN
52 * PA AS OUTPUTS. NOW TO SET THE CONTROL REGISTER
53 * TO ALLOW ACCESS TO THE PA LINES FROM THE PROCESSOR.
54 *
55 0016  7004          MOVE.Q  #04H,D0
56 0018  3280          MOVE    D0,[A1]        SET BIT 2=1 IN CRA
57 *
58 * DONE WITH PORT A
59 *
```

4.11 Zusammenfassung

```
        ASMB,L
60*
61*              NOW TO SET UP PORT B AS AN OUTPUT
62      001A  267C    00A0    0006    MOVE.L  #0A00006,A3    SET ADD OF PIA, REG
63      0020  7000                    MOVE    #0000H,D0
64      0022  3640                    MOVE    D0,[A3]        SET BIT 2 OF CRB
65*
66*              NOW TO SET THE DATA DIRECTION
67*
68      0024  247C    00A0    0004    MOVE.L  #0A00004H,A2   SET ADD OF PIA, REG
69      002A  303C            00FF    MOVE    #00FFH,D0      SET DATA IN REG DO
70      002E  3480                    MOVE    D0,[A2]        PROGRAM OUTPUTS PB
71*
72*              ALL OUTPUTS OF PB HAVE BEEN SET
73*              NOW TO SET UP THE DEVICE TO GET
74*              ACCESS TO PB FROM THE PROCESSOR
75*
76      0030  7004                    MOVE.Q  #04H,D0
77      0032  3680                    MOVE    D0,[A3]        SET BIT 2=1 IN CB
78*
79*
80*              NOW BOTH PORTS ARE SET UP TO OUTPUT DATA
81*
82*              THE NEXT SECTION WILL SET PORT A
83*              DATA OUTPUT TO 55 AND PORT B
84*              DATA OUTPUT TO 97 IN HEX.
85*
86      0034  7055                    MOVE.Q  #55H,D0
87      0036  3080                    MOVE    D0,[A0]
88      0038  303C            0097    MOVE    #0097H,D0      WRITE DATA TO PA
```

89	003C	3480	MOVE	D0, [A2]	WRITE DATA TO PB
90*					
91*					
92*		END OF THIS SET UP EXAMPLE			
93*					
94*		IN THIS NEXT EXAMPLE WE WILL SET UP BOTH PORTS			
95*		AS INPUT PORTS.			
96*					
97*		THIS SECTION OF THE PROGRAM WILL ASSUME THAT			
98*					
99*		A0 = PIA REG 0			
100*		A1 = PIA REG 1			
101*		A2 = PIA REG 2			
102*		A3 = PIA REG 3			
103*					
104*					
105*					
106	003E	7000	MOVE.Q	#00H,D0	SET D0 = 0
107	0040	3280	MOVE	D0, [A1]	SET BIT 2=0,CRA
108	0042	3080	MOVE	D0, [A0]	ALL PA = INPUTS
109*					
110*					
111*		PORT A IS NOW SET UP			
112*					
113	0044	3680	MOVE	D0, [A3]	SET BIT 2=0,CRB
114	0046	3480	MOVE	D0, [A2]	ALL PB = INPUTS
115*					
116*		PORT B IS NOW SET UP			
117*					
118	0048	7004	MOVE.Q	#04H,D0	

(continued)

4.11 Zusammenfassung

```
ASMB,L
119    004A    3280               MOVE      D0,[A1]         BIT 2=1,CRA
120    004C    3680               MOVE      D0,[A3]         BIT 2=1,CRB
121*
122*          BOTH PORTS ARE NOW READY TO INPUT DATA
123*
124    004E    3210               MOVE      [A0],D1         INPUT DATA FROM PA
125    0050    3412               MOVE      [A2],D2         INPUT DATA FROM PB
126*
127*          END OF THIS EXAMPLE
128*
129*
130*          IN THIS NEXT EXAMPLE PORT A WILL BE SET UP
131*          AS AN OUTPUT PORT AND PORT B WILL BE SET UP
132*          AS AN INPUT PORT. WE WILL ASSUME THE SAME
133*          DEFINITIONS FOR A0-A3.
134*
135    0052    7000               MOVE.Q    #00H,D0
136    0054    3280               MOVE      D0,[A1]         BIT 2=0,CRA
137    0056    3680               MOVE      D0,[A3]         BIT 2=0,CRB
138*
139    0058    3480               MOVE      D0,[A2]
140    005A    303C    00FF       MOVE      #00FFH,D0       PB = INPUT
141    005E    3080               MOVE      D0,[A0]         PA = OUTPUT
142*
143*          BOTH PORTS HAVE NOW BEEN SET
144*
145    0060    7004               MOVE.Q    #04H,D0
146    0062    3280               MOVE      D0,[A1]         BIT 2=1,CRA
```

147	0064	3680	MOVE	D0,[A3]	BIT 2=1,CRB

148*
149* THE PIA IS NOW READY TO OUTPUT DATA
150* AT PORT A AND INPUT DATA FROM PORT B
151*

152	0066	7048	MOVE.Q	#48H,D0	OUTPUT 48 TO PA
153	0068	3040	MOVE	D0,[A0]	
154	006A	3212	MOVE	[A2],D1	INPUT PB TO D1

155*
156* END OF ALL EXAMPLES FOR THE 6821
157*
158*
159*

160	006C	0000	END

5 Statischer Stimuliertest beim 68000

5.1 Einführung

In diesem Kapitel wird die Grundlage der Hardware-Fehlersuche mit dem Statischen Stimuliertest (SST) besprochen. Diese Technik wurde bereits 1980 in einem Lehrbuch* beschrieben. Der statische Stimuliertest wurde ursprünglich als eine Fehlersuchtechnik für 8-Bit-Mikroprozessorsysteme in der Industrie entwickelt, und zwar aus der Notwendigkeit heraus Mikroprozessorsysteme zu reparieren, die sich in zwei Hauptkategorien einteilen lassen:

1. Systeme, die einmal katastrophales Fehlverhalten gezeigt haben und nun keinerlei Software mehr ausführen können.
2. Systeme, die noch im Zustand eines Prototyps sind und niemals gearbeitet haben. Diese Systeme haben entweder noch Fehler oder die Software ist nicht komplett und kann deshalb nicht für die Diagnose verwendet werden. Bei diesen Systemen möchte der Entwickler die richtige Arbeitsweise der Hardware ohne die Anwendung von Systemsoftware prüfen.

In diesen beiden Fällen helfen die klassischen Hardware-Fehlersuchtechniken wie Logikanalyse und Signaturanalyse wenig. Diese beiden Techniken bedingen, daß das System wenigstens einen Teil der Software ausführen kann. Es gibt zwar neue Techniken für Signaturanalyse, die nicht von der Software abhängen, jedoch ist immer noch in dem Bereich der Fehlersuche in Mikroprozessorsystemen eine Lücke auszufüllen. Die zu beantwortende Frage lautet: Wo und wie beginne ich mit der Reparatur eines Systems, das überhaupt nicht arbeitet? Das heißt, wie komme ich einem System bei, das keinerlei System-Software-Diagnose ausführt?

Der Statische Stimuliertest, obwohl noch in den Kinderschuhen, füllt diese Lücke. Mit dem SST hat man stets einen Ausgangspunkt für die Fehlersuche in der System-Hardware. Mit dem SST kann man vollkommen funktionsunfähige Systeme in einer direkten und ordentlichen Weise an einen Punkt bringen, wo man mit Softwarediagnose weiterkommt. Unter Verwendung einfacher und preiswerter Instrumente kann dies wirksam und direkt durchgeführt werden.

Eine wichtige Eigenschaft des SST ist die vollständige Unabhängigkeit von Systemsoftware bei seiner Anwendung. Das heißt, daß ein geübter Techniker oder Ingenieur mit Hardware-Erfahrung SST ohne großes Wissen über die Systemsoftware anwenden kann. Das ist ein wichtiger Vorteil für jemanden, der den Service einer Anlage beim Anwender durchzuführen hat und keine ausgeprägte Softwareerfahrung besitzt.

---

* Understanding and Troubleshooting the Microprocessor.

In diesem Buch wird die SST-Technik verwendet, um die gesamte Hardware eines Systems zu prüfen. Man geht davon aus, daß die Software nicht existiert. Das entspricht entweder einem Prototypsystem, das gerade entwickelt wurde und bei dem man die Hardware-Operationen zu prüfen wünscht, oder einem System, das fehlerhaft funktioniert und für das man kein Software-Listing und auch keine Software-Kenntnis hat.

Wenn jeder Bereich der System-Hardware mit Hilfe des SST geprüft wird, so entwickelt man ein „Gefühl" für das, was in dem System vorgeht. Mit Hilfe der folgenden Erläuterungen wird der Leser auch noch besser verstehen, wie sich der 68000 in einer System-Umgebung verhält. Schließlich wird man anhand der besprochenen Beispiele lernen, wie man jedem fehlfunktionierenden Mikroprozessorsystem, sei es 8 oder 16 Bit breit, beikommen und es auf direkte Weise reparieren kann.

5.2 Überblick über den Statischen Stimuliertest

Die Grundlage für den Statischen Stimuliertest ist die Tatsache, daß die elektrische Kommunikation in einem Mikroprozessorsystem im Prinzip statischer Natur ist – d.h., es gibt zwei Spannungszustände, die 1 und 0 entsprechen. Im Betrieb wechselt ein Mikroprozessorsystem zwischen diesen beiden im Grunde statischen Zuständen dauernd hin- und her. Die elektrischen Ereignisse laufen normalerweise in rascher Folge ab, aber sie müssen dies nicht unbedingt. Tatsächlich gibt es eine obere Grenze dafür, wie schnell ein System arbeiten kann, doch es gibt keine untere Grenze. Die Kommunikation zwischen dem Mikroprozessor und dem Speicher und zwischen dem Mikroprozessor und den I/O-Bausteinen sind elektrisch statische Operationen.

Zu jedem gegebenen Zeitpunkt führen die Signalleitungen des Mikroprozessorsystems eine einzige elektrische Funktion aus. Wenn das System elektrisch „eingefroren" wird, kann man statisch die logischen Bedingungen aller Signalleitungen prüfen und zwar jede für sich.

Während einer Speicherkommunikation beispielsweise sind die Systemadreßleitungen auf eine ganz bestimmte Speicherstelle gesetzt. Dieser Vorgang geschieht unabhängig vom logischen Zustand irgendwelcher anderer Systemsignale.

MIT SST KANN MAN JEDE SIGNALLEITUNG IN DEM SYSTEM ALS TRÄGER EINES UNABHÄNGIGEN LOGISCHEN SIGNALS BEHANDELN.

Jedes Systemsignal hat stets einen Ursprung und ein Ziel. Wenn man SST als Quelle verwendet, kann eine einzelne Signalleitung an diesem Ursprungspunkt in den gewünschten logischen Zustand gebracht werden. Mit dem Eingangssignal in einem bestimmten logischen Zustand kann die elektrische Reaktion der Leitung verfolgt werden.

DAS ELEMENT DER ZEITABHÄNGIGKEIT DER SIGNALE WIRD MIT SST ELIMINIERT.

Mit den üblichen digitalen Fehlersuchtechniken und SST kann die Hardware eines Mikroprozessorsystems einfach auf Fehler untersucht werden. Wenn einmal ein dynamisches Verhalten in ein statisches umgewandelt wurde, ist das Problem sehr viel leichter zu untersuchen. Das gilt unabhängig von der Komplexität der Systemhardware.

5.2 Überblick über den Statischen Stimuliertest

Wir fügen noch hinzu, daß SST auch in einem System anwendbar ist, indem spezielle LSI-Bausteine wie PIAs (Programmable Interface Adapters) oder ACIAs (Asynchronous Communication Interface Adapters) verwendet werden. In diesen Fällen gilt die Grundlage von SST immer noch gemäß der fundamentalen Regel, daß alle Mikroprozessorkommunikation im System statisch ist.

Der Leser mag einwenden, daß dynamische RAMs keine statischen Bausteine sind. Obwohl dies prinzipiell richtig ist, muß man genauer unterscheiden. Der einzige Teil des dynamischen RAMs, der dynamisch ist, ist die Speicherzelle selbst. Alle Adreßeingänge, $\overline{RAS}$, $\overline{CAS}$, und das Multiplexen der Adressen kann man sich als statische Zustände vorstellen. Es stimmt, daß eine Speicherzelle selbst im statischen Modus nicht arbeitet, aber mit der statischen Prüfung kann man alle peripheren Signale des Speichersystems untersuchen.

Um die Hauptsache des SST zu demonstrieren, wollen wir ein Beispiel untersuchen. In unserem Beispiel sollen die Adreßeingänge des System-ROMs geprüft werden. Die genaue Vorgehensweise für den 68000 wird später besprochen. Für den Augenblick ist unser hauptsächliches Ziel, die Anwendung von SST in einem echten System zu erklären.

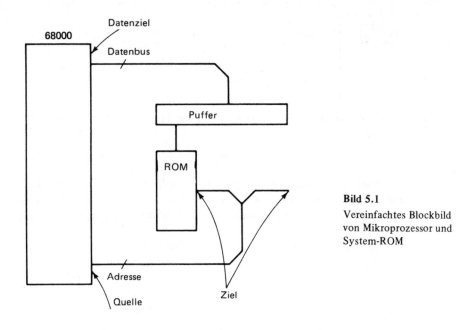

Bild 5.1
Vereinfachtes Blockbild von Mikroprozessor und System-ROM

Bild 5.1 zeigt ein Blockdiagramm eines Mikroprozessorsystems. Hier sieht man den Ursprung und das Ziel der Adressen des System-ROMs. In unserem Beispiel möchten wir die korrekte Arbeitsweise dieser Adreßleitungen mittels SST prüfen. Um unser Ziel zu erreichen, ist das folgende Vorgehen zu empfehlen:

1. Man entfernt den Mikroprozessor aus dem System. Man steckt statt dessen ein Kabel ein, das mit dem SST-Schaltpult verbunden ist (siehe Bild 5.2).

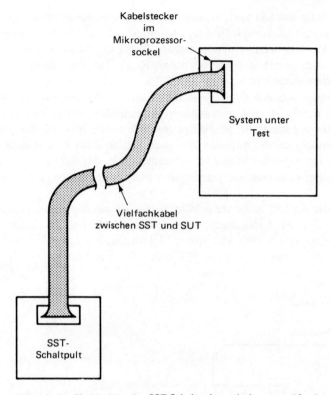

Bild 5.2 Die Verbindung des SST-Schaltpultes mit dem zu prüfenden Mikroprozessor-System SUT

2. Wir wollen annehmen, daß wir einen Schalter für jede Adreßleitung A1 bis A23 haben. Jeder Schalter kann eine Leitung entweder auf logisch 1 oder auf logisch 0 legen. Diese 23 Schalter können durch den Bediener auf jede mögliche logische Kombination gesetzt werden.
3. Die eingestellte Kombination der Adreßschalter kann beliebig lange belassen werden (statisch). Nun können die Eingänge des Adreßpuffers in einem 68000-System mittels Gleichspannungsmessungen geprüft werden. Der Prüfer kann nun untersuchen, ob alle Punkte entlang dieser Leitungen den gleichen (richtigen) logischen Zustand haben, der durch die Schalter des SST gesetzt wurde.
4. Nun kann ein Schalter dazu verwendet werden, um das Steuersignal $\overline{AS}$ auf logisch 0 zu setzen. Dann gehen die Ausgänge der Adressenzwischenspeicher, wenn vorhanden, auf dieselben Zustände wie die Eingänge A1 bis A23, die mittels Adreßschalter gesetzt wurden. Wenn keine Adressenzwischenspeicher verwendet werden, dann braucht der AS-Schalter nicht gesetzt zu werden.

Nun können die logischen Spannungspegel der Adreßleitungen an den Adreßeingängen des ROM geprüft werden. Diese Eingänge können mit einem Oszilloskop, Logiktastkopf, DVM oder irgendeinem anderen Gleichspannungsmeßgerät geprüft werden.

5.4 Stimulierung von A1 bis A23

In diesem allgemeinen Beispiel wurden nur die Adreßleitungen untersucht. Es ist möglich, die Adreßleitungen separat zu untersuchen, weil SST eine Unabhängigkeit der einzelnen Systemsignale erzeugt. Man beachte ferner, daß keine Zeiten erwähnt wurden. Der Nachdruck liegt auf der Reihenfolge der elektrischen Ereignisse. Man kann solange brauchen, wie man will, um ein spezielles Signal von seinem Ursprung bis zu seinem Bestimmungsort zu verfolgen.

In den folgenden Kapiteln werden viele Beispiele erläutert, wie man SST verwenden kann, um die Hardware des 68000-Systems zu untersuchen.

5.3 Aufbau des Statischen Stimuliertesters

Der hier verwendete statische Stimuliertester ist ein sehr einfach aufgebautes Gerät. Es ist sehr gut sowohl für Lehrzwecke als auch für industrielle Anwendungen geeignet. Der Grundgedanke für die Wirkungsweise des Systems ist „statische Steuerung des logischen Zustands jeder Signalleitung des Systems, die normalerweise der Mikroprozessor steuern würde, durch den Prüfer". Beim 68000 sind dies folgende Signalleitungen:

A1 bis A23, $\overline{AS}$, $\overline{UDS}$, $\overline{LDS}$, R/$\overline{W}$, E, $\overline{VMA}$, FC0, FC1, FC2, $\overline{BG}$.

Die anderen Anschlüsse des 68000 sind Eingänge, auf die der Mikroprozessor reagiert. Wir werden diese Anschlüsse in einem späteren Abschnitt dieses Kapitels besprechen. Ein wichtiger Punkt von SST, der noch nicht erwähnt wurde, ist:

ALLE RÜCKKOPPLUNGSSCHLEIFEN IM SYSTEM WERDEN UNTERBROCHEN.

Wir wollen nun den Aufbau der SST-Hardware besprechen, indem wir auf die im Vorhergegangenen besprochenen Einzelheiten aufbauen.

5.4 Stimulierung von A1 bis A23

Bild 5.3 zeigt das Blockschaltbild der Hardware, die man für die Durchführung der Adressenstimulierung beim SST braucht. In diesem Bild wird der logische Zustand des Adreßausgangs durch die Einstellung der DIP-Schalter festgelegt. Der Ausgang der Schal-

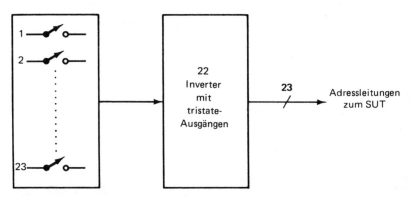

Bild 5.3 Blockdiagramm der Hardware für die Stimulierung der Adressen mit SST

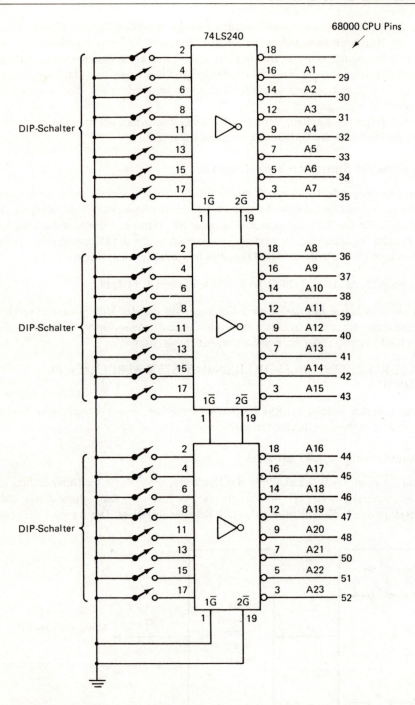

Bild 5.4 Schaltung zur Stimulierung der Adressen A1 bis A23 durch SST

ter wird logisch invertiert und gepuffert. Es handelt sich hier um Tristate-Puffer, was wir später noch begründen werden. Hier möge der Leser zunächst nur zur Kenntnis nehmen, daß wir Tristate-Puffer verwenden. Bild 5.4 zeigt die ausführliche Schaltung für diese Adreß-Stimulierung.

5.5 Stimulierung von FC0 bis FC2

Die Einstellung der Statusleitungen FC0 bis FC2 des 68000 wird in genau derselben Weise durchgeführt wie für die Adreßleitungen. Bild 5.5 zeigt die Schaltung für die notwendige Hardware. Man sieht in diesem Bild, daß die Ausgänge der DIP-Schalter invertiert und gepuffert werden. Für diese Statusausgangsleitungen wird keine Tristate-Steuerung vorgesehen.

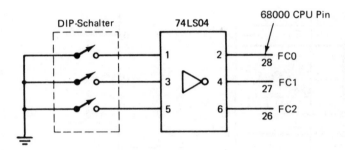

Bild 5.5 Schaltung für die Steuerung der Statussignale FC0, FC1 und FC2 durch SST

In dem betrachteten 68000-System können die Statusleitungen Tristate-Zustände annehmen. Bei SST von Hand ist dies nicht notwendig. Wenn man den Tristate-Zustand benötigt, kann man den 7404 aus seinem Sockel ziehen, um die gewünschte Isolierung zwischen Ein- und Ausgängen zu erreichen, oder es kann ein Tristate-Inverter verwendet werden.

Wir haben die Funktion der Statusausgänge FC0 bis FC2 des 68000 noch nicht besprochen. Diese Ausgänge zeigen die Art von Operation an, die ein 68000 gerade durchführt. Eine genaue Beschreibung der Statusleitungen findet man im Datenblatt des 68000 im Anhang.

5.6 Stimulierung der Steuerleitungen

Die Besprechung konzentriert sich jetzt auf die Erzeugung folgender Steuersignale durch SST:

$\overline{AS}$, $\overline{UDS}$, $\overline{LDS}$, R/$\overline{W}$, $\overline{BG}$, E, $\overline{VMA}$.

Diese Signale sind die vom 68000 erzeugten Steuersignale und werden in das System eingegeben. Alle diese Signale werden im gleichen Abschnitt besprochen; denn die dafür benötigte Hardware ist identisch. Die meisten sind beim Beginn eines Speicherzyklus gültig

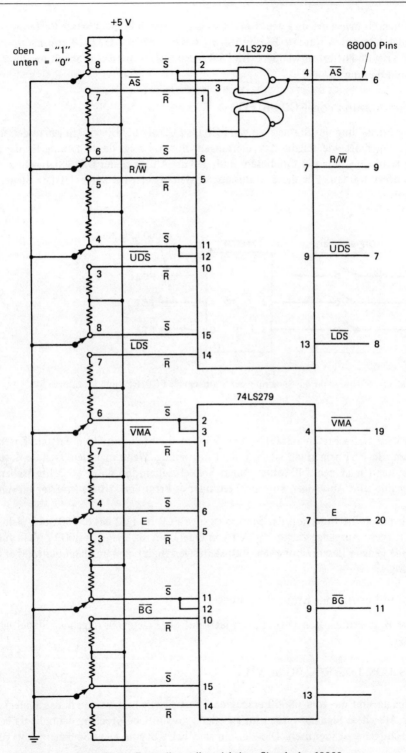

Bild 5.6 Schaltung für die Entprellung aller wichtigen Signale des 68000

und bleiben es während des ganzen Zyklus. Andere werden verwendet, um Daten freizugeben oder um einen Datentransfer zu synchronisieren. Um diese Signale zu erzeugen, werden Kippumschalter verwendet. Die Ausgänge dieser Schalter sind die Eingänge von Entprellschaltungen. Deren Ausgänge gehen direkt zu dem zu testenden System. Bild 5.6 zeigt die Schaltung für die Erzeugung dieser Steuersignale.

Die Schaltung in Bild 5.6 verwendet den integrierten Baustein 74279. Dieser Baustein enthält vier RS-Flipflops. Diese Flipflops werden für die Entprellung der Schalter verwendet.

5.7 Stimulierung der Daten

In diesem Abschnitt werden wir besprechen, wie die Datenleitungen D0 bis D15 des 68000 durch SST stimuliert werden. Bild 5.7 zeigt die Schaltung für die Datenstimulierung.

Wir sehen hier, daß jede Datenausgangsleitung durch einen DIP-Schalter gesteuert wird. Die eine Seite des Schalters ist auf Masse gelegt, die andere Seite liegt an einem Eingang der Tristate-Puffer IC1 oder IC2. Wenn der Schalter geöffnet ist, liegt der Eingang des Puffers frei. Dies wird von dem Pufferbaustein als logisch 1 interpretiert.

Wenn der Schalter geschlossen wird, wird der Eingang des Puffers auf logisch 0 gelegt. Indem man den Eingang entweder auf logisch 1 oder logisch 0 legt, wird der Ausgang auf logisch 0 oder logisch 1 gelegt. Damit kann der Bediener den logischen Zustand einer Datenleitung steuern.

In Bild 5.7 sind die Aktivierungseingänge 1 und 19 der ICs 1 und 2 mit der Leitung R/$\overline{\text{W}}$ des 68000 verbunden. Damit können die Datenausgangspuffer während einer READ-Operation abgeschaltet werden. Dies ist genau derselbe Vorgang, der innerhalb des 68000 stattfindet. Während einer READ-Operation steuert die Systemhardware und nicht der 68000 die Datenbusleitungen.

5.8 LED-Anzeige für den Datenbus

Die nächste zu beschreibende Schaltung für den SST erlaubt die visuelle Untersuchung der logischen Zustände des Datenbusses. Diese visuelle Untersuchung wird durch 16 Leuchtdioden durchgeführt, die den logischen Zustand jeder Systemdatenbusleitung anzeigen. Bild 5.7 zeigt, wie diese Anzeige aufgebaut ist. Dort ist der Datenbus des Mikroprozessors (oder des SST) mit den Eingängen der Inverter 74240 verbunden. Deren Ausgänge treiben die Leuchtdioden. Eine logische Null auf den Eingängen der Inverter lassen die Leuchtdioden dunkel. Eine logische 1 an den Eingängen der Inverter bringen die Dioden zum Leuchten.

Die Leuchtdioden geben die logischen Zustände auf den Signalleitungen D0 bis D15 des Mikroprozessors wieder. Dies erlaubt, die jeweiligen logischen Werte der Daten zu erkennen, die vom Mikroprozessor (oder dem SST) eingelesen oder ausgegeben werden. Wenn zwei Datenleitungen kurzgeschlossen sind oder die Daten die Eingänge des Mikroprozessors gar nicht erreichen, so ist das sofort durch die LED-Anzeige zu erkennen.

Während einer WRITE-Operation kann man sofort sehen, welche Daten der 68000 (oder der SST) auf die Systemhardware gibt.

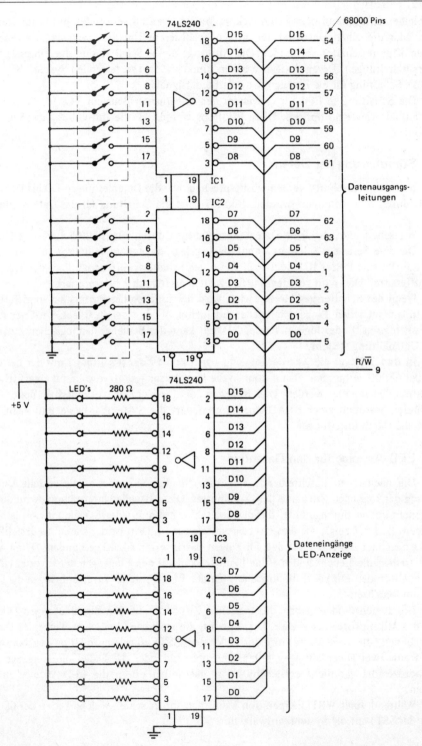

Bild 5.7 Schaltung für die Stimulierung und Überwachung der Datenleitungen des 68000

5.9 LED-Anzeige weiterer 68000-Eingänge

Bis jetzt haben wir die Stimulierung des Adreßbusses, des Datenbusses und aller Ausgangsleitungen des 68000 besprochen. Wir haben auch die Überwachung und Anzeige der Datenbusleitungen des Systems besprochen. Es gibt jedoch noch andere Eingangssignale des 68000, bei denen es notwendig sein könnte, sie mit SST zu überwachen.

Wir zeigen nun eine einfache Methode, folgende Eingänge des 68000 zu überwachen:

$\overline{\text{DTACK}}$, $\overline{\text{IPL0}}$, $\overline{\text{IPL1}}$, $\overline{\text{IPL2}}$, $\overline{\text{RESET}}$, $\overline{\text{HALT}}$, $\overline{\text{VPA}}$.

Bild 5.8 zeigt eine Schaltung mit der man diese Eingänge überwachen kann.

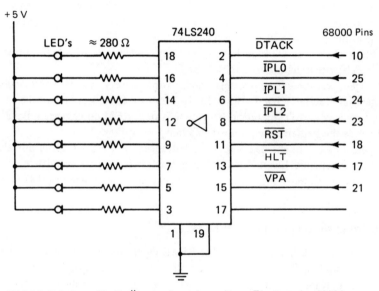

Bild 5.8 Schaltung für die Überwachung der weiteren Eingänge des 68000

5.10 Zusammenfassung

In Kapitel 5 wurden die Schaltungen besprochen, die notwendig sind, um SST beim 68000 durchzuführen. Der Leser wird bemerkt haben, daß die Schaltungen nicht sehr kompliziert sind. Das sollte ihn aber nicht auf den Gedanken bringen, daß die Hardware, weil sie so einfach ist, nur von geringem Wert ist. Nichts könnte weiter von der Wahrheit entfernt sein. Man wird in den folgenden Kapiteln sehen, welch leistungsfähiges Werkzeug für die Fehlersuche diese einfache Anordnung ist.

Noch eine abschließende Bemerkung: Nicht immer ist alle besprochene Hardware für den SST notwendig. Wenn bestimmte Eingänge oder Ausgänge des 68000 nicht verwendet werden, dann kann man die entsprechende Hardware des SST für deren Stimulierung oder Überwachung ganz einfach ignorieren.

Der statische Stimuliertester kann von Creative Microprocessor Systems, P.O.Box 1538, Los Gatos, CA 95030, bezogen werden.

6 Fehlersuche bei ROMs

In den vorhergehenden Kapiteln haben wir die allgemeine Architektur eines 68000-Systems besprochen. Dabei wurden genaue Einzelheiten bezüglich der Wirkungsweise des 68000 angegeben. In Kapitel 5 haben wir das Konzept des statischen Stimuliertests (SST) eingeführt. Beginnend mit diesem Kapitel und bis zum Ende dieses Buches werden wir die Überlegungen der ersten 5 Kapitel wesentlich vertiefen. Die verbleibenden Kapitel untersuchen, wie die bisher gegebene Information anzuwenden ist.

Zuerst besprechen wir, wie man Fehler bei einer Speicher-READ-Operation sucht. Die verwendete Fehlersuchtechnik ist natürlich SST.

Um zu zeigen, wie diese Technik angewendet wird, werden wir die Fehlersuche an den Schaltungen der Kapitel 1 bis 4 vorführen. In diesem Kapitel werden wir die Fehlersuche für eine Speicher-READ-Operation bei einem System-ROM durchführen. Bei einem System-RAM würde die Fehlersuche genauso ablaufen.

Wir müssen daran denken, daß wir die Schaltungen in diesem Kapitel nur als ein Mittel dafür verwenden, die Ideen des statischen Stimuliertestes zu vermitteln und zu illustrieren. Alle hier vorgeführten Konzepte sind genauso auf alle anderen 68000-Systeme anwendbar.

6.1 Ereignisfolge für das Lesen vom ROM

Vor der Fehlersuche bei einer Speicher-READ-Operation wollen wir uns die Ereignisfolge einer typischen Speicher-READ-Operation beim 68000 nochmals anschauen. Sie wurde bereits in Kapitel 1 angegeben und wird hier zur Bequemlichkeit des Lesers wiederholt. Die Reihenfolge ist:

1. A1 bis A23 werden auf den logischen Wert der Systemspeicheradresse gesetzt, von der Speicherdaten zu lesen sind. Zu diesem Zeitpunkt ist die Speicherdekodierung bereits durchgeführt und die richtigen Speicherbausteine sind aus den verfügbaren Systemspeichern ausgewählt.
2. R/$\overline{\text{W}}$ wird auf logisch 1 gesetzt. Dies zeigt der Systemhardware an, daß eine READ-Operation stattfinden wird.
3. $\overline{\text{AS}}$ wird vom 68000 auf logisch 0 gesetzt.
4. $\overline{\text{UDS}}$, $\overline{\text{LDS}}$ oder beide werden auf logisch 0 gesetzt. Dies sind zeitbestimmende Steuersignale des 68000 für die externe Systemhardware. Sie zeigen an, daß der Mikroprozessor bereit ist, Daten zu empfangen. Wenn diese Signale logisch 0 sind, werden die ROM-Daten von der Systemhardware auf den Systemdatenbus gegeben. Die ROM-Daten werden nun an die bidirektionalen Datenpuffer der CPU gegeben. Von diesen Puffern gelangen die Daten an die Eingänge des 68000.
5. $\overline{\text{DTACK}}$ wird durch die externe Hardware auf 0 gesetzt.

6. $\overline{\text{LDS}}$, $\overline{\text{UDS}}$ und $\overline{\text{AS}}$ werden vom 68000 auf logisch 1 gesetzt. Diese Aktion beendet die Datenübertragung und die ROM-Daten werden in den 68000 eingetaktet und dann vom Systemdatenbus genommen. Der 68000 ist jetzt für einen anderen Datentransfer bereit. Dieser andere Datentransfer kann eine weitere Speicher-Lese-Operation oder irgendeine andere zulässige Hardware-Operation sein.

Die vorhergehende Zusammenfassung der elektrischen Ereignisse zeigt, wie der 68000 Daten von dem System-ROM liest. Im Rest dieses Kapitels werden wir diese Ereignisfolge im Einzelnen durchgehen. Wenn wir diese Ereignisfolge untersuchen, werden wir zeigen, wie jedes einzelne Ereignis ausgeführt wird und wie die System-Hardware darauf reagiert.

Wir werden untersuchen, wie man elektrisch nachprüft, ob ein solches Ereignis korrekt ausgeführt wird. Dabei werden wir ganz betont SST verwenden.

6.2 Prüfung der Adreßpuffer

Das erste elektrische Ereignis, das bei einer Speicher-READ-Operation stattfindet, ist die Ausgabe der Adressen durch den 68000. Diese Adressen gehen durch die Adreßpuffer, bevor sie zum System gesendet werden (siehe Bild 6.1). Wir werden nun untersuchen, wie man prüfen kann, ob die Adreßpuffer richtig arbeiten. Die Schaltung für die Adreßpuffer zeigt Bild 6.2. Bevor wir irgendwelche elektrischen Prüfungen in dem System vornehmen, müssen wir SST einbauen. Dies geschieht durch folgende Prozedur:

1. Abschaltung der Stromversorgung im 68000-System.
2. Der 68000 wird vorsichtig aus seinem Sockel entfernt. Der entfernte Mikroprozessor 68000 wird in leitfähigen Schaum gesteckt. Dies schützt die Eingänge vor Zerstörung durch statische Entladungen. Außerdem schützt der Schaum die Anschluß-Stifte des 68000 vor Verletzung.
3. Man steckt das SST-Kabel in den Sockel, in den sonst der 68000 gesteckt ist. Man sollte darauf achten, daß der Stift 1 des SST-Kabels in den Kontakt 1 des Sockels des 68000 gesteckt wird.

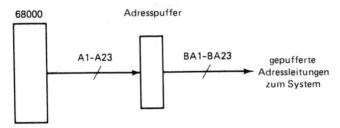

Bild 6.1 Das Konzept der Pufferung der Adreßleitungen des 68000

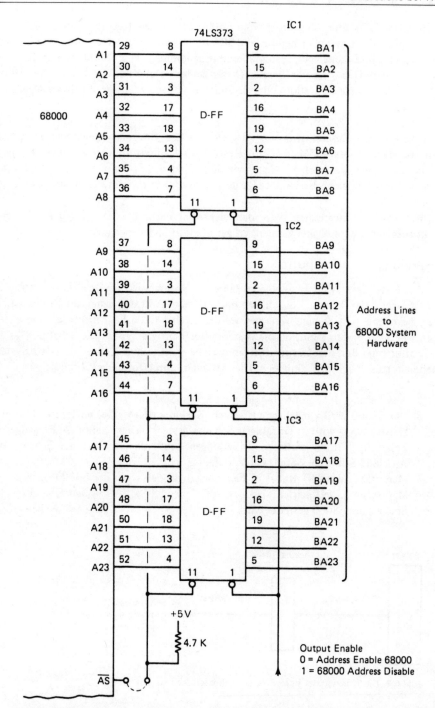

Bild 6.2 Schaltung für die Adreßpufferung mit Adreß-Flipflops

Die Flipflops können in den Transparentmodus geschaltet werden oder sie können als Flipflops mit AS als Takt verwendet werden.

6.2 Prüfung der Adreßpuffer

4. Nachdem das SST-Kabel installiert ist, werden die unten aufgeführten Schalter des SST in die inaktive Position gesetzt. Die inaktive Position entspricht dem logischen Zustand aller 68000-Steuerausgänge, wenn der Mikroprozessor einen Speicherzyklus beginnt. Die inaktiven Stellungen sind beim 68000:

$\overline{AS}$ = logisch 1
$\overline{LDS}$, $\overline{UDS}$ = logisch 1
FC0 bis FC2 = logisch 1
$R/\overline{W}$ = logisch 0
$\overline{VMA}$ = logisch 1
$\overline{BG}$ = logisch 1
E = logisch 0

Mit den SST-Schaltern in diesen logischen Positionen stellen wir sicher, daß keine ungewünschten Buskonflikte in dem System verursacht werden.

5. Die Stromversorgung wird eingeschaltet. Auch der SST benötigt 5 V Stromversorgung. Der SST kann sich seine Stromversorgung von dem zu prüfenden System besorgen.

Der SST ist nun installiert und wir sind bereit, mit der Prüfung des Systems zu beginnen.

Die Schaltung der Adreßpuffer in Bild 6.2 verwendet integrierte Schaltungen namens 74LS373. Die Anschlüsse und das Blockschaltbild für diesen integrierten Schaltkreis zeigt Bild 6.3. Wir sehen in dieser Abbildung, daß die Dateneingänge zu den Ausgängen durchgeschaltet werden, wenn der Aktivierungseingang 11 logisch 1 ist. Wenn Eingang 11 auf logisch 0 geht, wird der Ausgang seinen wie immer gearteten logischen Zustand behalten. Er bleibt so lange in diesem Zustand, bis der Aktivierungseingang wieder auf logisch 1 gebracht wird.

In der Schaltung in Bild 6.2 wird der Aktivierungseingang des 74LS373 durch den Ausgang $\overline{AS}$ des 68000 gesteuert, bzw. er wird über einen 7,4 kOhm-Widerstand auf logisch 1 gezogen. Wenn der Eingang 11 auf logisch 1 liegt, dann arbeitet der 74LS373 wie ein einfacher Adreßpuffer.

Um nachzuprüfen, ob der Aktivierungseingang für die D-Flipflops richtig arbeitet, ist folgendes zu tun:

1. Der $\overline{AS}$-Schalter des SST wird auf logisch 0 gesetzt. Der Aktivierungseingang 11 des 74LS373 ist dann logisch 0. Dies ist der Haltezustand für die D-Flipflops.
2. Man setzt den $\overline{AS}$-Schalter des SST auf logisch 1. Dann geht der Eingang 11 des Bausteins ebenfalls auf logisch 1. In diesem Zustand werden die Eingänge des Bausteins direkt auf die Ausgänge durchgeschaltet.

Wenn der Aktivierungseingang für die D-Flipflops nicht richtig auf das Schalten der $\overline{AS}$-Leitung des SST reagiert, dann muß man die Ursache dafür finden, bevor man in der Prüfung des Systems fortfährt. Ist der Ausgang $\overline{AS}$ des 68000 nicht mit dem Aktivierungseingang der D-Flipflops verbunden, kann die vorhergehende Prüfung übersprungen werden.

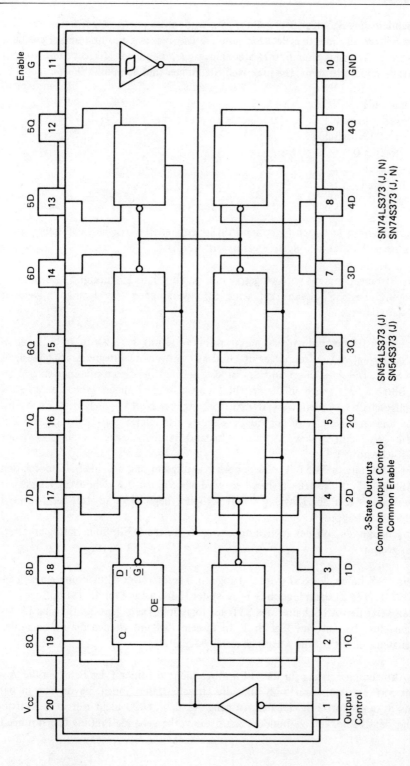

Bild 6.3 Innenschaltung und Anschlußbelegung des oktalen D-Flipflops 74LS373

6.2 Prüfung der Adreßpuffer

Wir wollen nun annehmen, daß der Aktivierungseingang der D-Flipflops korrekt auf das Steuersignal $\overline{AS}$ des SST reagiert, oder daß die Aktivierungsleitung stets auf logisch 1 ist durch den Pull-Up-Widerstand. Wir müssen nun prüfen, ob die D-Flipflops korrekt arbeiten. Um dies durchzuführen, werden wir die Adreßleitungen eine nach der anderen mittels SST umschalten. Wenn jede Leitung umgeschaltet wird, überwachen wir gleichzeitig den Ausgang des Adreßpuffers. Der Ausgang des Puffers zeigt den Wechsel des Adreßeinganges an, wenn der Aktivierungseingang 11 im richtigen logischen Zustand ist.

Dies geht im einzelnen so vor sich:

1. Man setzt den $\overline{AS}$-Schalter des SST auf logisch 1.
2. Die Schalter $\overline{UDS}$ und $\overline{LDS}$ des SST müssen auf logisch 1 sein.
3. Man setzt die Adreßleitungen A1 bis A23 des SST auf logisch 0.
4. Man setzt den Schalter A1 des SST auf logisch 1.
5. Man prüft, ob der Ausgang 9 des IC1 in Bild 6.2 logisch 1 ist.
6. Man setzt den Schalter A1 des SST auf logisch 0.
7. Man prüft, ob der Ausgang 9 des IC1 auf logisch 0 ist.

Wir haben nun nachgeprüft, daß der Ausgang A1 der Adreßpuffer korrekt auf die Stimulierung der A1-Leitung des 68000 reagiert.

8. Nun werden die Schritte 3 bis 7 für alle Adreßleitungen A2 bis A23 wiederholt.

Der gepufferte Adreßausgang und die zugehörige Stiftbelegung des entsprechenden Bausteins wird in der folgenden Liste angegeben.

Gepufferte Adreßleitung	IC-Pin-Nummer
BA1	IC1–9
BA2	IC1–15
BA3	IC1–2
BA4	IC1–16
BA5	IC1–19
BA6	IC1–12
BA7	IC1–5
BA8	IC1–6
BA9	IC2–9
BA10	IC2–15
BA11	IC2–2
BA12	IC2–16
BA13	IC2–19
BA14	IC2–12
BA15	IC2–5
BA16	IC2–6
BA17	IC3–9
BA18	IC3–15
BA19	IC3–2
BA20	IC3–16
BA21	IC3–19
BA22	IC3–12
BA23	IC3–5

Mit der vorhergehenden Liste und SST können wir nachprüfen, ob jede Adreßleitung korrekt auf die Stimulierung der Ausgänge A1 bis A23 des 68000 reagiert. Wenn irgendeine Leitung nicht richtig reagiert, können wir den Fehler statisch verfolgen, indem wir die üblichen digitalen Fehlersuchtechniken anwenden. Das Problem ist das eines einzigen digitalen Signals, das nicht von logisch 0 auf logisch 1 umschaltet. Dieses Problem wurde unzählige Male gelöst, bevor man Mikroprozessorsysteme verwendet hat.

Wir haben nun nachgeprüft, daß alle Adreß-Signale richtig die Ausgänge der Puffer erreichen. In der gerade beschriebenen Prozedur wurde kein Zeitablauf beschrieben. Die Bausteine wurden alle mit Hilfe der statischen Logik getestet. Wenn nachgeprüft wurde, daß die Bausteine unter statischen Bedingungen richtig arbeiten, dann ist die Wahrscheinlichkeit sehr hoch, daß sie unter den wirklichen dynamischen Systembedingungen ebenfalls arbeiten. Wenn die Bausteine unter statischen Bedingungen nicht arbeiten, dann ist es ausgeschlossen, daß sie unter dynamischen Bedingungen arbeiten.

6.3 Prüfung der Speicherauswahlleitungen

Der nächste Bereich der Systemhardware, den wir prüfen wollen, ist die Speicherauswahllogik. Dieser Bereich der Hardware dekodiert die Systemadressen und aktiviert die zuständigen Speicherbausteine. Die Schaltung für diese Operation zeigt Bild 6.4. Wir wollen für diese Untersuchung annehmen, daß die Adreßausgangsleitungen gepuffert sind und das Steuersignal $\overline{AS}$ auf logisch 1 liegt.

In Bild 6.4 liefert der Dekoder IC2 die Speicheraktivierungssignale als Funktion der Systemadresse. Der ROM-Speicherbereich ist in zwei Blöcke von je 2K Worten aufgeteilt. Der totale Wortbereich geht von 0000 bis 1FFF. Die Wortblöcke von jeweils 2K sind 0000 bis 0FFF und 1000 bis 1FFF. Wir werden im folgenden nachprüfen, ob der ROM-Bereich richtig dekodiert wird.

Bei Betrachtung des Schaltbildes in Bild 6.4 ist zu beachten, daß es vier Sockel für ROMs gibt. Die verwendeten ROMs sind EPROMs 2716, die wir hier vereinfacht als ROMs bezeichnen. Diese ROMs sind intern in 2K × 8 Bit organisiert. Deshalb benötigt man zwei dieser EPROMs für jeden Wort-Block von 2K. Dieser 2K-Wort-Block wird durch die folgenden ICs gebildet:

Adreßbereich		A12	unteres	oberes Byte
0000–0FFF (hexa)	0–4095 (dezi)	0	IC6	IC8
1000–1FFF	4096–8191	1	IC7	IC9

Mit dieser Tabelle können wir leicht feststellen, welcher Baustein für die unteren 8 Bits des Datenbusses und welcher Baustein für die oberen 8 Bits des Datenbusses zuständig ist.

Wir wollen nun prüfen, ob alle Speicheraktivierungsleitungen für den korrekten Adreßbereich aktiv sind. Um die Speicherselektierung zu prüfen, kann die folgende Prozedur angewendet werden. Wir prüfen, ob der Eingang $\overline{OE}$ für alle vier Speicherbausteine durch den 68000 mit dem richtigen Adreßkode gesetzt werden kann. Im einzelnen:

1. Man setzt die Adreß-Schalter A1 bis A23 des SST auf logisch 0.
2. Man setzt den Schalter $\overline{AS}$ des SST auf logisch 0. Die Adresse ist nun für das System gültig.

6.3 Prüfung der Speicherauswahlleitungen

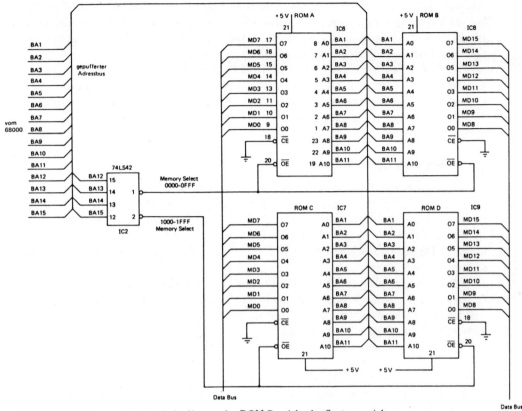

Bild 6.4 Schaltungsteil für die Dekodierung des ROM-Bereichs des Systemspeichers

3. Nun ist die Speicherauswahlleitung für den ROM-Bereich 0000–0FFF aktiv.
4. Mit einem Logiktester oder irgendeinem Gleichspannungsvoltmeter prüft man, ob der $\overline{OE}$-Eingang der ICs 6 und 8 in Bild 6.4 logisch 0 ist.
5. Dann wird untersucht, ob der $\overline{OE}$-Eingang der ICs 7 und 9 logisch 1 ist.
6. Man setzt die Adreß-Schalter A1 bis A23 des SST auf 0FFF. Damit ist die Adresse 0FFF angewählt.
7. Man überprüft ob die Speichereingänge $\overline{OE}$ immer noch dieselben sind wie in den Schritten 4 und 5.

Nachdem wir nun nachgeprüft haben, daß die Speicheranwahlleitungen für den Adreßbereich 0000–0FFF richtig arbeiten, wollen wir dieselbe Operation für die beiden anderen Speicheraktivierungsleitungen durchführen.

8. Man setzt die Adreßschalter des SST auf den Adreßbereich 1000 (hexa). Nunmehr sind die Aktivierungsleitungen eingestellt für den Adreßraum 1000 bis 1FFF.
9. Man prüft nach, ob der Eingang 20 der ICs 7 und 9 logisch 0 ist.
10. Man prüft, ob der Eingang 20 der ICs 6 und 8 logisch 1 ist.

Aus der vorhergehenden Reihenfolge geht klar hervor, auf welche Art und Weise die Speicherauswahlleitungen geprüft werden. Wenn die Speicherselektierung nicht richtig arbeitet, kann das System im statischen Zustand belassen und der Fehler kann mit den normalen Digitaltechniken gesucht werden.

Man muß beachten, daß die Dekodierung der Speicheranwahlleitungen ein logisches Kombinationsproblem ist. Das System muß nicht mit der normalen Systemgeschwindigkeit arbeiten, damit man prüfen kann, ob der Adreßraum richtig dekodiert wird. Das System kann in jedem logischen Zustand „eingefroren" werden, solange, wie der Benutzer braucht, um den Fehler zu finden.

6.4 Lesen von EPROM-Daten mit SST

Als letztes muß jetzt der Datenweg von den EPROMs 2716 zurück zum 68000 geprüft werden. In Schritt 4 der Ereignisfolge bei einer Speicher-READ-Operation (vgl. Abschnitt 1.9) werden vom 68000 die Signale $\overline{LDS}$, $\overline{UDS}$ oder beide auf logisch 0 gesetzt. Zu diesem Zeitpunkt werden die Daten des ROM auf den Systemdatenbus und an die Eingänge D0 bis D15 des 68000 gegeben. Dieser Zustand kann statisch durch den SST gesetzt werden.

Die Leuchtdioden des SST zeigen den logischen Zustand der Daten, die vom ROM zu lesen sind. Weiterhin können wir obige Bedingung mit dem SST einstellen, die Daten auf den ROM-Sockel geben und nachprüfen, ob die Daten den 68000 auch erreichen. Darüber wird nachfolgend die Rede sein.

Wir wollen zuerst zeigen, wie der Speicheraktivierungspfad in Bild 6.5 zu prüfen ist. Wir sehen in Bild 6.5 die vollständige Schaltung für einen 4K × 16 ROM-Speicher. Dies ist genau dieselbe Schaltung, wie sie in Kapitel 1 gezeigt wurde. Wir werden jetzt die Ereignisfolge für einen Speicherlesevorgang durchgehen und prüfen, ob alle Hardware der Bilder 6.5, 6.6 und 6.7 richtig arbeitet.

1. Zuerst müssen die Adressen A1 bis A23 vom 68000 ausgegeben werden. Wir haben bereits in Abschnitt 6.2 besprochen, wie die Adreßpuffer geprüft werden können. Wir wollen annehmen, daß die Adressen korrekt an den Ausgängen der Adreßpuffer anstehen.

Wir prüfen nun, ob die Adressen BA1 bis BA11 an den ROM-Adreßeingängen gültig sind. Dies kann dadurch geschehen, daß man die Adreßleitungen eine nach der anderen von logisch 0 auf logisch 1 umschaltet. Während man diese Adreßleitungen mittels SST umschaltet, überwacht man den entsprechenden Adreßeingang des ROM. Auf diese Weise kann man leicht feststellen, ob alle Adressen vom 68000 auf die Eingänge des ROM gelangen.

2. Wenn die Adressen auf dem Systemadreßbus liegen, werden die Speicheranwahl-Leitungen dekodiert und gesetzt. Die Prüfung der Speicheranwahllogik wurde in Kapitel 6.3 besprochen. Wir nehmen an, daß die Speicheradresse so gewählt ist, daß der Speicherbereich von 0000 bis 0FFF angewählt wird. Dies bedeutet, daß die Eingänge $\overline{OE}$ der ROMs A und B in Bild 6.5 logisch 0 sind, während der Eingang $\overline{OE}$ der ROMs C und D logisch 1 ist.
3. Als nächstes wird das Signal R/$\overline{W}$ vom 68000 auf logisch 1 gesetzt. Wir sehen in Bild 6.5, daß die R/$\overline{W}$-Leitung der Eingang 5 des NAND-Gatters IC1 ist.

6.4 Lesen von EPROM-Daten mit SST

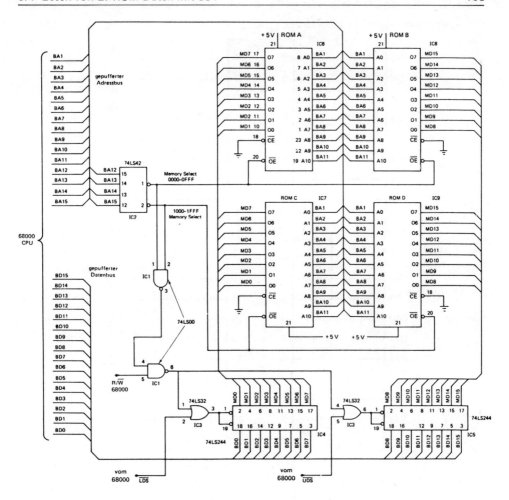

Bild 6.5 Vollständige Schaltung des ROM-Systemspeichers 4 K x 16 Bit

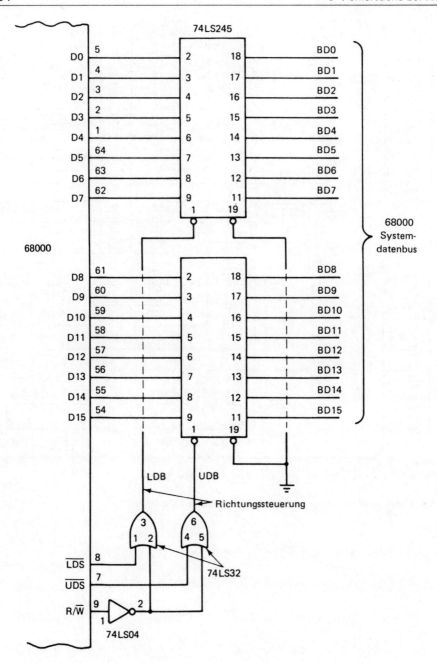

Bild 6.6 Schaltung der bidirektionalen Pufferung der Datenleitungen des 68000

6.4 Lesen von EPROM-Daten mit SST

Sind die Eingänge 5 und 4 dieses NAND-Gatters logisch 1, so ist der Ausgang 6 logisch 0. Der Eingang 4 wird logisch 1, weil der Ausgang 1 des Dekoders 74LS42 logisch 0 wird. Alle diese logischen Zustände sind statisch und können mit einem Logiktester oder irgendeinem Gleichspannungsvoltmeter geprüft werden. Wenn irgendeine dieser logischen Bedingungen nicht richtig ist, dann kann der Fehler mit normalen digitalen Techniken gesucht werden.

Wir wollen annehmen, daß der Ausgang des NAND-Gatters IC1 ind Bild 6.5 logisch 0 ist, wie er das an diesem Punkt der Speicherlesesequenz sein sollte.

4. Die Signale $\overline{LDS}$, $\overline{UDS}$ oder beide werden jetzt auf logisch 0 gesetzt. Nun finden einige Hardware-Ereignisse statt:

4.1 Das erste zu prüfende Ereignis ist, ob die Speicherdatenpuffer IC4 und 5 an ihren Aktivierungseingängen 1 und 19 die logische 0 haben. Dazu müssen zunächst die Eingänge 1 und 4 des IC3 in Bild 6.5 auf logisch 0 sein. Gehen jetzt $\overline{UDS}$ oder $\overline{LDS}$ auf logisch 0, so wird der Eingang 2 oder 5 der ODER-Gatter IC3 logisch 0. Dies setzt die Ausgänge 3 und 6 von IC3 auf logisch 0. Wiederum stellen wir fest, daß dieser Vorgang vollkommen statisch ist.

4.2 Ein weiteres Hardware-Ereignis, das in dem Speichersystem stattfindet, zeigt Bild 6.6. Die bidirektionalen Puffer an den Datenanschlüssen des 68000 müssen den Richtungssteuerungseingang auf logisch 0 haben. Das ist der Eingang 1 der Bausteine 74LS245. Man kann nun nachprüfen, daß der Richtungssteuerungseingang tatsächlich logisch 0 für den Baustein ist, für den $\overline{UDS}$ bzw. $\overline{LDS}$ gesetzt wurde.

4.3 Das dritte Hardware-Ereignis, das sich einstellt, wenn die Signale $\overline{UDS}$ oder $\overline{LDS}$ gesetzt sind, ist, daß der Eingang $\overline{DTACK}$ des 68000 auf logisch 0 gesetzt wird (vgl. Bild 6.7). Der logische Zustand des Einganges $\overline{DTACK}$ des 68000 kann geprüft werden, indem man die Leuchtdiode des SST betrachtet, die den logischen Zustand des Einganges $\overline{DTACK}$ anzeigt. Wenn entweder der Ausgang $\overline{LDS}$ oder der Ausgang $\overline{UDS}$ gesetzt ist, dann muß der Eingang $\overline{DTACK}$ des 68000 auf logisch 0 gehen.

Alle im vorigen beschriebenen Hardware-Vorgänge können mittels SST geprüft werden. Im Augenblick liegen die Daten der ROMs am Eingang des 68000 bzw. des SST. Um sicher zu sein, daß die richtigen Daten aus dem ROM ausgegeben werden und die Dateneingänge des SST erreichen, kann man auf das Software-Listing der ROM-Daten zurückgreifen. Der Datenweg, der jetzt aufgebaut ist, wird so lange bestehen bleiben, wie die entsprechenden logischen Zustände, die durch SST gesetzt wurden, gültig sind.

Der Datenweg geht von den Ausgängen des ROMs auf die Dateneingänge des 68000. Es stimmt zwar, daß sich zwischen den Datenausgängen des ROM und den Dateneingängen des 68000 Hardware befindet, aber die Hardware besteht aus statischen Puffern und normalen Busleitungen. Man hat nun bei der Fehlersuche genügend Zeit, um die Daten-, Adressen- und Steuersignalwege des Systems zu prüfen. Die dynamische Operation des Systems wurde auf eine einfachere und leichter zu untersuchende statische Operation reduziert.

5. Das letzte Ereignis in der Speicher-READ-Sequenz ist die Rücksetzung der Steuerleitungen UDS und LDS auf logisch 1 durch den 68000. Die Daten des ROMs werden nun von dem Systemdatenbus genommen. Die Aktivierungseingänge 1 und 19 der Speicherdatenpuffer IC4 und 5 in Bild 6.5 werden auf logisch 1 gesetzt.
6. Der Eingang DTACK des 68000 wird auf logisch 1 gesetzt. Bild 6.7 zeigt die Hardware dafür, die wir bereits früher besprochen haben.

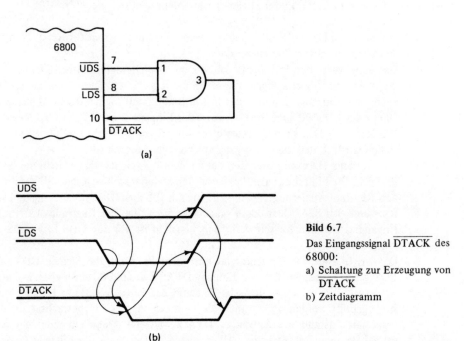

Bild 6.7
Das Eingangssignal DTACK des 68000:
a) Schaltung zur Erzeugung von DTACK
b) Zeitdiagramm

Wir sind nun die gesamte Ereignisfolge für eine Speicher-READ-Operation eines 68000-Systems durchgegangen. Bei jedem Schritt wurde die Reaktion der Hardware gezeigt und besprochen. Eine praktische Eigenschaft von SST ist es, daß jede einzelne Signalleitung, die durch den 68000 während eines Speicher-READ-Zyklus gesetzt wird, nunmehr statisch beeinflußt werden kann. Die Fehlersuche kann sich auf jeweils eine einzige Signalleitung beschränken. Es ist nicht notwendig, das gesamte System bei der Bearbeitung von Befehlen zu überprüfen.

In manchen Fällen ist das Mikroprozessorsystem nicht imstande, irgendeinen Befehl abzuarbeiten. Dies ist der Fall bei vollkommen funktionsunfähigen Systemen oder wenn noch keine Software für das System geschrieben ist. Es kann sich auch um ein noch nicht vollständig fertiggestelltes System handeln. Man kann dann trotzdem feststellen, ob ein bestimmter Bereich des Systems korrekt verdrahtet und die dortige Logik voll funktionsfähig ist.

Im nächsten Abschnitt dieses Kapitels besprechen wir, wie die Daten in dem Sockel des EPROM stimuliert werden können und wie der Datenweg nachgeprüft wird, ohne daß man weiß, welche Daten wirklich in dem EPROM gespeichert sind.

6.5 Dateneinspeisung in den ROM-Sockel

Bevor ein ROM in einen Speichersockel eingesteckt wird, ist es sinnvoll, zu prüfen, ob die Daten am ROM-Sockel elektrisch den Mikroprozessor überhaupt erreichen können. Bild 6.8 zeigt das Konzept dessen, was wir nun mit Hilfe von SST beabsichtigen. Wir wollen einen ROM-Bereich aktivieren, der in dem System leere Sockel hat. Wenn dieser Bereich aktiviert ist, werden wir nacheinander die einzelnen Datenausgangsleitungen auf Masse legen und die Reaktion mit SST überwachen. Dazu kann man folgendermaßen vorgehen:

1. Man setzt die Adreßschalter des SST auf eine Adresse, wo die ROMs aus den Sockeln gezogen wurden. Wenn man eine Platine zum ersten Mal prüft, ist es sinnvoll, die ROMs überhaupt nicht einzustecken, bevor dieser Test durchgeführt wurde.
2. Man setzt den Schalter $\overline{\text{AS}}$ des SST auf logisch 0.
3. Man setzt den Schalter R/$\overline{\text{W}}$ auf logisch 1. Dies informiert das System, daß ein Speicher-READ-Zyklus durchgeführt wird.
4. Man setzt die Schalter $\overline{\text{UDS}}$ und $\overline{\text{LDS}}$ des SST auf logisch 0. Damit ist der Datenweg von dem Adreßraum des Systems zu den Eingängen D0 bis D15 des Mikroprozessors aufgebaut.
5. Wenn wir die Leuchtdioden des SST betrachten, so sehen wir, daß alle leuchten. Das kommt daher, daß der Sockel des ROM leer ist. Die TTL-Eingänge der bidirektionalen Puffer liegen frei. Ein freier TTL-Eingang entspricht einer logischen 1.

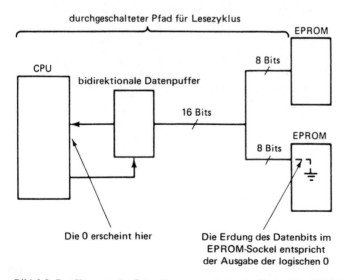

Bild 6.8 Das Konzept der Stimulierung von Daten im Sockel des EPROM

6. Nacheinander legen wir jetzt die einzelnen Datenausgänge des leeren Sockels auf Masse. Man beginnt damit, daß man einen Massedraht an den Anschluß 9 des leeren Sockels des ROMs A in Bild 6.5 legt. Die Leuchtdiode D0 des SST wird erlöschen. Wir erzwingen eine logische 0 an der Datenquelle. Diese logische 0 wird auf das Datenziel übertragen. In diesem Falle ist das Datenziel der Dateneingang des 68000.
7. Diese Technik der Erdung einer Datenleitung und der Verfolgung der elektrischen Reaktion der Hardware ist sehr nützlich für die Feststellung, ob die ROM-Daten eine Chance haben, von dem Mikroprozessor gelesen zu werden.

Man kann jede beliebige Adresse auf diese Weise aktivieren und bestimmen, ob die Daten von dieser Adresse den Mikroprozessor erreichen.

6.6 Zusammenfassung

In Kapitel 6 haben wir im einzelnen besprochen, wie man einen Lesezyklus vom ROM mit SST prüfen kann. Die Ereignisfolge für einen Speicher-READ-Zyklus wurde angegeben und wir haben behandelt, wie diese Ereignisse mit SST zu simulieren sind. Mittels SST kann das 68000-System in jeden Zustand gesetzt werden. Dann kann man die Fehlersuche mit einer einfachen Gleichspannungsmessung durchführen.

Schließlich wurde gezeigt, wie man die Datenleitungen im ROM-Sockel schalten kann, um den Datenweg zu prüfen. Jede einzelne Datenleitung kann so geprüft werden, bevor irgendein ROM in dem System installiert wird. Auf diese Weise kann man feststellen, ob das System eine elektrische Chance hat, richtig zu arbeiten. Wenn die Hardware in diesem statischen Modus nicht richtig arbeitet, dann kann sie in dem dynamischen Modus noch viel weniger arbeiten.

7 Fehlersuche bei statischen RAMs

7.1 Einführung

In diesem Kapitel besprechen wir, wie man den Statischen Stimuliertest anwendet, um Fehler in einem statischen RAM-System zu finden. Die zwei Hardware-Operationen, die zu erklären sind, sind das Lesen der Daten vom RAM und das Schreiben der Daten in das RAM. Die statischen RAM-Bausteine, die für diese Besprechung verwendet werden, sind handelsübliche 1K × 4-Speicher vom Typ 2114. In Kapitel 2 haben wir besprochen, wie der 68000 mit diesen Bausteinen kommuniziert. Wenn der Leser den Speicher 2114 nicht kennt, so sei auf das Kapitel 2 verwiesen. Das Datenblatt des Speichers 2114 ist im Anhang zu finden.

Wenn man die möglichen Operationen untersucht, die mit einem statischen RAM in einem Mikroprozessorsystem durchgeführt werden können, so kann man folgende Liste aufstellen:

1. READ-Befehle (ROM oder RAM).
2. READ vorübergehend gespeicherte Daten.
3. WRITE Daten für vorübergehende Speicherung.
4. PUSH Stack-Daten.
5. POP Stack-Daten.
6. SAVE Rückkehradresse für eine Subroutine.
7. RESTORE Rückkehradresse für eine Subroutine.
8. SAVE Rückkehrvektor für einen Interrupt.
9. RESTORE Rückkehrvektor für einen Interrupt.

Diese Liste zeigt, daß das System-RAM auf vielfache Weise angesprochen wird, wenn der Mikroprozessor ein Programm ausführt. Bei genauerer Betrachtung der Liste erkennt man jedoch, daß jede RAM-Kommunikation letztlich eine READ- oder WRITE-Operation ist. Die Hardware des Mikroprozessorsystems unterscheidet nicht zwischen diesen 9 oben aufgeführten Speicheroperationen.

Die Unterscheidung zwischen den Kommunikationsarten mit dem Speicher, die Adresse im RAM, die in das RAM zu schreibenden Daten und in welchen Baustein die Daten geschrieben werden, all dies legt der Mikroprozessor fest.

Ein Speicherbaustein benötigt eine Adresse, Daten und ein Schreibaktivierungssignal bzw. Leseaktivierungssignal, damit er richtig arbeiten kann. Der Speicherbaustein kann nicht wissen, woher diese Signale im System kommen und wie sie logisch an die Speichereingänge gelangen.

Für die Software sind diese Einzelheiten von großer Bedeutung. Die logische Bildung von Adressen, Rückkehrvektoren und Stack-Daten sind kritische Stellen in dem jeweiligen Programm. Für die Hardware ist es nur notwendig, daß dieser Speicher richtig arbeitet, wenn der Mikroprozessor Daten zum Speicher schreibt bzw. vom Speicher liest. Darum kümmern wir uns bei der Fehlersuche im System.

Jede der obigen 9 Speicheroperationen kann entweder als READ- oder WRITE-Zyklus mit dem Systemspeicher betrachtet werden. Weiterhin wird ein READ- oder WRITE-Zyklus, vom Standpunkt der Hardware aus, stets in der gleichen Art und Weise durchgeführt. Mit dieser Information reduziert sich die Hardware-Prüfung sehr stark. Man hat sie aber durchzuführen, um sicherzugehen, daß der Speicher richtig funktioniert.

Die Fehlersuche beim System-RAM muß sicherstellen, daß die CPU zum Speicher schreiben und vom Speicher lesen kann. Wenn wir dann festgestellt haben, daß die Hardware-Wege dafür elektrisch in Ordnung sind, dann können wir einen Test jeder einzelnen Speicherzelle des Systemspeichers durchführen.

Wenn man zuvor die Prüfung des Systems mit SST durchgeführt hat, kann man eine Software-Diagnose jeder einzelnen Speicherzelle anschließen. Die Diagnose liefert die fehlerhafte Speicheradresse und die falschen Daten-Bits an dieser Adreßstelle. All dies kann ohne ein System-Terminal oder eine System-Frontplatte durchgeführt werden. Das Konzept dieser Diagnose wird in Kapitel 9 gezeigt.

7.2 Ereignisfolge bei einem RAM-Lese-Zyklus

Wir wollen unser Augenmerk jetzt auf die Ereignisfolge richten, die jedesmal abläuft, wenn der 68000 Daten vom statischen RAM liest. Es soll erwähnt werden, daß der 68000 keine elektrische Möglichkeit hat, festzustellen, ob die Daten aus einem statischen RAM oder einem ROM gelesen werden. Deshalb ist alle in Kapitel 6 gelieferte Information über die Fehlersuche bei ROMs ebenfalls für statische RAMs gültig. Die Ereignisfolge für das Lesen von Daten aus diesen Speichern ist genau dieselbe.

Wir wollen diese Ereignisfolge hier angeben und dann besprechen, was bei jedem Ereignis in der Systemhardware geschieht. Dies ist eine Wiederholung des bereits in Kapitel 3 im einzelnen diskutierten Materials. Die Ereignisfolge für einen RAM-Lese-Zyklus ist:

1. Die Adreßleitungen A1 bis A23 führen die Adresse, von der Daten gelesen werden sollen.

Zu diesem Zeitpunkt findet die Dekodierung der Systemadresse statt, welche die Aktivierung des richtigen Adreßbereichs gestattet.

2. Der 68000 setzt das Steuersignal $\overline{AS}$.
3. Das Steuersignal $R/\overline{W}$ wird auf logisch 1 gesetzt. Dies zeigt einen Speicher-READ-Zyklus an.
4. Der 68000 setzt die Kontrollsignale $\overline{UDS}$, $\overline{LDS}$, oder beide.

Wenn die Steuersignale $\overline{UDS}$ und/oder $\overline{LDS}$ gesetzt sind, geschehen verschiedene Ereignisse im System gleichzeitig. Diese sind:

4.1 Die bidirektionalen Puffer der CPU werden in die gewünschte Richtung aktiviert.
4.2 Die Daten des RAM werden auf den Systemdatenbus gegeben.

4.3 Der Eingang $\overline{\text{DTACK}}$ des 68000 wird durch die externe Systemhardware auf logisch 0 gesetzt.
5. Der 68000 setzt die Steuersignale $\overline{\text{UDS}}$, $\overline{\text{LDS}}$ und $\overline{\text{AS}}$ zurück. Zu diesem Zeitpunkt werden die Systemdaten in den 68000 übernommen.

Die Hardware-Ereignisfolge ist damit abgeschlossen.

7.3 Fehlersuche beim Lesen vom RAM

Wir wollen für einen RAM-Lese-Zyklus anhand der in Abschnitt 7.2 gegebenen Ereignisfolge prüfen, wie man jedes Ereignis elektrisch kontrollieren kann. Fortschreitend in der Besprechung werden wir sehen, wie die Schaltung in Bild 7.1 auf jeden Schritt in der Ereignisfolge reagiert.

Das erste Ereignis in der elektrischen Ereignisfolge ist:

1. Die Adreßleitungen A1 bis A23 werden auf die zu lesende Adresse gesetzt.

Dieses Hardware-Ereignis kann mit SST ganz einfach simuliert werden. Man hat genau dasselbe zu tun wie bei der Fehlersuche in einem ROM-Lese-Zyklus. Der einzige Unterschied ist, daß die Adressen auf den Speicherbereich für das System-RAM gesetzt werden. In Bild 7.1 können wir sehen, daß der Adreßbereich für das System-RAM 03000 bis 03FFF (hexadezimal) ist. Wir verwenden hier nur den Adreßbereich 03000 bis 037FF. Um nachzuprüfen, ob die Adreßdekodierung richtig arbeitet, setzen wir die Adreßschalter A1 bis A23 des SST auf 03000.

Die Adreßleitungen BA12 bis BA15 sind die Eingänge des BCD-auf-Dezimal-Dekoders IC1. Werden die Adreßleitungen des SST wie beschrieben gesetzt, so sind BA12 und BA13 logisch 1, BA14 und BA15 logisch 0. Wenn dies am Eingang des Dekoders anliegt, dann wird der Ausgang 4 des Dekoders auf logisch 0 liegen.

Wir können den statischen Zustand des Ausgangs 4 des IC1 mittels eines Logiktesters nachprüfen. Ist dieser Ausgang 4 nicht auf logisch 0, dann können die Eingänge des Bausteins statisch geprüft werden, um sicherzustellen, daß sie logisch richtig sind.

Wir wollen annehmen, daß der Ausgang 4 des Dekoders im richtigen Zustand ist. Wir prüfen als nächstes, ob die parallelen Adreßleitungen BA1 bis BA10 zu dem System-RAM von der CPU beliebig auf logisch 0 oder logisch 1 gesetzt werden können. Dies kann folgendermaßen geschehen:

1.1 Man setzt die Adreßschalter A1 bis A10 des SST auf logisch 0.
1.2 Man setzt Adreßschalter A1 auf logisch 1.
1.3 Mit einem Logiktester prüft man, ob der Adreßeingang 5 der RAMs IC9, 10, 11 und 12 in Bild 7.1 auf logisch 1 liegt.
1.4 Genau so prüft man, ob alle anderen Adreßeingänge der RAMs logisch 0 sind.
1.5 Wenn die Schritte 3 und 4 erfolgreich waren, dann können wir sicher sein, daß die Adreßleitung BA1 durch den 68000 beliebig auf 0 oder 1 gelegt werden kann. Weiterhin wurde nachgeprüft, daß die Adreßleitung BA1 die anderen Adreßleitungen nicht beeinflußt, das heißt, daß kein Kurzschluß der Adreßleitungen vorliegt.
1.6 Man setzt den Adreßschalter A1 zurück auf logisch 0.

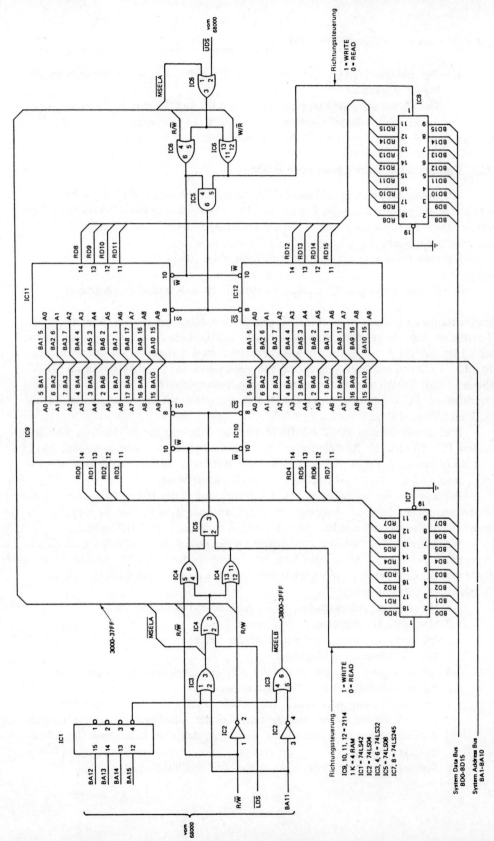

Bild 7.1 Vollständige Schaltung eines statischen RAM-Systems 1K × 16 Bit für den Mikroprozessor 68000

7.3 Fehlersuche beim Lesen vom RAM

1.7 Man wiederholt die Schritte 2, 3, 4, 5, 6 für die verbleibenden Adreßleitungen A2 bis A10.

1.8 Hat man alle Prüfungen durchgeführt, so ist sichergestellt, daß der Adreßpfad vom 68000 zum RAM funktionsfähig ist.

Das nächste Hardware-Ereignis in einem RAM-Lese-Zyklus ist:

2. Das Signal $\overline{AS}$ wird auf logisch 0 gesetzt.

In dem von uns untersuchten System hat der Ausgang $\overline{AS}$ keinen Einfluß auf den RAM-Lesezyklus. Das nächste Ereignis ist:

3. $R/\overline{W}$ wird auf logisch 1 gesetzt.

Bild 7.1 zeigt, wie die $R/\overline{W}$-Leitung auf die Eingänge der Gatter IC2, 4 und 6 gelangt. Das Signal $R/\overline{W}$ wird im IC2 invertiert und gelangt dann auf die Eingänge der ICs 4 und 6.

Nun kann nachgeprüft werden, ob eine logische 1 am Eingang 1 des IC2 am Eingang 5 des IC4 und am Eingang 4 des IC6 auftritt. Diese logische 1 sperrt die ODER-Gatter IC4 und IC6. Bei einem RAM-Lesezyklus sind ihre Ausgänge aktiv logisch 0.

Die Eingänge 12 der ICs 4 und 6 liegen auf logisch 0. Diese logische 0 stammt von dem Ausgang 2 des IC2. Diese Zustände können durch einen Logiktester geprüft werden. Was wir im vorhergehenden getan haben, ist die Feststellung, ob jedes Signal, das durch das $R/\overline{W}$-Signal gesteuert wird, richtig zwischen 0 und 1 umschaltet. Der SST erlaubt die Stimulierung jeweils eines einzigen Ausgangs des 68000. In diesem Beispiel ist es der $R/\overline{W}$-Ausgang. Ist die Leitung $R/\overline{W}$ auf logisch 1 und die Systemadresse für den richtigen Adreßbereich eingestellt, so sind die Eingänge 1 der ICs 4 und 6 auf logisch 0. Das kann mit einem Logiktester nachgeprüft werden.

Das nächste Ereignis bei einem RAM-Lesezyklus ist:

4. Die Signale $\overline{UDS}$, $\overline{LDS}$, oder beide werden auf logisch 0 gesetzt.

Verschiedene elektrische Ereignisse werden nun eintreten. Wir wollen eines nach dem anderen untersuchen.

4.1 Durch das Signal $\overline{LDS}$ wird der Ausgang 3 des IC4 auf logisch 0 gesetzt und der Ausgang 3 des IC6 durch das Signal $\overline{UDS}$ ebenfalls. Die Eingänge 2 und 5 der UND-Gatter IC5 werden logisch 0. Damit werden die Ausgänge 3 und 6 ebenfalls logisch 0. Das setzt die Select-Eingänge $\overline{S}$ der Speicherbausteine IC9, 10, 11 und 12. Diese logischen Zustände können mit dem Logiktester geprüft werden. Wir prüfen damit nach, ob die Speicherbausteine im richtigen Zeitpunkt aktiviert werden.

4.2 Die Richtungssteuerleitungen der Speicherdatenpuffer IC7 und 8 werden auf den logischen Zustand gesetzt, der die Speicherdaten auf den Systemdatenbus übergibt. Das bedeutet, daß die Eingänge 1 der beiden ICs 7 und 8 auf logisch 0 gesetzt werden. Die Daten an den RAM-Ausgängen steuern die Systemdatenbusleitungen BD0 bis BD15. Diese Datenausgänge können mit den Leuchtdioden des SST sichtbar gemacht werden. Es ist darauf hinzuweisen, daß wir nicht wissen, wie die logischen Zustände der RAM-Datenausgänge sind, da wir keinerlei Daten in das RAM geschrieben haben. Welche Daten sich auch immer in dem RAM vor dem READ-Zyklus befanden, sie werden es sein, die der Prüfer an den Leuchtdioden des SST abliest.

    4.3 Der Eingang $\overline{\text{DTACK}}$ des 68000 wird durch die externe Hardware auf logisch 0 gesetzt. Dieses Ereignis kann nachgeprüft werden, indem man den Eingang 10, $\overline{\text{DTACK}}$, auf dem Sockel des 68000 überprüft.

Das letzte Ereignis bei einer RAM-Lese-Ereignisfolge ist:

    5. Die Signale $\overline{\text{UDS}}$, $\overline{\text{LDS}}$ und $\overline{\text{AS}}$ werden auf logisch 1 gesetzt.

Der Select-Eingang $\overline{\text{S}}$ der Speicherbausteine 2114 wird nun auf logisch 1 gesetzt. Die Datenrichtungsleitungen der Speicherdatenpuffer werden ebenfalls auf logisch 1 gesetzt. Dies sind die Eingänge 1 der ICs 7 und 8. Mit der Rücksetzung von $\overline{\text{LDS}}$ und $\overline{\text{UDS}}$ ist die Ereignisfolge abgeschlossen.

    Es ist zu beachten, daß man auch nur das untere oder das obere Byte des RAM auf den Systemdatenbus hätte geben können. Dies wird durch die Setzung von $\overline{\text{UDS}}$ für das obere Datenbyte und $\overline{\text{LDS}}$ für das untere Datenbyte gesteuert.

    In diesem Abschnitt haben wir nicht jede Speicherstelle des System-RAM geprüft. Dies würde mit der manuellen SST-Technik sehr lange dauern. Die Hauptsache bei der Anwendung von SST ist die Prüfung des Weges vom RAM zur CPU. Wenn dieser Weg funktionsfähig ist, dann können wir die CPU dazu verwenden, bei dem Fehlersuchprozeß mitzuhelfen. Dies geschieht durch die Verwendung einer Speicherdiagnose mittels Software. Eine solche Diagnose wird in Kapitel 9 angegeben werden.

    Als nächstes werden wir zeigen, wie SST verwendet werden kann, um den Schreibvorgang der RAM-Hardware zu prüfen. In dieser Besprechung werden wir wirklich Daten in das obere Byte, das untere Byte oder in beide mit Hilfe des SST einschreiben. Nachdem die Daten eingeschrieben sind, werden wir einen READ-Zyklus durchführen, um zu prüfen, ob der WRITE-Zyklus erfolgreich war.

7.4 Ereignisfolge bei einem Schreibzyklus

    Wir betrachten nun die elektrische Ereignisfolge, die abläuft, wenn der 68000 Daten ins RAM schreibt.

1. A1 bis A23 wird auf die Adresse gesetzt, wo Daten gespeichert werden sollen.
2. Das Signal $\overline{\text{AS}}$ wird durch den 68000 gesetzt. Dieses Signal kann durch die Hardware irgendeines Systems verwendet werden oder auch nicht.
3. Das Signal $R/\overline{W}$ wird auf logisch 0 gesetzt. Dies zeigt an, daß ein WRITE-Zyklus stattfindet.
4. Der 68000 gibt die zu schreibenden Daten auf die Datenleitungen D0 bis D15.
5. Die Steuersignale $\overline{\text{LDS}}$ oder $\overline{\text{UDS}}$ werden gesetzt. $\overline{\text{LDS}}$ schreibt Daten auf das untere Byte des Speichers und $\overline{\text{UDS}}$ schreibt Daten auf das obere Byte des Speichers.
6. Als nächstes gibt die externe Hardware $\overline{\text{DTACK}}$ auf den Eingang des 68000.
7. Schließlich setzt der 68000 die Steuersignale $\overline{\text{LDS}}$ und $\overline{\text{UDS}}$ zurück.

Damit ist die Speicher-Schreiboperation beendet.

7.5 Fehlersuche beim Schreiben zum RAM

In diesem Abschnitt werden wir besprechen, wie die Hardware bei der in Abschnitt 7.4 beschriebenen Ereignisfolge zu prüfen ist.

1. Die Adreßleitungen A1 bis A23 werden auf die richtige Speicheradresse gesetzt.

Wir können die Hardware simulieren, indem wir die Adreßschalter des SST auf 03000 (hexadezimal) setzen.

Wir haben bereits die Einzelheiten der Adreßdekodierung besprochen, als wir das Lesen von Daten aus dem Speicher behandelt haben. Deshalb werden wir die Adreßdekodierung für einen Speicher-Schreib-Zyklus nicht mehr besprechen. Unsere Untersuchung beginnt mit der Annahme, daß die Adresse richtig ausgegeben und dekodiert wurde.

2. Das Signal $\overline{AS}$ wird vom 68000 auf logisch 0 gesetzt.

Bei unserer Speicherschaltung wird das Steuersignal $\overline{AS}$ nicht verwendet.

3. Das Signal $R/\overline{W}$ wird auf logisch 0 gesetzt.

In Bild 7.1 sehen wir, daß das Signal $R/\overline{W}$ an den Eingang 5 des IC4 und den Eingang 4 des IC6 geht. Diese zwei Eingänge können mit einem Logiktester geprüft werden. Wenn eines dieser beiden Signale falsch ist, kann der Fehler mit statischen digitalen Fehlersuchtechniken verfolgt werden.

4. Der 68000 gibt die Daten auf die Leitungen D0 bis D15.

Die Quelle der Daten sind die Datenausgänge der CPU. Bild 7.2 zeigt das Blockbild des Datenweges von den CPU-Datenausgängen zu den Datenpuffern und schließlich zu den

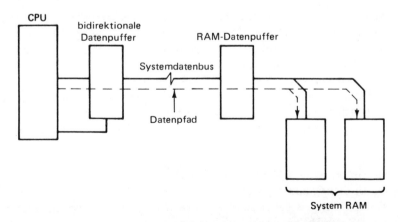

Bild 7.2 Blockdiagramm für den vollständigen Datenpfad vom 68000 zum System-RAM

Speichereingängen. Als Datenpuffer in Bild 7.1 finden die Bausteine 74LS245 Verwendung. Die Eingänge 1 der beiden ICs 7 und 8 sind logisch 1. Dies aktiviert die bidirektionalen Datenpuffer, die Daten von dem CPU-Datenbus auf die Speicherdateneingänge zu geben.

Es kann leicht nachgeprüft werden, ob die Daten von den CPU-Datenausgängen die Eingänge der Puffer IC 7 und IC 8 erreichen. Dazu dient folgende Vier-Schritt-Prozedur:

4.1 Man setzt alle Datenschalter des SST auf logisch 0.

4.2 Man setzt den Datenschalter D0 des SST auf logisch 1.

4.3 Mit einem Logiktester prüft man, ob der Eingang 2 des IC 7 in Bild 7.1 auf logisch 1 ist.

4.4 Man wiederholt die Schritte 2 und 3 für die verbleibenden Datenleitungen D1 bis D15.

Wenn an irgendeinem Dateneingang des Puffers das falsche Signal liegt, dann läßt man das System in dem jeweiligen Zustand und konzentriert sich auf die Signalleitung, die nicht richtig funktioniert. Mit der SST-Technik ist keine weitere Signalleitung notwendig, das heißt, man kann alle Bemühungen auf die Fehlersuche an der einzelnen Signalleitung konzentrieren, die nicht richtig arbeitet. Durch die Verwendung des SST wurde das Problem auf ein normales digitales Fehlersuchproblem reduziert.

Wir wollen annehmen, daß die Dateneingänge der Puffer IC 7 und IC 8 elektrisch gültig sind. Dann ist der Hardware-Weg von der CPU durch die bidirektionalen CPU-Puffer auf die bidirektionalen Puffer der statischen RAMs funktionsfähig.

Wir haben nun nachzuprüfen, ob die Daten am Ausgang der Speicherpuffer richtig an den Eingängen des Speichers anliegen. Das kann so durchgeführt werden, daß wir die Prozedur für die Prüfung der Eingänge der Datenpuffer, die soeben besprochen wurde, wiederholen. Der Unterschied ist nur, daß jetzt die Dateneingänge der System-RAMs geprüft werden und nicht mehr die Eingänge der Speicherpuffer. Wir wollen annehmen, daß dieser Datenweg korrekt arbeitet.

5. Das nächste Hardware-Ereignis bei dem Speicher-WRITE-Zyklus ist, daß der 68000 die Signale $\overline{UDS}$ oder $\overline{LDS}$ setzt.

In diesem Moment werden die Daten am Eingang des Speichers in den Speicher eingeschrieben. Die Select-Eingänge 8 der RAMs 2114 und ihre $\overline{W}$-Eingänge 10 sind logisch 0. Dies kann durch den Logiktester geprüft werden. Man beachte in Bild 7.1, daß das Steuersignal $\overline{UDS}$ die Eingänge $\overline{W}$ und $\overline{S}$ der 2114-Speicher IC 11 und 12 setzt, während die Steuerleitung $\overline{LDS}$ die Eingänge $\overline{W}$ und $\overline{S}$ der 2114-Speicher IC 9 und 10 setzt.

Der 68000 setzt eine oder beide dieser Steuerleitungen je nach dem Softwarebefehl, der gerade ausgeführt wird. Bei der Hardwarefehlersuche muß man prüfen, ob die Eingänge $\overline{W}$ und $\overline{S}$ der richtigen Speichereinheiten gesetzt werden, wenn eines dieser beiden Steuersignale gesetzt ist.

6. Nun gibt die externe Hardware das Signal $\overline{DTACK}$ auf den entsprechenden Eingang des 68000. Bild 7.3 zeigt, wie das in unserem System gelöst ist.

7. Das letzte Ereignis bei einem Speicher-WRITE-Zyklus ist, daß die Signale $\overline{UDS}$ und $\overline{LDS}$ vom Mikroprozessor aus logisch 1 gesetzt werden.

7.5 Fehlersuche beim Schreiben zum RAM

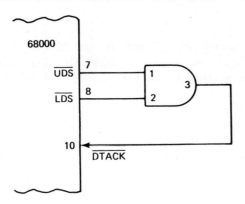

Bild 7.3

Schaltung zur Erzeugung des Signals $\overline{\text{DTACK}}$

Damit ist der Zyklus vollständig. Die auf den Systemdatenbus gegebenen Daten sind auf den Platz in das RAM eingespeichert, der durch die Adreßkombination, die von den Adreßschaltern des SST eingestellt wurde, festgelegt ist.

Wir wissen bis jetzt nicht, ob die WRITE-Operation erfolgreich war. Das heißt, wir haben festgestellt, daß alle Leitungen, die mit der Hardwareoperation zu tun haben, im richtigen Moment umschalten. Wir haben jedoch bis jetzt noch nicht festgestellt, ob die RAMs die Daten akzeptiert und intern abgespeichert haben.

Dies kann nachgeprüft werden, indem man die Ereignisfolge für eine Speicher-READ-Operation für dieselbe Adresse ablaufen läßt, auf die wir gerade Daten geschrieben haben. So können bekannte Daten in das RAM eingeschrieben und dann mit SST zurückgelesen werden. Dadurch wird dann geprüft, ob die Adreßdekodierung, die Datenleitungen und Steuerleitungen sich von dem Mikroprozessor richtig schalten lassen.

Bisher haben wir festgestellt, ob alle Hardware-Wege für die Kommunikation mit den RAMs in dem System in Ordnung sind. Verwendet man SST, würde es recht lange dauern zu prüfen, ob alle verfügbaren Speicherzellen richtig arbeiten. Was man hier benötigt, ist eine Software-Diagnose, die den Speicher mit Systemgeschwindigkeit prüft. Man muß sich aber vor Augen halten, daß die Speicherdiagnose nur effektiv ist, wenn die CPU Daten vom ROM lesen kann. Das einfachste und direkteste Werkzeug, um das System-ROM funktionsfähig zu machen, ist SST.

Der erste Schritt bei der Fehlersuche an einem nicht funktionierenden RAM-Speichersystem ist, nachzuprüfen, ob alle Hardware-Wege elektrisch in Ordnung sind. Von da aus kann man einen Speichertest laufen lassen, um die Speicherzellen zu finden, die nicht funktionieren. Ein geübter Fehlersucher wird vermutlich zuerst den Speichertest laufen lassen, um festzustellen, ob auf irgendwelche Speicherplätze geschrieben und von ihnen gelesen werden kann. Ausgehend von den Resultaten dieser Softwarediagnose kann man sich dann unter Verwendung von SST auf den kritischen Bereich beschränken.

Ein Speicherdiagnoseprogramm wird im Kapitel 9 gezeigt und besprochen.

7.6 Zusammenfassung

In Kapitel 7 haben wir die Anwendung von SST erläutert, um die Funktion des Systemspeichers in einem 68000-Mikroprozessorsystem zu prüfen. Wir haben auch im einzelnen besprochen, wie eine typische Systemhardware auf statische Art auf einen Anstoß reagieren würde, der von der CPU ausgeht.

Dies war ein allgemeines Konzept, das man oft im Hinblick auf die Fehlersuche bei Mikroprozessorsystemen übersieht. Die statischen RAM-READ- und WRITE-Operationen sind wirklich in allen ihren Aspekten statisch. Wir machen davon und von SST Gebrauch, um alle Hardware zu prüfen, die bei Speicher-READ- und WRITE-Operationen beteiligt sind.

8 Fehlersuche bei I/O-Operationen

In diesem Kapitel beschreiben wir, wie man das Problem der Fehlersuche bei einem defekten Eingangs- oder Ausgangsbaustein in einem 68000-System angeht. Die Eingangs- und Ausgangsbausteine, die wir verwenden, sind dieselben, die wir in Kapitel 3 vorgestellt haben. Die Besprechung der Fehlersuche bei I/O-Ports wird so allgemein gehalten sein, daß sie für praktisch jeden Typ von Eingangs- und Ausgangsoperation anwendbar ist. Bei der Vorgehensweise gehen wir jedoch so ins einzelne, daß der Leser genau sehen kann, wie die Fehlersuchtechniken angewendet werden.

Wir beginnen mit einem Überblick über die I/O-Ports, die in Kapitel 3 behandelt wurden. Daran anschließend zeigen wir die Ereignisfolge, die der 68000 bei einer I/O-Operation ablaufen läßt. Diese Folge wurde in Kapitel 3 bereits angegeben und wird hier nur wiederholt. Schließlich, nachdem der Leser versteht, wie die I/O-Bausteine arbeiten, werden wir zeigen, wie die elektrischen Vorgänge mittels Statischem Stimuliertest SST überprüft werden können. Im Verlaufe dieser Abhandlung wird man sehen, wie man mit der SST-Technik in der Lage ist, Hardware-Fehler, die mit Eingangs- und Ausgangsbausteinen zusammenhängen, zu isolieren.

Man sollte nicht auf den Gedanken kommen, weil wir die Anwendung von SST an einem bestimmten Baustein vorführen, daß diese Technik nur für ähnlich aufgebaute Ports anwendbar ist. Nichts könnte weiter von der Wahrheit entfernt sein: Praktisch jeder LSI-Baustein für I/O-Funktionen, wie PIO, PIA oder SIO, kann mit SST geprüft werden. Die Vorgehensweise ist ähnlich zu der, die wir in diesem Kapitel zeigen.

Die hier gezeigten Schaltungen und Ports sind lediglich ein Mittel für die Vermittlung dessen, was wir zeigen wollen. Diese I/O-Ports sind so allgemein, daß damit SST-Techniken erklärt werden können, ohne daß der Leser verstehen und lernen muß, wie irgendein spezieller LSI-Baustein arbeitet.

8.1 Überblick über die I/O-Ports

Im folgenden Abschnitt besprechen wir, wie die Eingangs- und Ausgangsschaltungen arbeiten, die in Kapitel 3 gezeigt wurden. Es ist wichtig, diese Schaltungen zu verstehen, bevor man einen Versuch macht, ihre Fehler zu finden. Man muß wissen, was da sein sollte, sonst sagen einem durchgeführte Messungen und gesammelte Daten nichts.

Bild 8.1 zeigt das Blockbild einer Eingangs- und Ausgangsschaltung. Wir sehen, daß externe digitale Daten in den Eingangsblock der Schaltung eintreten. Diese externen digitalen Daten sind Ausgänge von Instrumenten oder Bausteinen, mit denen der Mikroprozessor kommuniziert. Die Eingangsschaltung kann Daten auf 16 Leitungen empfangen.

Die Ausgangsgruppe der Schaltung kann Information auf bis zu 16 Leitungen abgeben. Diese Ausgänge können verwendet werden, um externe Instrumente oder Bausteine zu steuern.

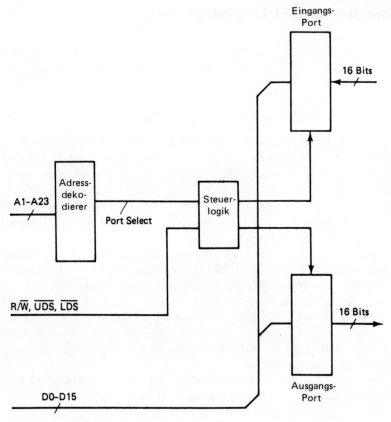

Bild 8.1 Blockbild eines allgemeinen Eingangs- und Ausgangs-Port für den 68000

Der Adreßdekodierungsblock in Bild 8.1 wählt den I/O-Port aus dem gesamten verfügbaren Adreßbereich in einem 68000-System aus. Man beachte, daß alle Adressen A1 bis A23 in diesen Dekodierblock in Bild 8.1 eintreten.

Die eintretenden Steuersignale in Bild 8.1 sind die von dem 68000 kommenden Signale R/$\overline{\text{W}}$, $\overline{\text{UDS}}$ und $\overline{\text{LDS}}$. Wir werden später sehen, wenn R/$\overline{\text{W}}$ logisch 1 und $\overline{\text{UDS}}$ oder $\overline{\text{LDS}}$ logisch 0 ist, daß die Daten von dem Eingangs-Port auf den Systemdatenbus gegeben werden. Die Daten vom Eingangs-Port werden auf den Systemdatenbus über Buspuffer gegeben.

Wenn R/$\overline{\text{W}}$ logisch 0 und $\overline{\text{UDS}}$ oder $\overline{\text{LDS}}$ ebenfalls logisch 0 ist, dann werden die Daten vom Systemdatenbus an den Ausgangsport übergeben.

8.2 Ereignisfolge beim Lesen vom Port

Wir wollen nun die Ereignisfolge für eine Eingangs-READ-Operation bei einem 68000 geben. Diese Folge ist genau dieselbe wie in Kapitel 3. Wenn der Leser Schwierigkeiten mit dem folgenden hat, so kann er in Kapitel 3 die vollständige Besprechung dieser Ereignisfolge nachlesen.

1. Zuerst gibt der Systemadreßbus die Portadresse aus, von der Daten gelesen werden sollen. Für die Dekodierung der Adresse des Eingangs-Ports werden alle Systemadreßleitungen verwendet. Dies trifft für den hier zu besprechenden Eingangs-Port zu, es muß jedoch nicht für alle 68000-Systeme zutreffen. Wir müssen daran denken, daß der I/O-Bereich bei einem 68000 speicherorientiert ist.
2. Als nächstes setzt die Zentraleinheit das Kontrollsignal $\overline{AS}$. Die Adresse ist nun für den Eingangs-Port dekodiert und das Port-Select-Signal wird erzeugt. Wenn Adressenzwischenspeicher verwendet werden, bleibt die Adresse stabil, bis ein anderes $\overline{AS}$-Signal vom 68000 an das System gegeben wird.
3. Als nächstes wird das Signal $R/\overline{W}$ von der Zentraleinheit auf logisch 1 gesetzt. Dieses Signal informiert das System, daß ein READ-Zyklus ablaufen wird.
4. Das Signal $\overline{UDS}$, $\overline{LDS}$, oder beide werden vom 68000 auf 0 gesetzt.

Die Daten des Eingangs-Ports werden nun auf den Systemdatenbus gegeben. Für das System ist die Quelle der Daten der Eingangs-Port und das Ziel der Daten sind die Eingänge des 68000.

5. Wenn die Steuersignale $\overline{UDS}$ und $\overline{LDS}$ logisch 0 sind, setzt der Eingangs-Port das Signal $\overline{DTACK}$ für den 68000. Dies zeigt an, daß der Port seine Aufgabe erfüllt hat.
6. Als letztes setzt der 68000 die Signale $\overline{UDS}$, $\overline{LDS}$ und $\overline{AS}$ auf logisch 1 zurück. Mit der ansteigenden Flanke von $\overline{UDS}$ oder $\overline{LDS}$ werden die Daten auf dem Systemdatenbus in das interne Register des 68000 übernommen. Damit ist der Hardware-Zyklus vollständig abgelaufen.

8.3 Fehlersuche beim Lesen vom Port

Nun wollen wir die im vorigen Abschnitt angegebene Ereignisfolge durchgehen und genau untersuchen, wie die Hardware bei jedem Ereignis reagiert. Wenn wir die Hardware-Operationen beschreiben, wird man genau sehen, wie SST zur Funktionskontrolle eingesetzt werden kann. Im Verlauf der folgenden Besprechung kann der Leser dann versuchen, die Einzelheiten auf das ihn speziell interessierende System zu übertragen.

Bild 8.2b zeigt die Schaltung für den Eingangs-Port, mit dem wir uns im folgenden beschäftigen.

1. Die Adresse wird vom 68000 ausgegeben.

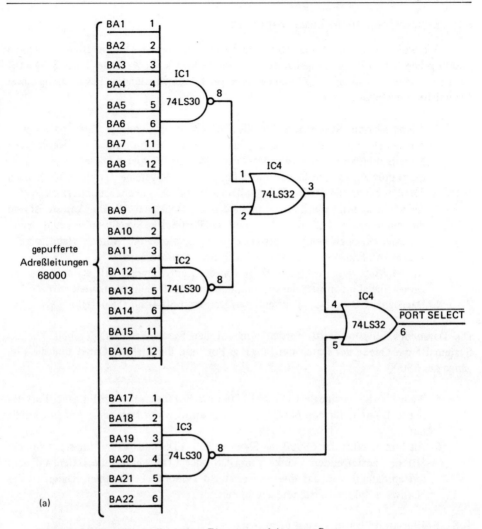

Bild 8.2 Schaltung eines allgemeinen Eingangs- und Ausgangs-Port:
a) Schaltung zur Erzeugung des Signals PORT-SELECT; die Port Adressen sind FFFFFF oder FFFFFE

Wie sich der Leser erinnern wird, ist das erste Ereignis bei einer Eingangs-READ-Operation, daß auf den Adreßleitungen A1 bis A23 die richtige Eingangsportadresse liegt. Wir wollen uns nochmals anschauen, wie die Adressen dekodiert werden. Die Dekodierschaltung für die Adressen zeigt Bild 8.2a.

Die Adreßleitungen A1 bis A22 sind die Eingänge der UND-Gatter IC1, 2 und 3. Die Ausgänge 8 der IC1 und 2 bilden die Eingänge des ODER-Gatters IC4. Der Ausgang 3 dieses ODER-Gatters und der Ausgang 8 des UND-Gatters IC3 bilden die Eingänge 4 und 5 des ODER-Gatters IC4. Wenn auf den Adreßleitungen A1 bis A22 die Adresse 7FFFFF oder 7FFFFE liegt, so ist der Ausgang 6 des IC4 logisch 0. Dieser Ausgang ist nur logisch 0 bei diesen beiden Systemadressen.

8.3 Fehlersuche beim Lesen vom Port

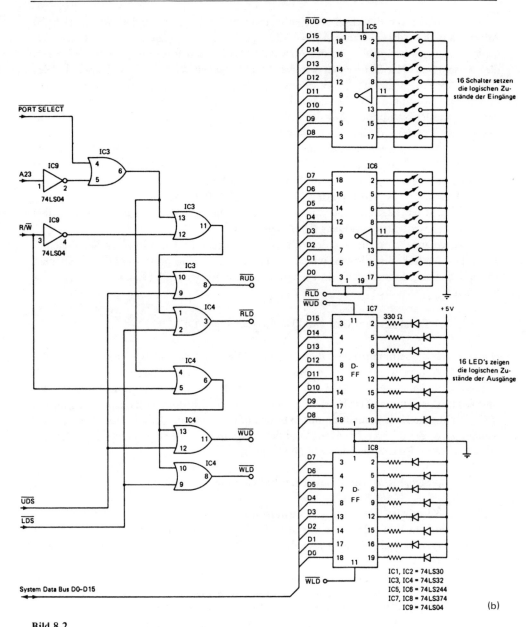

Bild 8.2
b) Schaltung der Eingangspuffer, Ausgangszwischenspeicher und Port-Steuerung

Wir können die Funktion der Hardware in Bild 8.2a prüfen, indem wir die richtige Adresse auf die Adreßeingänge A1 bis A22 legen. Dies kann man mit SST machen. Wir wollen beispielsweise prüfen, ob der Ausgang 8 des IC1 auf logisch 0 gesetzt wird, wenn dies so sein soll. Mit SST setzen wir die Adreßleitungen A1 bis A8 auf logisch 1. Dies gibt eine logische 1 auf alle Eingänge des IC1. Das kann man mit einem Logiktester nachprüfen. Der Ausgang 8 des IC1 ist nun logisch 0. Diesen logischen Zustand kann man mit dem Logiktester nachprüfen. Mit der bisher gegebenen Information kann man die Funktion der ICs 2 und 3 ind Bild 8.2a nachprüfen.

Wir wollen annehmen, daß die Ausgänge 8 aller UND-Gatter in Bild 8.2a mittels SST auf logisch 0 gesetzt sind. Die Eingänge 1 und 2 des nachfolgenden ODER-Gatters können mit einem Logiktester geprüft werden. Sind diese Eingänge auf logisch 0, dann ist der Ausgang 3 des ODER-Gatters ebenfalls logisch 0. Da der Ausgang 8 des IC3 ebenfalls logisch 0 ist, liegt eine logische 0 an beiden Eingängen 4 und 5 des ODER-Gatters IC4. Dadurch wird dessen Ausgang 6 auf logisch 0 gesetzt.

Die gesamte Dekodierung der Adresse des Eingangsport ist ein statischer Zustand. Jeder bei der Dekodierung vorkommende Pegel kann nachgeprüft werden, indem man SST als Eingangs-Stimulierung und einen Logiktester oder ein Voltmeter zur Kontrolle verwendet.

2. Das Signal $\overline{AS}$ wird vom 68000 auf logisch 0 gesetzt.

Dieses Ereignis übernimmt den Adreßausgang in die Adreßzwischenspeicher, wenn solche in dem System verwendet werden. Wenn keine Adreßzwischenspeicher im System vorhanden sind, kann der Ausgang $\overline{AS}$ dazu verwendet werden, bestimmte Eingänge des 68000 mit der externen Hardware zu synchronisieren. Ein Beispiel dafür ist der Eingang $\overline{VPA}$, der für die Kommunikation mit externen 6800-typischen Peripherie-Bausteinen verwendet wird. Bei unserer Schaltung wird der Ausgang $\overline{AS}$ des 68000 nicht verwendet und hat damit keine Wirkung auf die externe Hardware.

3. Das Signal $R/\overline{W}$ wird durch den 68000 auf logisch 1 gesetzt.

Auf diese Weise wird die externe Hardware darüber informiert, daß ein READ-Zyklus ablaufen wird. In Bild 8.2b sehen wir, daß das Signal $R/\overline{W}$ invertiert auf den Eingang 12 des ODER-Gatters IC3 gelangt. Dieser Eingang 12 ist dann und nur dann logisch 0, wenn $R/\overline{W}$ logisch 1 ist.

Der Eingang 13 dieses ODER-Gatters wird logisch 0, wenn die Port-Adresse entweder 7FFFFF oder 7FFFFE und die Adresse A23 logisch 1 ist. Dies ist die Adresse FFFFFE oder FFFFFF und ist die logische Bedingung dafür, daß der Adreßbus den Eingangsport anwählt. Wenn die Adreßleitung A23 auf logisch 1 ist, dann führt das System I/O-Operationen durch. Dies ist durch den Entwurf des Systems so festgelegt. In einem speicherorientierten I/O-System ist ein bestimmter Bereich des verfügbaren Speicherraumes für I/O reserviert.

Wenn die Eingänge 12 und 13 des IC3 auf logisch 0 sind, so wird dessen Ausgang 11 logisch 0. Dieser Ausgang ist mit den Eingängen 10 und 1 der nachfolgenden ODER-Gatter verbunden. Die Ausgänge $\overline{RUD}$ und $\overline{RLD}$ dieser ODER-Gatter sind noch im logischen Zustand 1.

8.3 Fehlersuche beim Lesen vom Port

Und wieder einmal stellen wir fest, daß alle vorhergehenden Operationen in der Hardware des 68000-Systems statisch sind. Die Vorgänge können mit SST und den normalen digitalen Fehlersuchtechniken überprüft werden.

4. Die Signale $\overline{UDS}$, $\overline{LDS}$, oder beide werden vom 68000 auf logisch 0 gesetzt.

Wir können diesen Vorgang dadurch simulieren, daß wir die Schalter $\overline{UDS}$ oder $\overline{LDS}$ des SST auf logisch 0 setzen.

Das Signal $\overline{UDS}$ geht auf den Eingang 9 des ODER-Gatters IC3 in Bild 8.2b. Da nun beide Eingänge 9 und 10 dieses ODER-Gatters auf logisch 0 liegen, wird der Ausgang 8, d.h. $\overline{RUD}$, logisch 0.

Das Signal $\overline{LDS}$ des 68000 geht auf den Eingang 2 des ODER-Gatters IC4. Da nun beide Eingänge 1 und 2 dieses Gatters auf logisch 0 liegen, geht sein Ausgang 3, d.h. $\overline{RLD}$, auf logisch 0.

Die Ausgänge der Datenpuffer IC5 und IC6 sind nun mit dem Systemdatenbus verbunden. Dies geschieht dadurch, daß die Eingänge 1 und 19 dieser Datenpuffer auf logisch 0 gesetzt sind. Dies sind die Aktivierungseingänge der Bausteine 74LS244.

Wir wollen kurz wiederholen, in welchem Zustand sich die Eingangsschaltung nunmehr befindet:

1. Die Adresse ist vollständig dekodiert, der Port ist angewählt.
2. A23 ist logisch 1, was eine I/O-Operation anzeigt.
3. $R/\overline{W}$ ist logisch 1.
4. $\overline{UDS}$ und $\overline{LDS}$ sind beide logisch 0.

Die Eingangsdaten von dem externen Baustein liegen zu diesem Zeitpunkt auf dem Systemdatenbus. Bei unserem System in Bild 8.2b sehen wir, daß die Eingänge 2, 4, 6, 8, 11, 13, 15 und 17 der ICs 5 und 6 den Datenbus steuern, und zwar, weil diese ICs über $\overline{RUD}$ bzw. $\overline{RLD}$ aktiviert sind.

Mit den Leuchtdioden des SST kann man nachprüfen, daß die logischen Zustände an den Eingängen von IC 5 und 6 wirklich die Dateneingänge der CPU erreichen. Die von den Leuchtdioden des SST angezeigten Daten entsprechen den Daten an den Eingängen der ICs 5 und 6 (siehe Bild 8.3).

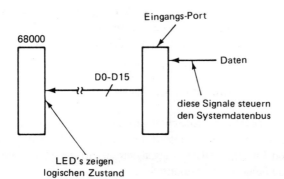

Bild 8.3

Die externen Signale am Eingangs-Port steuern die logischen Zustände des Datenbusses

Wenn wir die Funktion der ICs 5 oder 6 ohne angeschlossenen äußeren Baustein prüfen wollen, können wir die Daten an den Eingängen der ICs beliebig einstellen und die Reaktion mit den Leuchtdioden des SST nachprüfen. Beispielsweise, wenn keiner der an die Dateneingänge der ICs 5 oder 6 angeschlossenen Schalter geschlossen ist, so sind alle Leitungen auf logisch 1. Das kommt daher, daß der Eingang dann potentialfrei ist. Ein potentialfreier Eingang bei einer TTL-Schaltung wird elektrisch als eine logische 1 interpretiert.

Befindet sich das System statisch in dem gerade beschriebenen Zustand, dann zeigen alle Leuchtdioden des SST eine logische 1 auf allen Systemdatenbusleitungen an. Die Anschlüsse für die externen Eingänge können einer nach dem anderen über den jeweiligen Schalter auf Masse gelegt werden. Wenn ein Anschluß geerdet ist, dann wird die entsprechende Leuchtdiode des SST eine logische 0 anzeigen. Anhand des Blockbildes in Bild 8.4 kann man genau sehen, was im System vorgeht.

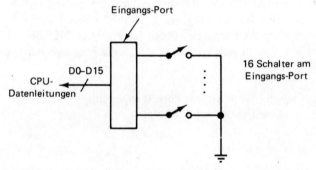

Bild 8.4 Allgemeines Konzept der Stimulierung von jeweils einer externen Signalleitung und Überwachung des Resultates mit den Leuchtdioden des SST

Diese Art von Prüfung ist genau dieselbe, die wir für die Prüfung des Speicherdatenpfades angewandt haben. Weiterhin kann diese Prüfung für jeden der vorhandenen Eingangsports eines Systems verwendet werden, wobei der einzige Unterschied ist, daß die Adreßleitungen für die verschiedenen Eingangsports verschieden sind.

In einem typischen industriellen System findet man wahrscheinlich keine so angenehm an den Eingangsport angeschlossenen externen Schalter. Die Datenleitungen kommen dann von verschiedenen Überwachungspunkten irgendeines gesteuerten Systems. Wenn dies der Fall ist, können die Eingangsleitungen mit einem Logiktester geprüft werden, damit man sieht, welche Daten auf den Leuchtdioden des SST angezeigt werden sollen.

5. Der Eingang $\overline{\text{DTACK}}$ des 68000 wird auf logisch 0 gesetzt.

Wenn $\overline{\text{UDS}}$ oder $\overline{\text{LDS}}$ durch den 68000 auf logisch 0 gesetzt sind, muß der Eingang $\overline{\text{DTACK}}$ ebenfalls auf 0 gesetzt werden. Dieser Eingang muß logisch 0 sein, bevor der 68000 in der Hardware-Operation fortfährt. Dieses Eingangssignal informiert den 68000 darüber, daß die externe Hardware bereit ist, fortzufahren.

8.3 Fehlersuche beim Lesen vom Port

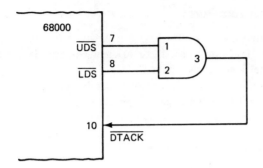

Bild 8.5

Schaltung für die Erzeugung des Eingangssignals $\overline{\text{DTACK}}$

Hinweis:
Wenn es sich um eine I/O-Operation mit einem 6800-typischen externen Baustein handelt, muß der Eingang $\overline{\text{DTACK}}$ auf logisch 1 gehalten werden, was diese Schaltung nicht vermag.

Bild 8.5 zeigt, wie der Eingang $\overline{\text{DTACK}}$ des 68000 gesetzt wird (vgl. Kapitel 6 und 7). Wenn der Eingang $\overline{\text{DTACK}}$ in einem anderen System auf andere Weise gesetzt wird, so ist die Reaktion durch die CPU dennoch dieselbe. Gleichgültig, wie die externe Hardware entworfen ist, um den Eingang $\overline{\text{DTACK}}$ des 68000 zu bedienen, das Signal wird auf 0 gehen, nachdem die Ausgänge $\overline{\text{UDS}}$ oder $\overline{\text{LDS}}$ gesetzt worden sind.

Eine Leuchtdiode des SST zeigt den logischen Zustand des Einganges $\overline{\text{DTACK}}$. Wenn der Eingang $\overline{\text{DTACK}}$ zu diesem Zeitpunkt nicht gesetzt wird, so beläßt man das System in seinem statischen Zustand und prüft die Ursache dafür. Wir wollen jetzt annehmen, daß das Signal $\overline{\text{DTACK}}$ auf die richtige Art und Weise reagiert hat.

6. $\overline{\text{UDS}}$, $\overline{\text{LDS}}$ und $\overline{\text{AS}}$ werden auf logisch 1 gesetzt.

Dieses letzte Ereignis bei einer Eingangs-READ-Operation kann simuliert werden, indem man die entsprechenden Schalter des SST in die Position logisch 1 setzt. Mit den Schaltern in dieser Stellung werden die Signale $\overline{\text{RUD}}$ oder $\overline{\text{RLD}}$ der Schaltung in Bild 8.2b logisch 1. Die Daten des angewählten Eingangs-Ports werden von dem Systemdatenbus genommen. Damit sind die Hardware-Ereignisse vollständig abgelaufen.

Wir haben gerade das Verhalten der Hardware bei einer Eingangs-READ-Operation mittels SST geprüft. Diese Art Hardware-Prüfung ist bei den meisten Mikroprozessor-Systemen einfach durchzuführen. Das wichtigste Ziel für die Fehlersuche ist, die Hardwarepfade für die Daten, die Adressen und die Steuerleitungen zu prüfen. Man beachte, daß jeder Pfad unabhängig und vollständig statisch ist.

Die meisten elektrischen Prüfungen beziehen sich auf die Funktion kombinatorischer Logikschaltungen. Deren Prüfung ist mit einem Statischen Stimuliertester und einem Logiktester einfach durchzuführen. Wenn die Hardware nicht richtig funktioniert, kann man das System in dem fehlerhaften Zustand „einfrieren", um die Fehlfunktion zu lokalisieren.

Mit dem System in dem fehlerhaften Zustand kann man den Pfad des fehlerhaften Signals verfolgen und mit normalen digitalen Fehlersuchtechniken die Ursache der Schwierigkeiten finden. Für die meisten Hardware-Fehlersuchprobleme muß sich das System nicht in einer dynamischen Umgebung befinden.

8.4 Ereignisfolge beim Schreiben zum Port

In den verbleibenden Abschnitten dieses Textes besprechen wir, wie man die für eine Ausgangs-Operation verwendete Hardware prüft. Dazu machen wir von dem Ausgangs-Port Gebrauch, den wir in Kapitel 3 besprochen haben.

Der Ausgangs-Port ist 16 Bits breit und passend zur Systemarchitektur des 68000 konstruiert. Der Port ist mit einzelnen TTL-Schaltungen aufgebaut und ähnelt im Konzept dem Eingangs-Port, den wir im Vorhergehenden besprochen haben.

Bild 8.6 zeigt ein Blockbild des Ausgangs-Ports. Man sieht 16 Ausgangsleitungen. Der Ausgangs-Port kann 16 parallele Daten-Bits von der Zentraleinheit zwischenspeichern und diese 16 Datenbits an ein externes Instrument ausgeben.

Die Quelle der Daten sind die Datenausgänge der Zentraleinheit. Daten von der Zentraleinheit gehen zu den Eingängen aller Ausgangs-Ports des Systems. Nur derjenige Ausgangs-Port, der durch den Adreßbus angewählt wurde, wird die Daten vom Systemdatenbus übernehmen.

Die Adreßeingänge für die Ausgangsschaltungen sind A1 bis A23. Dies sind dieselben Adreßeingänge, die wir für den Eingangs-Port verwendet haben. Der Adreßdekodierungsblock in Bild 8.6 wird dazu verwendet, um die Schaltung des Ausgangs-Port zu aktivieren.

Die Übernahme der Daten in den Ausgangsblock wird durch den Steuerlogikblock in Bild 8.6 bewerkstelligt. Die Eingänge dieses Steuerblockes sind R/$\overline{W}$, $\overline{UDS}$, $\overline{LDS}$ und

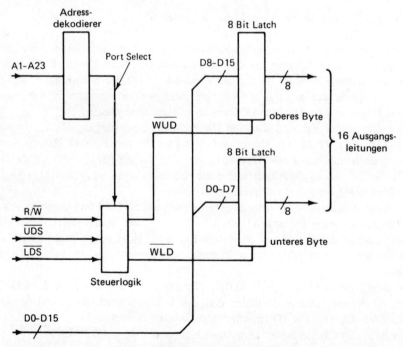

Bild 8.6 Die wichtigen Hardware-Blöcke eines allgemeinen Ausgangs-Port für 16 Bit mit dem 68000

8.5 Fehlersuche beim Schreiben zum Port

die Port-Select-Leitung vom Adreßdekodierungsblock. Die Ausgänge des Steuerlogikblockes sind $\overline{\text{WUD}}$ und $\overline{\text{WLD}}$. Diese zwei Signale takten zum richtigen Zeitpunkt während des Ausgangs-Transfer-Zyklus die Daten für das obere, das untere oder für beide Bytes.

Wir wollen nun die Ereignisfolge für eine Ausgangs-WRITE-Operation wiederholen. Danach werden wir zeigen, wie man jeden Schritt dieser Folge prüfen kann.

1. Die Adreßleitungen A1 bis A23 führen die Adresse des Ports, auf den Daten geschrieben werden sollen. Zu diesem Zeitpunkt dekodieren die Adreßdekoder in dem Mikroprozessorsystem die Port-Adresse für den gewählten Ausgangs-Port.
2. Als nächstes setzt der 68000 das Steuersignal $\overline{\text{AS}}$. Dieses Signal informiert das System, daß die Zentraleinheit gültige Adressen auf die Leitungen A1 bis A23 gibt.
3. Der 68000 setzt das Steuersignal $R/\overline{W}$ auf logisch 0, wodurch angezeigt wird, daß eine Schreib-Operation stattfindet.
4. Der 68000 gibt die auf den adressierten Ausgangs-Port zu schreibenden Daten auf die Datenleitungen.
5. Als nächstes setzt der 68000 die Steuersignale $\overline{\text{UDS}}$, $\overline{\text{LDS}}$, oder beide. Diese zeitbestimmenden Signale starten den Datentransfer auf den adressierten Ausgangs-Port.
6. Die externe Hardware setzt das Signal $\overline{\text{DTACK}}$. Dies ist für den 68000 der Hinweis, daß die Systemhardware die Daten übernommen hat.
7. Schließlich setzt der 68000 die Steuersignale $\overline{\text{UDS}}$, $\overline{\text{LDS}}$ und $\overline{\text{AS}}$ zurück. Die Hardwarevorgänge sind damit abgeschlossen.

8.5 Fehlersuche beim Schreiben zum Port

Wir wollen nun mit Hilfe der gerade angegebenen Ereignisfolge und SST die Wirkung der Hardware nachprüfen. Wir wissen, daß die Reaktion der Hardware für jedes System etwas anders sein kann, aber auch, daß die Ereignisfolge dieselbe bleibt. Auch wenn der Leser ein anderes System zu prüfen hat, kann es hilfreich sein, die Hardware-Reaktionen unseres Systems zu durchdenken.

Der erste Schritt in der Ereignisfolge ist:

1. Die Adresse wird auf die Adreßleitungen gegeben.

Die Adreßdekodierung ist hier dieselbe wie beim Eingangs-Port. Der Leser kann in dem Kapitel, das sich mit der Adreßdekodierung für den Eingangs-Port beschäftigt, nachsehen, wie diese Funktion mit Hilfe von SST geprüft werden kann.

2. $\overline{\text{AS}}$ wird auf logisch 0 gesetzt.

In manchen Systemen wird dieses Signal nicht verwendet. In anderen Systemen synchronisiert das Steuersignal $\overline{\text{AS}}$ einige der externen Transfers. Ein Beispiel ist der Eingang $\overline{\text{VPA}}$ des 68000. Dieser Eingang informiert die Zentraleinheit darüber, daß ein 6800-typischer Peripheriebaustein mit ihr kommunizieren wird.

3. Das Ausgangssignal $R/\overline{W}$ wird auf logisch 0 gesetzt.

Wird das Steuersignal R/$\overline{\text{W}}$ vom 68000 auf logisch 0 gesetzt, so ist dies ein Hinweis für die externe Hardware, daß eine Schreib-Operation stattfinden wird. In Bild 8.2b sehen wir, daß der Ausgang R/$\overline{\text{W}}$ an den Eingang 5 des IC4 geht. Wenn R/$\overline{\text{W}}$ logisch 0 wird, so wird der Ausgang 6 des ODER-Gatters IC4 aktiviert. Der Eingang 4 dieses ODER-Gatters ist die Port-Select-Leitung. Diese Leitung geht auf logisch 0, wenn die Port-Adresse auf dem Adreßbus des 68000 liegt. Die gleiche Port-Select-Leitung wird für den Eingangs- und Ausgangs-Port verwendet.

Befindet sich das System in dem soeben beschriebenen Zustand, so sind alle logischen Bedingungen für die richtige Funktion der Ausgangsdekodierschaltung erfüllt. Diese Schaltung kann mit SST geprüft werden, das heißt, die Adreßleitungen und die Leitung R/$\overline{\text{W}}$ können auf die korrekten logischen Pegel mit Hilfe von SST gesetzt werden. Der Ausgang 6 des ODER-Gatters kann mit einem Logiktester geprüft werden. Dieser Ausgang ist logisch 0, wenn die Schaltung richtig arbeitet. Wenn der Ausgang 6 nicht logisch 0 ist, kann die logische Schaltung bis zur Quelle der Stimulierung statisch zurückverfolgt werden, um die Fehlfunktion zu finden. Die Quelle aller Stimulierungen für die Schaltung ist der 68000 oder genauer, der Statische Stimuliertester.

4. Der 68000 gibt die auf den Port zu schreibenden Daten aus.

Mit Hilfe von SST können wir diese Funktion ganz einfach simulieren. Dazu werden die Schalter D0 bis D15 auf die Daten gesetzt, die wir an die Ausgangszwischenspeicher geben wollen. Für Testzwecke geben wir ein wechselndes Muster von Einsen und Nullen aus. Das bedeutet, daß das an den Ausgangs-Port zu gebende Datenwort entweder 5555 oder AAAA heißt.

Wir wollen 5555 auf den Datenbus geben. Dies ergibt folgendes Datenmuster:

D15   D0
0–1–0–1   0–1–0–1   0–1–0–1   0–1–0–1

Hat man dieses Datenmuster mit den Datenschaltern des SST eingestellt, so kann man nachprüfen, ob diese Information die Datenzwischenspeicher IC7 und 8 des Bildes 8.2b erreicht. Mit Hilfe eines Logiktesters kann man den logischen Zustand an jedem Eingang der ICs 7 und 8 nachprüfen. Wenn irgendeines der Datenbits nicht im richtigen logischen Zustand ist, kann man den Fehler leicht finden.

Wir wollen annehmen, daß alle Dateneingänge der Zwischenspeicher IC7 und 8 richtig sind. Das nächste Ereignis bei der Ausgangs-Operation ist dann:

5. Die Steuersignale $\overline{\text{UDS}}$ oder $\overline{\text{LDS}}$ werden auf logisch 0 gesetzt.

Wir können dies simulieren, indem wir die Schalter $\overline{\text{UDS}}$ oder $\overline{\text{LDS}}$ des SST in die Stellung logisch 0 setzen. Bei der Prüfung der Schaltung in Bild 8.2b sehen wir, daß das Signal $\overline{\text{UDS}}$ an den Eingang 12 des IC4 geht. Der Eingang 13 dieses ODER-Gatters ist logisch 0, weil R/$\overline{\text{W}}$ durch den 68000 auf logisch 0 gesetzt wurde und die Port-Select-Leitung entsprechend der richtigen Port-Adresse aktiv ist.

8.5 Fehlersuche beim Schreiben zum Port

Geht $\overline{UDS}$ auf logisch 0, so wird der Ausgang 11 des ODER-Gatters ebenfalls logisch 0. Dieses Signal heißt $\overline{WUD}$ (Write Upper Data). Wenn dieses Signal auf logisch 0 geht, so wird der Takteingang der D-Flipflops IC7 für das obere Datenbyte auf logisch 0 gesetzt. Wenn dies geschieht, werden die Daten noch nicht in die D-Flipflops übernommen. Das Zeitdiagramm für den Datentransfer bei einem 68000-Mikroprozessor zeigt, daß die Daten mit der positiven Flanke des Steuersignals $\overline{UDS}$ übertragen werden sollten. Die D-Flipflops 74LS374 übernehmen die Daten bei einer positiven Flanke am Takteingang 11.

Wenn das vom 68000 gesteuerte Signal $\overline{WUD}$ auf logisch 1 gesetzt wird, dann werden die Daten an den Dateneingängen der D-Flipflops IC7 auf die Ausgänge übernommen.

In Bild 8.2b sehen wir, daß der Ausgang $\overline{LDS}$ des 68000 zum Eingang 9 des ODER-Gatters IC4 führt. Der Eingang 10 des IC4 wird zur gleichen Zeit wie der Eingang 13 auf logisch 0 gesetzt, so wie das weiter oben für das Signal $\overline{UDS}$ beschrieben wurde. Wenn $\overline{LDS}$ auf logisch 0 geht, dann wird der Ausgang 8 des ODER-Gatters logisch 0. Dieser Ausgang ist mit $\overline{WLD}$ (Write Lower Data) markiert. Geht diese Leitung von logisch 1 auf logisch 0 und wieder zurück auf logisch 1, dann werden die Daten des unteren Byte auf dem Systemdatenbus an die Ausgänge der D-Flipflops IC8 übernommen.

Es ist durch die individuelle Steuerung der Signale $\overline{UDS}$ und $\overline{LDS}$ leicht erkennbar, daß entweder das obere Datenbyte oder das untere Datenbyte oder beide vom 68000 während eines einzigen Ausgangszyklus auf den Ausgangsport geschrieben werden können.

Das nächste Ereignis bei der Ausgangsoperation ist:

6. Der Eingang $\overline{DTACK}$ wird von der externen Hardware gesetzt.

Bild 8.5 zeigt, wie diese Operation in unserem System durchgeführt wird. Man kann diesen Vorgang durch eine Leuchtdiode des SST überwachen, die mit dem Eingang $\overline{DTACK}$ verbunden ist (siehe Bild 8.7). Wenn $\overline{DTACK}$ zu diesem Zeitpunkt nicht aktiv ist, dann kann dem Fehler mit statischen Fehlersuchtechniken nachgegangen werden. Es sei angemerkt, daß entweder $\overline{UDS}$ oder $\overline{LDS}$ logisch 0 sein müssen, damit $\overline{DTACK}$ logisch 0 wird.

Der letzte Schritt bei der Ausgangsoperation ist:

7. Die Steuersignale $\overline{UDS}$, $\overline{LDS}$ und $\overline{AS}$ werden vom 68000 zurückgesetzt.

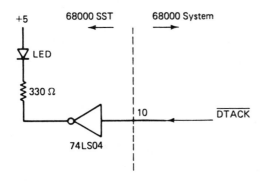

Bild 8.7

Die Sichtbarmachung des Eingangs $\overline{DTACK}$ des 68000 bei SST

Zu diesem Zeitpunkt gehen alle Steuerleitungen auf logisch 1; der Hardware-Zyklus ist komplett, die Daten des Systems sind in den angewählten Ausgangsport geschrieben worden. Mit SST kann man beliebige Daten in den Ausgangsport schreiben. Das heißt, wenn der Ausgangsbaustein ein bestimmtes Wort benötigt, um eine bestimmte Funktion durchzuführen, können wir dieses Wort in den Ausgangsbaustein schreiben.

Nehmen wir beispielsweise an, der Ausgangsbaustein benötige ein bestimmtes Wort, um einen Motor oder ein Licht anzuschalten. Dieses Wort kann dann mit SST in den Port geschrieben werden. Der Ausgangsbaustein kann in genau derselben Weise gesteuert werden, wie es die Zentraleinheit durch ein laufendes Programm tun würde. Auf diese Weise kann dann auch das Interface untersucht werden. Man kann prüfen, ob die Schaltung richtig auf das richtige Datenwort reagiert.

8.6 Zusammenfassung

In Kapitel 8 haben wir die Ereignisfolge für das Schreiben und Lesen in einen I/O-Port untersucht. Diese Untersuchung konzentrierte sich auf die Anwendung von SST. Es wurde gezeigt, wie jeder Bereich der Systemhardware, der an der I/O-Operation beteiligt ist, zu prüfen ist.

Die Besprechung war so allgemein gehalten, daß die Details auf jedes andere Mikroprozessorsystem anwendbar sind, das mit dem Mikroprozessor 68000 aufgebaut ist. Der wichtigste Punkt dieser Besprechung war, dem Leser die vollständig statische Funktion eines Mikroprozessorsystems bewußt werden zu lassen. Bei Verwendung von SST kann man sich diese statische Natur von Mikroprozessorsystemen zunutze machen und das Problem der Fehlersuche auf ein normales digitales Problem zurückführen.

Bei der Anwendung von SST hat man genügend Zeit, um den Fehler zu verfolgen. Man muß keine Software kennen, um SST wirkungsvoll anwenden zu können.

9 Ein Systemspeicher-Test

9.1 Einführung

In diesem Kapitel besprechen wir ein einziges Software-Programm. Dieses Programm wurde entwickelt, um die Funktion der Systemhardware zu prüfen, das heißt, die Prüfung der Hardware wird durch die Ausführung der Software vorgenommen. Der Grundgedanke ist, den Hardware-Fehler so zu lokalisieren, daß das System Fehler bei der Ausführung der Software-Befehle macht. Es ist zu betonen, daß die Software-Diagnose keinen großen Wert in einem System hat, das nicht in der Lage ist, überhaupt irgendeinen Befehl auszuführen. Das ist wahrscheinlich der größte Nachteil von Fehlersuchtechniken, die auf Software-Diagnose beruhen.

In den vorhergehenden Kapiteln haben wir im einzelnen besprochen, wie man die wichtigste Hardware eines 68000-Systems mit Hilfe des Statischen Stimuliertestes prüfen kann. Es ist zu beachten, daß der Statische Stimuliertest von der Software vollkommen unabhängig ist. Bei der Fehlersuche in einem defekten System ist zuerst das Lesen der Daten vom System-ROM zu prüfen. Dies ist der Startpunkt eines jeden Fehlersuchvorganges, der mit SST durchgeführt werden kann. Wenn das System einmal imstande ist, Daten vom ROM zu lesen, kann man eine Software schreiben, um andere Bereiche des Mikroprozessorsystems zu prüfen.

Bei der Fehlersuche in einem Mikroprozessor-System ist es das Ziel, das System möglichst rasch so weit zu bringen, daß der Mikroprozessor selbst bei der Fehlersuche mithelfen kann. Der Statische Stimuliertester ist das einfachste Werkzeug, um bis dahin zu gelangen. Wir wollen in diesem Kapitel annehmen, daß die Hardware in dieser Weise geprüft wurde, und daß der Mikroprozessor fähig ist, Daten aus dem ROM auszulesen. Wir wollen weiter annehmen, daß der Mikroprozessor selbst nicht defekt ist.

Nun besprechen wir einen Speichertest. Dieser Test wurde entworfen, um alle Speicherzellen eines statischen oder dynamischen RAM-Systems zu prüfen. Wenn das System diesen Test besteht, kann man sicher sein, daß der RAM-Bereich des Systems richtig arbeitet. Wenn das System den Test nicht besteht, so gibt es die fehlerhafte Adresse an. Wenn man die fehlerhafte Adresse kennt, so kann man sich auf den jeweiligen Hardware-Baustein konzentrieren, der zu dieser Systemadresse gehört.

Zuerst werden wir das Flußdiagramm dieses Speichertestes besprechen. Danach werden wir jeden Schritt im Assemblercode des 68000 programmieren.

Den Speichertest, den wir verwenden wollen, nennt man „Schritt-Test". Diese Art Speichertest kann feststellen, ob das Schreiben in eine Speicherstelle oder das Auslesen aus einer Speicherstelle die Information in irgendwelchen anderen Speicherstellen stört. Dies sei im folgenden genauer erklärt.

Wir wollen annehmen, wir hätten einen Speichertest entwickelt, der zunächst alle Speicherstellen mit 1 füllt. Der Test liest dann die Daten zurück und prüft, ob alle Einsen auch im Speicher stehen. Am Ende dieses Testes würden wir gerne darauf vertrauen, daß das Speichersystem gut ist, wenn dieser Test erfolgreich war. Das leistet jedoch ein Test, wie wir ihn soeben beschrieben haben nicht; denn wenn in alle Speicherstellen logische Einsen geschrieben werden, können wir eine Speicheradresse nicht von der anderen unterscheiden (siehe Bild 9.1). Das bedeutet, daß der interne Adreßdekodierer auf dem Chip defekt sein könnte und dennoch würde der Speicher logische Einsen aus jeder Adresse ausgeben. Es könnten jedoch diese logischen Einsen alle aus derselben Adresse innerhalb des Speicher-Chips herrühren – das heißt, obwohl keine Adreßleitung im Speicher geändert zu werden brauchte, würde der Test erfolgreich ablaufen (siehe Bild 9.2). Ein solcher einfacher Test hat keine der besonderen Eigenschaften eines Schrittmusters. Das

	BIT							
Adresse	0	1	2	3	4	5	6	7
0 →	1	1	1	1	1	1	1	1
1	1	1	1	1	1	1	1	1
2	1	1	1	1	1	1	1	1
3	1	1	1	1	1	1	1	1
4	1	1	1	1	1	1	1	1
5	1	1	1	1	1	1	1	1
6	1	1	1	1	1	1	1	1
7	1	1	1	1	1	1	1	1
8	1	1	1	1	1	1	1	1
9	1	1	1	1	1	1	1	1

Bild 9.1
Der gesamte Speicherbereich ist mit logischen Einsen beschrieben

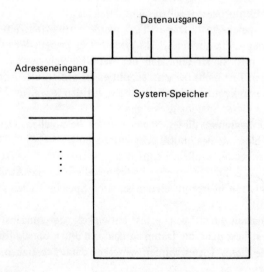

Bild 9.2
Alle Adreßleitungen könnten auf Masse oder auf logisch 1 liegen. Selbst dann würde der Speicher die erwarteten Daten ausgeben.

Schreiben von Einsen in einen Speicher und das nachfolgende Auslesen dieser Einsen ist für den Systemspeicher eines Mikroprozessors kein strenger Test. Ein Schrittmuster dagegen behebt diese Schwachstelle.

9.2 Einbau eines Schrittmusters

Um genau zu erklären, wie das Schrittmuster arbeitet, wollen wir ein kleines Beispiel zeigen. Von diesem Beispiel ausgehend, kann das Testprinzip auf jede Länge und Breite eines Systemspeichers erweitert werden. Wir wollen annehmen, daß ein 4 × 4-Speicherbereich verwendet wird, wie Bild 9.3 zeigt.

X X X X
X X X X
X X X X   **Bild 9.3**
X X X X   Ein 4 × 4-Speicherbereich; jedes „X" stellt eine Speicherzelle dar.

Zunächst wird ein Datenhintergrund von 0 auf alle Speicherplätze geschrieben. Die Software veranlaßt den Mikroprozessor, lauter Nullen in den Speicherbereich zu schreiben. Nach dieser Operation zeigt sich das 4 × 4-Feld wie in Bild 9.4 gezeigt.

0 0 0 0
0 0 0 0
0 0 0 0   **Bild 9.4**
0 0 0 0   In jede Speicherzelle sind logische Nullen eingeschrieben

Als nächstes liest der Mikroprozessor die Hintergrunddaten aus der ersten Speicherstelle aus. Die Daten aus dieser Speicherstelle werden von dem Mikroprozessor geprüft, um festzustellen, ob es eine logische 0 ist. Wenn die Daten logisch 0 sind, dann war die Speicher-READ-Operation erfolgreich. Der Mikroprozessor schreibt dann das Komplement der Daten in dieselbe Speicherstelle zurück. Nach dieser Operation erscheint der Speicher, so wie er in Bild 9.5 dargestellt ist. Der Mikroprozessor führt nun dieselbe Operation für jede nachfolgende Speicherzelle durch, das heißt, der Mikroprozessor liest die Hintergrunddaten, prüft sie auf ihre Richtigkeit und schreibt dann den komplementären logischen Pegel auf die Speicherstelle. Dieser Prozeß läuft ab, bis alle Speicherzellen

1 0 0 0
0 0 0 0   **Bild 9.5**
0 0 0 0   Nachdem jede Speicherzelle getestet wurde, werden in sie die komplementären Daten eingeschrieben. Das Bild zeigt den
0 0 0 0   Speicherzustand nach der Prüfung der ersten Zeile.

```
1   1   1   0         1   1   1   1
0   0   0   0         1   1   1   1
0   0   0   0         1   1   1   1
0   0   0   0         1   1   0   0

   (a)                   (b)
```

Bild 9.6 Weitere Speicherzustände:
a) Zustand nach drei getesteten Speicherzellen
b) Zustand nach 14 getesteten Speicherzellen

gelesen und getestet sind. Die Bilder 9.6a und 9.6b zeigen, wie die Daten in den Speicher geschrieben werden. In dieser Darstellung sieht man deutlich, wie das Muster durch den Speicherraum „schreitet".

Nachdem der gesamte Speicher gelesen und geschrieben wurde, beginnt der Mikroprozessor mit einem weiteren Lauf durch den Speicher. Bevor wir erklären, was der nächste Lauf durch den Speicher ist, wollen wir genau untersuchen, was wir bis jetzt getestet haben.

Wir haben getestet, daß jede Speicherstelle fähig ist, die folgenden drei Hardware-Operationen durchzuführen:

1. Die Speicherzelle kann eine logische 0 speichern.
2. Eine logische 0 kann von der Speicherzelle ausgelesen werden.
3. Eine logische 0 kann aus der Speicherzelle gelesen werden und eine logische 1 kann in die Speicherzelle geschrieben werden, ohne daß irgendeine Vorwärts-Speicherstelle gestört wird. Der Ausdruck „Vorwärts-Speicherstelle" bezeichnet irgendeine Speicherstelle, die eine höhere Adresse als die gerade getestete Speicherzelle hat.

Wir haben aber nicht den Speicher auf Rückwärts-Störungen geprüft. Das heißt, die Speicherstellen, die sich auf Adressen hinter der gerade geprüften Speicherstelle befinden, könnten zwar gestört worden sein, aber sie werden durch den ersten Durchlauf nicht geprüft. Wir müssen sicherstellen, daß keine Rückwärts-Störung in dem Speicher stattgefunden hat.

Um dies durchzuführen, ist ein weiterer Durchlauf durch den gesamten Speicher notwendig. Diesmal wird die logische 1 aus der Speicherstelle ausgelesen und durch eine logische 0 ersetzt. Wenn die logische 1 aus der Speicherzelle richtig ausgelesen wurde, so sind wir sicher, daß keine Rückwärts-Störung stattgefunden hat. Bild 9.7 zeigt das Testmuster während des zweiten Durchlaufs durch den Speicher.

```
0   0   0   0
0   1   1   1
1   1   1   1
1   1   1   1
```

Bild 9.7 Der Zustand des Speicherbereichs beim zweiten Durchlauf. Bei fünf Speicherzellen wurde die logische 1 getestet und durch eine logische 0 ersetzt.

Wenn der gesamte Speichertest korrekt abgelaufen ist, so müssen die gespeicherten Daten am Ende des Testes dieselben wie die Hintergrunddaten sein, die wir ursprünglich in den Speicher geschrieben haben.

Bis hierher haben wir beschrieben, was wir im Speicher testen wollen. Was geschieht jedoch, wenn die aus dem Speicher zurückgelesenen Daten nicht so sind, wie wir dies erwarten? Was tun wir, wenn der Test Fehler anzeigt? Wenn er Fehler ergibt, müssen wir eine Möglichkeit haben festzustellen, bei welcher Adresse der Fehler auftrat. Gegen Ende der Besprechung des Programmes werden wir genau zeigen, wie man das erreichen kann.

9.3 Flußdiagramm des Schrittmusters

Das Flußdiagramm für ein Schrittmuster zeigt Bild 9.8. Wir wollen jeden Schritt dieses Flußdiagramms im einzelnen besprechen, damit der Leser mit der Logik so vertraut wird, daß er imstande ist, dieses Programm auch an ein anderes 68000-System anzupassen.

Schritt A

Der erste Schritt in dem Flußdiagramm ist die Initialisierung. In diesem Abschnitt werden die Startadresse und die Endadresse des Speichertestes in die internen Mikroprozessorregister eingeschrieben. Das ist notwendig, denn der System-RAM-Bereich kann irgendwo im Speicherbereich des Mikroprozessorsystems liegen. Bei unserem System liegt die RAM-Startadresse bei 03000 und die RAM-Endadresse bei 037FF. Dies ist der Speicherbereich in unserem kleinen, hier besprochenen System. Der 68000 liest bei jedem Speicher-READ-Zyklus zwei Bytes aus dem Speicher. Deshalb müssen wir die Endadresse 037FE verwenden.

Schritt B

An diesem Punkt des Flußdiagramms schreibt der Mikroprozessor die Hintergrunddaten in die Speicheradresse. Die Hintergrunddaten für diesen Test sind AAAA. Dieses Wort wurde gewählt, weil es ein abwechselndes Muster von Einsen und Nullen für die gespeicherten Daten an einer bestimmten Stelle ergibt.

Schritt C

Dies ist der Entscheidungsblock. Der Mikroprozessor prüft, ob dies die letzte Adresse im zu testenden Speicherbereich ist. Wenn nicht, wird die Systemspeicheradresse um zwei erhöht und der Mikroprozessor geht zurück zum Schritt B. Wenn die Entscheidung „ja" lautet, so sind wir bei der letzten Adresse und der Mikroprozessor geht weiter zu Schritt D.

Schritt D

An dieser Stelle setzt der Mikroprozessor die Testadresse auf die Startadresse des Speicherbereiches zurück. Der Mikroprozessor hat nun die Hintergrunddaten AAAA in alle Speicherstellen zwischen der oberen und unteren Grenze des Testbereiches eingeschrieben.

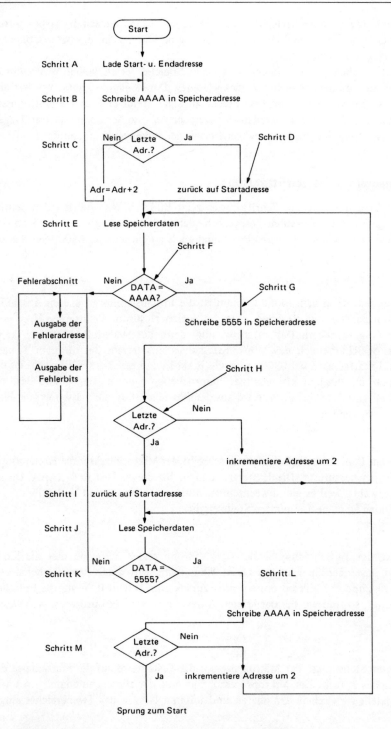

Bild 9.8 Flußdiagramm für einen „Schrittmuster"-Speichertest

9.3 Flußdiagramm des Schrittmusters

Schritt E

Nunmehr liest der Mikroprozessor die Daten aus den Speicherstellen zurück. Dies sind die Hintergrunddaten AAAA.

Schritt F

Dies ist ein Entscheidungsblock. Der Mikroprozessor entscheidet, ob die aus der Speicherstelle zurückgelesenen Daten den erwarteten Wert AAAA haben. Wenn die Daten nicht den Wert AAAA haben, dann springt der Mikroprozessor in den Fehlerabschnitt des Programms. Diesen Fehlerabschnitt besprechen wir am Ende dieser Erklärung des Flußdiagramms.

Wenn die zurückgelesenen Daten wie erwartet AAAA sind, dann geht der Mikroprozessor weiter zum Schritt G.

Schritt G

Die aus der getesteten Adresse zurückgelesenen Daten sind richtig. Der Mikroprozessor komplementiert die Daten nun und schreibt die neuen Daten in die zu testende Speicherstelle. In dieser Speicherstelle steht nun 5555. Dies ist das Einerkomplement von AAAA.

Schritt H

Der Mikroprozessor bearbeitet nun den Entscheidungsblock. Die zu treffende Entscheidung ist, ob die gerade getestete Adresse die letzte in dem zu prüfenden Speicherbereich ist. Wenn die Adresse nicht die letzte zu testende ist, erhöht der Mikroprozessor den Adressenzähler um zwei. Dann springt der Mikroprozessor zurück zum Schritt E und liest weitere Daten aus dem Speicher.

Wenn der Mikroprozessor bei der letzten zu testenden Speicherstelle angelangt ist, dann wissen wir, daß der erste Lauf durch den Speicher erfolgreich, das heißt, fehlerfrei war. Nun müssen wir den Mikroprozessor für den zweiten Durchlauf vorbereiten.

Schritt I

Der Mikroprozessor setzt jetzt die Testadresse auf die erste Adresse in dem zu testenden RAM-Bereich. Diese Adresse ist in unserem System 03000.

Schritt J

Der Mikroprozessor liest nun die Daten aus dem Speicher zurück. Dies entspricht dem vorher besprochenen Schritt E. Allerdings erwartet der Mikroprozessor hier die Daten 5555.

Schritt K

In diesem Entscheidungsblock stellt der Mikroprozessor fest, ob die aus dem Speicher zurückgelesenen Daten den Wert 5555 haben oder nicht. Wenn die Daten nicht richtig sind, dann springt der Mikroprozessor in den Fehlerabschnitt des Programmes. Wenn die aus dem Speicher zurückgelesenen Daten richtig sind, dann geht der Mikroprozessor weiter zum Schritt L.

Schritt L

Bei diesem Schritt komplementiert der Mikroprozessor die aus dem Speicher zurückgelesenen Daten und schreibt diese Daten in den Speicher. Die in den Speicher geschriebenen Daten lauten dann AAAA, was das Einerkomplement der Daten 5555 darstellt.

Schritt M

In diesem Entscheidungsblock stellt der Mikroprozessor fest, ob die Testadresse die obere Grenze erreicht hat. Wenn ja, dann hat der Speicher den gesamten Test bestanden. In diesem Fall kann das Programm z.B. zurück auf den Start springen. Dadurch führt das System den RAM-Test andauernd und beliebig lange durch. Das Programm kann auch auf irgendein anderes Programm springen.

Wenn die Adresse nicht die letzte zu testende ist, dann erhöht der Mikroprozessor die Adresse um zwei und springt dann zurück zu dem Schritt J.

9.4 Fehlerabschnitt des Flußdiagramms

Wenn das System nicht die richtigen Daten zurückliest, springt der Mikroprozessor zu diesem Abschnitt des Programms. Hier im Fehlerabschnitt geschieht dreierlei:

1. Es wird die Nachricht erzeugt, daß beim Test Fehler gefunden wurden.
2. Die fehlerhafte Adresse wird angezeigt.
3. Die fehlerhaften Datenbits werden ausgewiesen.

Wir werden zeigen, wie man diese drei Angaben nur mit Hilfe eines Oszilloskops ausgeben kann. Wenn das System eine funktionierende Bildschirmanzeige hat, kann man mit dem Programm die Information auf den Schirm schreiben. Wir wollen annehmen, daß das untersuchte System kein funktionierendes Bildschirm-Interface besitzt, oder daß gar kein Bildschirm-Interface vorgesehen ist.

Zunächst möchten wir wissen, ob der Test Fehler erbracht hat oder nicht. Das kann man folgendermaßen machen. Wenn der RAM-Test keine Fehler findet, soll er zurück zum Anfang springen. Dadurch läuft der Test unendlich lange in der Schleife; es sei denn, wir veranlassen das System, einen anderen Test durchzuführen.

Wenn das System mit dem RAM-Test in der Schleife läuft, sind die einzigen aktiven Steuersignale die Speichersteuersignale, das heißt, wir führen keine I/O-Operationen während dieses Testes durch. Man überwacht nun ganz einfach die I/O-Request-Leitung A23. Wenn diese Leitung stets auf 0 ist, dann hat der Speichertest keine Fehler ergeben. Dieses einfache Kontrollsignal als „Fehler/kein Fehler"-Indikator funktioniert bei anderen Mikroprozessorsystemen genauso. Wir wollen annehmen, daß kein Fehler gefunden wurde, wenn die I/O-Request-Leitung nicht aktiv ist. Die umgekehrte Feststellung ist ebenfalls richtig: wenn die I/O-Request-Leitung A23 jemals logisch 1 wird, dann hat der Test Fehler gefunden. Wenn der Speichertest Fehler findet, möchten wir die fehlerhafte Adresse wissen. Dies kann folgendermaßen bewerkstelligt werden: Die zu testende Adresse findet sich in einem internen Register des 68000. Wenn die von dem Speicher zurückge-

9.4 Fehlerabschnitt des Flußdiagramms

lesenen Daten fehlerhaft sind, springen wir in den Fehlerabschnitt des Programms. Alle internen Register halten dann die Daten fest, die sie zum Zeitpunkt des Speicherfehlers enthalten.

In dem Fehlerabschnitt des Programms können wir das Register, das die Speicheradresse enthält, auf einen Ausgangs-Port schreiben. Die Wahl der Port-Adresse ist beliebig. Es sollte eine Adresse gewählt werden, die von dem System noch nicht für andere Hardware-Operationen verwendet wird. Wir können beispielsweise die Ausgangs-Port-Adresse F00004 wählen.

Wir können unsere Oszilloskopanzeige mit der Adreßleitung A23 triggern. Wenn diese Leitung logisch 1 ist, dann zeigen die Daten auf den Datenleitungen die Adresse der Speicherstelle an, die der Test als fehlerhaft gefunden hat (siehe Bild 9.9).

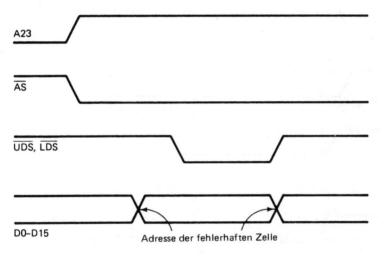

Bild 9.9 Zeitdiagramm der logischen Zustände einer Ausgangs-WRITE-Operation

Es wurde nun eine Möglichkeit für die Anzeige des Auftretens eines Speicherfehlers und eine Möglichkeit für die Anzeige der Adresse der fehlerhaften Speicherstelle beschrieben. Jetzt möchten wir noch wissen, welche Datenbits fehlerhaft sind. Dies kann man folgendermaßen erreichen.

Zum Zeitpunkt des Speicherfehlers werden die aus dem System-RAM zurückgelesenen Daten mit den Sollwerten verglichen. Dies bedeutet, daß beide Worte in irgendwelchen internen Registern des 68000 enthalten sind. In dem Fehler-Unterprogramm können wir diese beiden Register Exclusiv-ODER verknüpfen. Dadurch erscheint eine logische 1 in jeder Bitposition, in der ein Fehler auftritt (vgl. Bild 9.10).

Das Resultat der Exclusiv-ODER-Verknüpfung wird in einem der Register des 68000 gespeichert. Wir können diese Daten auf eine Ausgangs-Port-Adresse geben. Dazu wählen wir eine andere Ausgangs-Port-Adresse als diejenige, die wir für die Ausgabe der fehlerhaften Speicheradresse gewählt haben, Port F00004. Für die fehlerhaften Bits wählen wir die Portadresse F00002.

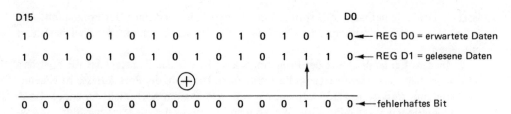

Bild 9.10 Die Exklusiv-ODER-Verknüpfung der Register D0 und D1; das fehlerhafte Bit wird durch logisch 1 angezeigt.

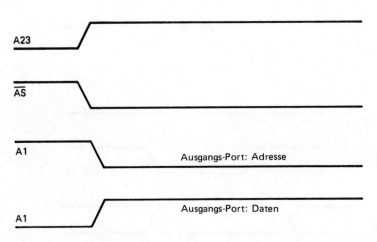

Bild 9.11 Ist die Adreßleitung A1 logisch 1, dann liegen auf dem Datenbus die fehlerhaften Speicherdatenbits. Ist A1 logisch 0, dann liegt auf dem Datenbus die Adresse der fehlerhaften Speicherzelle.

Wir wählen die Port-Adresse F00002 aus einem ganz bestimmten Grund: Wenn wir die gewählten Ports untersuchen, dann unterscheiden sie sich in zwei Bitpositionen, das heißt, A1 ist logisch 1 für eine Adresse und A2 ist logisch 1 für die andere Adresse. Um festzustellen, welche Ausgangs-Port-Daten auf dem Datenbus bei einer Ausgangs-WRITE-Operation liegen, untersuchen wir den logischen Zustand der Adreßleitungen A1 oder A2 (vgl. Bild 9.11).

Während der Zeit, wo A23 logisch 1 und A1 logisch 0 ist, bedeuten die Daten auf dem Systemdatenbus die fehlerhafte Speicheradresse. Wenn A23 logisch 1 und A1 logisch 1 ist, so sind die Daten auf dem Systemdatenbus die fehlerhaften Datenbits vom RAM.

Das Flußdiagramm dieses Fehler-Unterprogramms zeigt Bild 9.12. Die Fehlerschleife läuft dauernd und gibt dabei die fehlerhafte Speicheradresse und die fehlerhaften Datenbits aus. Das Flußdiagramm des Speichertestes ist so entworfen, daß er bei dem ersten entdeckten Fehler anhält.

9.4 Fehlerabschnitt des Flußdiagramms

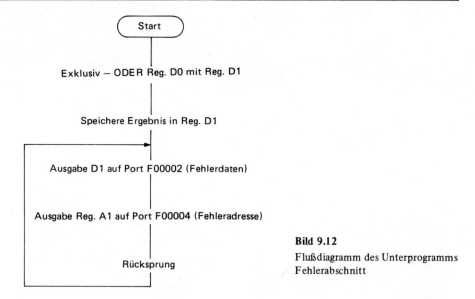

Bild 9.12
Flußdiagramm des Unterprogramms Fehlerabschnitt

9.5 Programmliste

Das Programm mit den mnemonischen Ausdrücken für den 68000, das das besprochene Flußdiagramm realisiert, ist nachfolgend abgedruckt. Jeder Schritt in dem Programm bezieht sich auf einen der Schritte des vorhergehend beschriebenen Flußdiagramms.

```
 2
 3
 4*
 5*
 6*
 7
 8
 9
10
11
12*
13*
14*   START OF MAIN PROGRAM
15*
16*   THIS TEST WILL PERFORM A MARCH MEMORY TEST ON EACH
17*   WORD OF SYSTEM RAM. THE STARTING ADDRESS IS 4000.
18*   THE ENDING ADDRESS IS 7FFF. THE BACKGROUND DATA WILL
19*   BE AAAA AND 5555.
20*
21*   A0 = LOWER ADDRESS LIMIT
22*   A1 = UPPER ADDRESS LIMIT
23*   A2 = PRESENT ADDRESS OF TEST
24*   D0 = DATA FOR WRITE AND COMPARE
25*   D1 = DATA BACK FROM THE MEMORY TO TEST
26*
27*
28*   IF THE PROGRAM FAILS, IT WILL JUMP TO THE FAIL
29*   SECTION OF CODE. IF THE PROGRAM PASSES, IT WILL
30*   JUMP BACK TO THE START AND CONTINUALLY LOOP ON
31*   THE TEST.
```

9.5 Programmliste

```
32*                                              SET LOWER LIMIT
33*
34    0000   207C   0000   MTEST  MOVE.L  #4000H,A0    SET LOWER LIMIT
35    0006   227C   0000          MOVE.L  #7FFFH,A1    SET UPPER LIMIT
36    000C   203C   0000          MOVE.L  #0AAAA,D0    SET BACK DATA
37    0012   3448                 MOVE    A0,A2        SET TEST ADD
38*
39* END OF THE INITIALIZATION. START OF THE WRITE LOOP
40*
41    0014   3480          MWRIT  MOVE    D0,(A2)      D0 TO A2 IND
42    0016   B4C9                 CMPA    A1,A2        LAST ADDRESS ??
43    0018   6704                 BEQ     LTEST        IF.EQ.THEN DONE
44    001A   544A                 ADDI    #2H,A2       INC TO NEXT WOR
45    001C   60FB                 BRA     MWRIT        DO THE NEXT WOR
46*
47* FINISHED WRITING THE BACKGROUND DATA AAAA.
48*
49* NOW TO START THE TESTING OF THE MEMORY
50*
51    001E   3448          LTEST  MOVE    A0,A2        RSET TEST ADD
52    0020   3212          LAGA   MOVE    (A2),D1      DATA TO A2 IND
53    0022   B041                 CMP     D1,D0        IS DATA GOOD ??
54    0024   6628                 BNE     MTAIL        IF.NE.THEN FAIL
55    0026   0A41   FFFF          EORI    #0FFFFH,D1   INVERT THE DATA
56    002A   3481                 MOVE    D1,(A2)      WRITE INV DATA
57*
58* A SINGLE ADDRESS HAS NOW BEEN TESTED, THE COMPLIMENT
59* DATA HAS BEEN STORED IN THE LOCATION.
60*
61    002C   B2CA                 CMPA    A2,A1        LAST ADDRESS ??
62    002E   6704                 BEQ     BACKD        IF.EQ.DONE
```

63	0030	544A	ADDI	#2H,A2	A2=NEXT WORD
64	0032	60EC	BRA	LAGA	DO THE NEXT WOR
65*					
66*	AT THIS POINT IN THE PROGRAM WE HAVE FINISHED
67*	A SINGLE PASS ON THE MEMORY. THE DATA IN
68*	MEMORY IS NOW EQUAL TO 5555 AT EVERY LOCATION.
69*	WE MAKE ANOTHER PASS TESTING FOR THIS DATA.
70*					
71*					
72	0034	3448	BACKD MOVE	A0,A2	RESET TEST ADD
73	0036	0A40 FFFF	EORI	#0FFFFH,D0	INV TEST DATA
74	003A	3212	MOVE	(A2),D1	GET MEMORY DATA
75	003C	B041	CMP	D1,D0	DATA GOOD ????
76	003E	660E	BNE	MTAIL	IF.NE.THEN FAIL
77*					
78*	AT THIS POINT WE HAVE TESTED A SINGLE MEMORY LOCATION
79*	WE MUST INVERT THE MEMORY DATA AND WRITE IT BACK TO
80*	THE MEMORY ADDRESS WE HAVE JUST TESTED.
81*					
82*					
83*					
84	0040	0A41 FFFF	BACK1 EOR1	#0FFFFH,D1	INV MEMORY DATA
85	0044	3481	MOVE	D1,(A2)	WRITE DAT TO MB
86	0046	B2CA	CMP	A2,A1	LAST ADDRESS ??
87	0048	67B6	BEQ	MTEST	IF.EQ. PASS
88	004A	549A	ADDI	#2H,A2	A2 = NEXT ADD
89	004C	60EC	BRA	BACK1	DO NEXT ADD
90*					

9.5 Programmliste

```
 91*
 92*         AT THIS POINT WE HAVE TESTED THE ENTIRE MEMORY.
 93*         IF THE TEST PASSES, THE PROGRAM WILL LOOP BACK TO
 94*         MTEST. THIS WILL START THE EXECUTION OF THE PROGRAM
 95*         OVER FROM THE START.
 96*
 97*         IF THE TEST FAILS, THEN THE PROGRAM WILL WRITE THE FAILED
 98*         BITS AND ADDRESS USING THE MTAIL SECTION OF CODE.
 99*
100*
101*         THIS IS THE MTAIL SECTION OF THE PROGRAM. IN THIS
102*         SECTION WE WILL HANDLE THE FAIL OF A MEMORY ADDRESS.
103*         THE PROGRAM WILL WRITE THE FAILED ADDRESS TO PORT
104*         0F0004. THE FAILED DATA BITS WILL BE WRITTEN TO PORT
105*         0F0002.
106*
107*
108*
109  004E    B141              MTAIL  EOR     D0,D1          GET THE FAILED BITS INTO
110  0050    207C   000F  0002        MOVE.L  #0F0002H,A0
111  0056    3081                     MOVE    D1,(A0)        OUTPUT FAILED DATA
112  0058    5448                     ADDI    #2H,A0
113  005A    308A                     MOVE    A2,(A0)        OUTPUT FAILED ADDRESS
114  005C    60F2                     BRA     MF1            LOOP ON MTAIL
115*
116  005E    0000                     END

0 ERRORS
```

9.6 Zusammenfassung

Eine grundlegende Frage bei der Fehlersuche in Mikroprozessorsystemen ist, ob die Fehlfunktion von der Software oder von der Hardware herrührt. Wenn das System einmal gearbeitet hat, dann ist es unwahrscheinlich, daß ein Software-Problem vorliegt. Wenn das System aber noch nie gearbeitet hat, wie bei einem neu aufgebauten oder Prototyp-System, muß man sich diese grundlegende Frage stellen. Wenn man feststellen kann, daß entweder die Hardware oder die Software funktioniert, dann ist das Problem nur noch halb so groß. Mit dem Statischen Stimuliertest kann man die Prüfung der Hardware unabhängig von der Software vornehmen. Die einzige Ausnahme ist die Prüfung einer dynamischen RAM-Zelle.

In diesem Kapitel haben wir angenommen, daß ein Bereich der Systemhardware funktioniert. Dieser Bereich erlaubt dem Mikroprozessor, Daten vom ROM zu lesen. Wir können dies mit SST nachprüfen. Wenn dieser Systembereich funktioniert, können wir den Mikroprozessor mittels Software-Diagnose bei der Fehlersuche mithelfen lassen.

Der Grund dafür, daß wir uns hier der Software-Diagnose zuwenden ist, daß uns das Zeit erspart. Ein Hauptgrund für die Prüfung des ROM mit SST ist, daß wir keine Software-Diagnose anwenden können, wenn der Mikroprozessor keine Daten vom ROM lesen kann.

Eine Schrittmuster-Software-Diagnose ist für statische und für dynamische Systemspeicher gleich wirkungsvoll. Obwohl die hier angegebene Software nur für den 68000 gilt, kann man dieses Konzept für jedes 8- oder 16-Bit-Mikroprozessorsystem anwenden.

Anhang

Vorbemerkung:

Das folgende ist ein Auszug aus der Valvo-Beschreibung „Der 16bit-Mikroprozessor SC 68000 — Eigenschaften", bearbeitet von J. Koch.

Die Beschreibung des Befehlsvorrats findet man in: „Der 16bit-Mikroprozessor SC 68000 — Befehlsvorrat", bearbeitet von J. Koch.

Beide Bücher sind über Valvo, Burchardstr. 19, 2000 Hamburg 1, zu beziehen.

Weitergehende technische Information über den 68000 (in Englisch) findet man in „Mikroprozessor — System 68000 — Datenbuch 1984" von Valvo und in „MC 68000 16bit Microprocessor", April 1983, von Motorola. Die hier abgedruckten Zeitbeziehungen sind daraus entnommen.

Der Übersetzer

1 Einleitung

Der 16bit-Mikroprozessor SC 68000 ist der erste Mikroprozessor von Valvo, in dem neue VLSI-Techniken mit modernen, computergestützten Entwurfsverfahren vereinigt werden, um die fortschrittliche Rechner-Architektur dieser Schaltung (s. Bild 1) zu erreichen.

Der SC 68000 bietet dem Anwender folgende Vorteile:

- 32bit-Daten- und Adreßregister
- 16 Megabyte direkt adressierbarer Speicherbereich
- 56 leistungsfähige Grundbefehle
- Operationen mit 5 verschiedenen Haupt-Datentypen
- Memory Mapped I/O (Zuteilung von Speicherraum für Ein-/Ausgabe)
- 14 Adressierungsarten
- 7 Interrupt-Prioritäten
- Multiplizieren und Dividieren mit und ohne Vorzeichen
- Trennung von Anwender- und Supervisor-Software
- Support für höhere Programmiersprachen
- Support für Testen und Fehlersuche

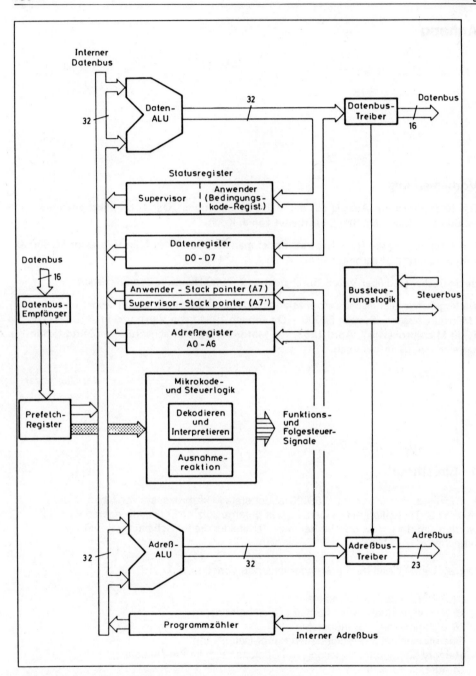

Bild 1   Hardware-Architektur des Mikroprozessors SC 68000

SC 68000

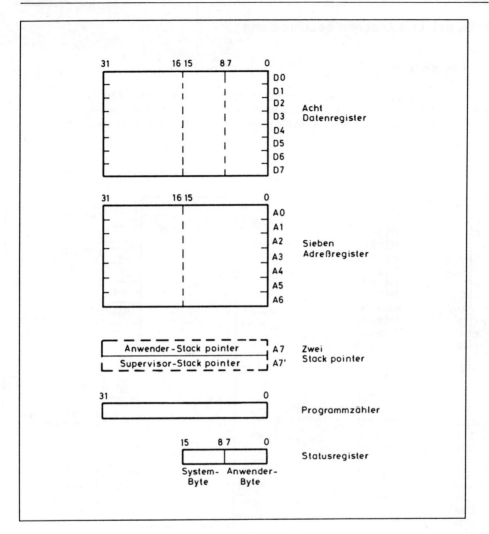

Bild 2   Registersatz des Mikroprozessors SC 68000

Wie Bild 2 zeigt, besitzt der Mikroprozessor SC 68000 siebzehn 32bit-Register, einen 32bit-Programmzähler (PC) und ein 16bit-Statusregister. Die ersten 8 Register (D0—D7) sind als Datenregister für Bit- (1 bit), Byte- (8 bit), Wort- (16 bit) und Langwortoperationen (32 bit) vorgesehen. Der zweite Satz von 9 Registern (A0—A7, A7') dient als Adreßregister und Stack pointer. Außerdem sind diese Register für Wort- und Langwort-Adreßoperationen verwendbar. Alle 17 Register lassen sich als Indexregister verwenden.

2 Signal- und Anschlußbeschreibung

2.1 Überblick

Die in Bild 3a dargestellten Anschlüsse des Mikroprozessors SC 68000 können aufgrund ihrer Funktionen in Gruppen eingeteilt werden, wie in Bild 3b gezeigt wird. Entsprechend dieser Einteilung enthalten die folgenden Abschnitte eine Kurzbeschrei-

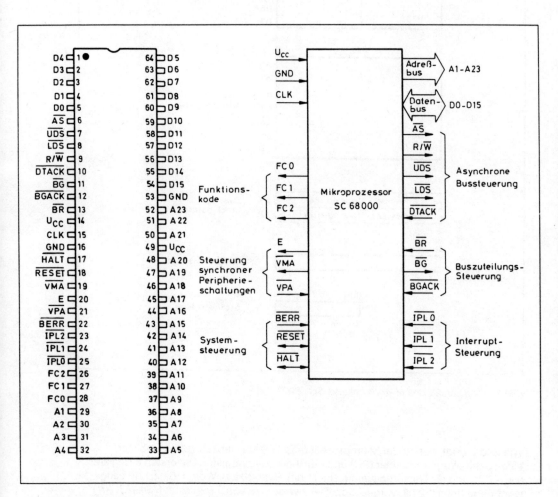

Bild 3   a) Anschlußbelegung des Mikroprozessors SC 68000
         b) Funktion der Anschlüsse

SC 68000

bung der Anschlüsse und der an ihnen auftretenden Signale. An mehreren Stellen wird auf andere Abschnitte verwiesen, in denen die entsprechenden Funktionen noch genauer beschrieben werden. Der Kurzbeschreibung ist Tabelle 1 vorangestellt, in der die Signale oder Anschlüsse sowie ihre Funktionen aufgelistet sind.

2.2 Adreßbus (Adreßleitungen A1 bis A23)

Mit diesem unidirektionalen 23bit-Tristate-Bus lassen sich maximal 8 Megawörter adressieren. Damit werden alle Adressierungen sowohl für Maschinenbefehle (mit

Tabelle 1 Signal- und Anschlußbeschreibung des Mikroprozessors SC 68000

Bezeichnung	Anschluß	Eingang oder Ausgang	Aktiv HIGH LOW	Tristate	Funktion
A1 ... A23	29 ... 48, 50 ... 52	A	H	ja	Adreßleitungen
D0 ... D15	5 ... 1, 64 ... 54	E/A	—	ja	Datenleitungen
$\overline{AS}$	6	A	L	ja	Adreß-Strobe
R/$\overline{W}$	9	A	H/L	ja	Lesen/Schreiben
$\overline{UDS}$, $\overline{LDS}$	7, 8	A	L	ja	Obere und untere Daten-Strobes
$\overline{DTACK}$	10	E	L	nein	Datentransfer-Quittung
$\overline{BR}$	13	E	L	nein	Busanforderung
$\overline{BG}$	11	A	L	nein	Buszuteilung
$\overline{BGACK}$	12	E	L	nein	Buszuteilungs-quittung
$\overline{IPL0}$, $\overline{IPL1}$, $\overline{IPL2}$	25 ... 23	E	L	nein	Interrupt-Priorität
$\overline{BERR}$	22	E	L	nein	Busfehler
$\overline{RESET}$	18	E/A	L	nein*)	Rücksetzen
$\overline{HALT}$	17	E/A	L	nein*)	Halt
E	20	A	H	nein	Freigabe
$\overline{VMA}$	19	A	L	ja	Gültige Speicher-adresse
$\overline{VPA}$	21	E	L	nein	Gültige Peripherie-adresse
FC0, FC1, FC2	28 ... 26	A	H	ja	Funktionskode
CLK	15	E	H	nein	Takt
U_{CC}	14, 49	—	—	—	Speisespannung
GND	16, 53	—	—	—	Masse

*) open drain

Ausnahme von Interrupt-Befehlen) als auch für Datenfelder durchgeführt. Während eines Interrupts geben die Adreßleitungen A1 bis A3 an, welche Priorität der evtl. gerade bearbeitete Interrupt hat; die Adreßleitungen A4 bis A23 werden in dieser Zeit auf HIGH gesetzt.

2.3 Datenbus (Datenleitungen D0 bis D15)

Dieser bidirektionale 16bit-Tristate-Bus dient dem allgemeinen Befehlskode- und Datentransport. Er kann Daten byte- oder wortweise aufnehmen und transportieren. Während der Ausgabe eines Interrupt-Quittungssignals durch den Mikroprozessor kann eine externe Einheit die Interrupt-Vektornummer auf den Datenleitungen D0 bis D7 anzeigen.

2.4 Asynchrone Bussteuerung

Mittels der folgenden Steuersignale können Daten asynchron übertragen werden: Adreß-Strobe, Lese-/Schreibsignal, Daten-Strobe für obere und untere Worthälfte, Datentransfer-Quittungssignal. Diese Signale werden im folgenden näher beschrieben.

2.4.1 Adreß-Strobe ($\overline{AS}$)

Dieses Signal zeigt an, daß sich eine gültige Adresse auf dem Adreßbus befindet.

2.4.2 Lese-/Schreibsignal ($R/\overline{W}$)

Dieses Signal gibt an, ob der Datentransfer ein Lese- oder ein Schreibvorgang ist (bezogen auf externe Schaltungen). Das $R/\overline{W}$-Signal ist mit den Daten-Strobes für die obere und untere Worthälfte verknüpft, wie im folgenden Abschnitt erläutert wird.

2.4.3 Daten-Strobes ($\overline{UDS}$, $\overline{LDS}$)

Diese Signale steuern die Daten entsprechend Tabelle 2 auf dem Datenbus. Befindet sich die $R/\overline{W}$-Leitung im Zustand HIGH, so liest der Prozessor Daten vom Datenbus, ist sie dagegen LOW, so schreibt der Prozessor Daten auf den Datenbus.

2.4.4 Datentransfer-Quittung ($\overline{DTACK}$)

Dieses Eingangssignal zeigt an, daß der Datentransfer abgeschlossen ist. Erkennt der Prozessor $\overline{DTACK}$ während eines Lesezyklus, so werden die Daten übernommen, und der Lesevorgang auf dem Bus wird beendet. Wird $\overline{DTACK}$ während eines Schreibzyklus erkannt, so führt dies zur Beendigung des Schreibvorgangs auf dem Bus.

SC 68000

Tabelle 2 Daten-Strobe-Steuerung auf dem Datenbus

$\overline{\text{UDS}}$	$\overline{\text{LDS}}$	R/$\overline{\text{W}}$	D8—D15	D0—D7
HIGH	HIGH	—	keine gültigen Daten	keine gültigen Daten
LOW	LOW	HIGH	gültige Datenbits 8—15	gültige Datenbits 0—7
HIGH	LOW	HIGH	keine gültigen Daten	gültige Datenbits 0—7
LOW	HIGH	HIGH	gültige Datenbits 8—15	keine gültigen Daten
LOW	LOW	LOW	gültige Datenbits 8—15	gültige Datenbits 0—7
HIGH	LOW	LOW	gültige Datenbits 0—7*)	gültige Datenbits 0—7
LOW	HIGH	LOW	gültige Datenbits 8—15	gültige Datenbits 8—15*)

*) siehe das jeweils gültige Datenblatt

Wenn das System mit einer durch die Zugriffszeit zum RAM vorgegebenen Geschwindigkeit arbeitet, ist das Verhältnis der Zeiten, zu denen der Anschluß $\overline{\text{DTACK}}$ und die Datenleitungen abgefragt werden, von Bedeutung. Sämtliche Steuer- und Datenleitungen werden abgefragt, während sich die Taktleitung des Mikroprozessors SC 68000 im Zustand HIGH befindet. Durch interne Taktpufferung ergeben sich einige kleine Unterschiede beim Abfragen und Erkennen bestimmter Signale. Das Signal $\overline{\text{DTACK}}$ wird wie alle anderen Steuersignale intern synchronisiert, damit der Mikroprozessor in einem asynchronen System einwandfrei arbeiten kann. Wird das Signal $\overline{\text{DTACK}}$ vor der Rückflanke von S4 aktiv (Bilder 4 und 5), so wird es während S5 und S6 erkannt, und die Daten werden mit S6 übernommen. Die Daten müssen hierzu spätestens eine bestimmte Zeit vor der Rückflanke von S6 gültig sein.

Wenn ein asynchrones Steuersignal die erforderliche Vorlaufzeit nicht einhält, besteht die Möglichkeit, daß es während des betreffenden Zyklus nicht erkannt wird. Daher darf in asynchronen Systemen $\overline{\text{DTACK}}$ den Daten nicht um mehr als eine bestimmte Zeit vorauseilen. Die Daten und das Signal $\overline{\text{DTACK}}$ dürfen jedoch in bestimmten Grenzen zeitlich voneinander abweichen.

Ist $\overline{\text{DTACK}}$ (oder $\overline{\text{BERR}}$) während der Anstiegsflanke eines Taktimpulses (z. B. S4) vorhanden, nachdem das Adreß-Strobesignal angelegen hat, so läßt sich das 68000-System mit seiner maximalen, durch den Bus vorgegebenen Geschwindigkeit betreiben.

Die zeitlichen Beziehungen aller vorgenannten Signale müssen dem jeweils gültigen Datenblatt entnommen werden.

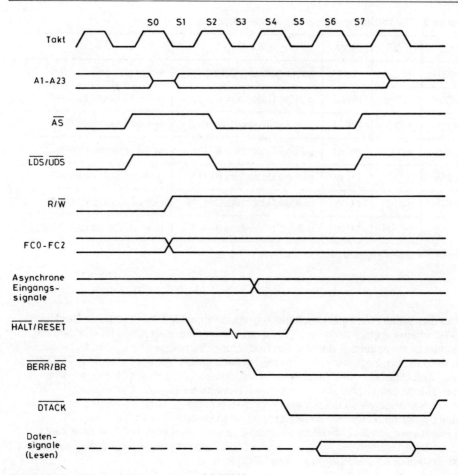

Bild 4 Lesezyklus des Mikroprozessors SC 68000

2.5 Busverwaltung

Die hierunter beschriebenen drei Signale (Einzelheiten s. Abschitt 4.2) legen fest, welche periphere Schaltung den Zugriff zum Bus als Master erhält.

2.5.1 Busanforderung ($\overline{BR}$)

Alle Einheiten, die den Bus als Master benutzen dürfen, sind über eine wiredOR-Verknüpfung auf diesen Eingang geschaltet. Hierdurch wird dem Prozessor mitgeteilt, daß eine dieser Einheiten auf den Bus als Master zugreifen will.

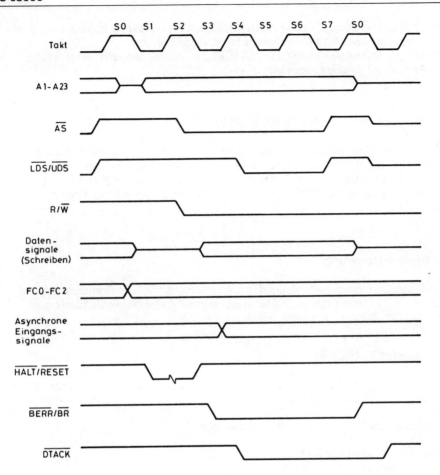

Bild 5   Schreibzyklus des Mikroprozessors SC 68000

2.5.2 Buszuteilung ($\overline{BG}$)

Dieses Ausgangssignal zeigt allen anderen angeschlossenen Busbenutzern an, daß der Prozessor die Bussteuerung am Ende des gerade laufenden Zyklus abgibt.

2.5.3 Buszuteilungsquittung ($\overline{BGACK}$)

Dieses Eingangssignal läßt erkennen, daß irgendeine andere Einheit die Bussteuerung übernommen hat. Es darf nicht auftreten, bevor nicht folgende vier Bedingungen erfüllt sind:

1. Ein Buszuteilungssignal ($\overline{BG}$) muß empfangen worden sein.
2. Das Signal Adreß-Strobe ($\overline{AS}$) muß inaktiv sein, womit angezeigt wird, daß der Mikroprozessor den Bus nicht benutzt.

3. Das Signal Datentransfer-Quittung ($\overline{DTACK}$) muß inaktiv sein, d. h., weder der Speicher noch andere Peripherieschaltungen benutzen den Bus.
4. Das Signal Buszuteilungsquittung ($\overline{BGACK}$) muß inaktiv sein, d. h., keine andere Einheit will auf den Bus zugreifen.

2.6 Interrupt-Priorität ($\overline{IPL0}$, $\overline{IPL1}$, $\overline{IPL2}$)

Diese drei Eingänge geben in kodierter Form einen Interrupt und seine Priorität an, der von einer Peripherieschaltung ausgelöst wurde. Prioritätsstufe 7 entspricht der höchsten Priorität, während 0 anzeigt, daß kein Interrupt verlangt wurde. Der niedrigstwertige Eingang ist $\overline{IPL0}$, der höchstwertige $\overline{IPL2}$. Weitere Einzelheiten s. Abschnitt 5.3.2.

2.7 Systemsteuerung

Diese Eingänge werden benutzt, um den Mikroprozessor rückzusetzen oder anzuhalten oder ihm zu melden, daß Busfehler aufgetreten sind. Die drei Systemsteuereingänge werden im folgenden näher erläutert.

2.7.1 Busfehler ($\overline{BERR}$)

Aus diesem Eingangssignal erkennt der Prozessor, daß bei dem gerade laufenden Zyklus Schwierigkeiten aufgetreten sind.

Die Ursachen dieser Schwierigkeiten können sein:

1. eine nicht antwortende Einheit,
2. falsche Interrupt-Vektorprozedur,
3. unzulässige Zugriffsanforderung, gemeldet durch eine externe MMU (memory management unit)*),
4. andere anwendungsabhängige Fehler.

Das Busfehler- und das Haltsignal stehen in funktionalem Zusammenhang. Hierbei wird festgelegt, ob eine Ausnahmesequenz stattfindet oder ob der laufende Zyklus wiederholt wird.

2.7.2 Rücksetzen ($\overline{RESET}$)

Durch ein externes Rücksetzsignal auf dieser bidirektionalen Signalleitung läßt sich der Prozessor zurücksetzen, wonach eine Initialisierung des Systems eingeleitet wird.

Ein intern erzeugtes Rücksetzsignal (als Folge eines Rücksetzbefehls) bewirkt, daß alle externen Einheiten zurückgesetzt werden, ohne daß der interne Status des Prozessors davon betroffen wird. Sind das $\overline{RESET}$- und das $\overline{HALT}$-Signal gleichzeitig vorhanden, wird das gesamte System (Prozessor und externe Einheiten) zurückgesetzt.

---

*) Speicherverwaltungseinheit

2.7.3 Halt ($\overline{\text{HALT}}$)

Wird diese bidirektionale Leitung von einer externen Einheit aktiviert, so stoppt der Prozessor nach Beendigung des laufenden Zyklus. Danach werden alle Steuersignale inaktiv, und alle Tristate-Leitungen gehen in den hochohmigen Zustand über.

Hat der Prozessor die Abarbeitung des Programms eingestellt, z. B. bei einem doppelten Busfehler, so aktiviert er die Haltleitung und zeigt damit den Peripherieschaltungen diesen Zustand an.

2.8 Synchrone Bussteuerung

Die im folgenden beschriebenen Steuersignale sind für den Anschluß synchroner Peripherieschaltungen an den Mikroprozessor SC 68000 verwendbar.

2.8.1 Freigabe-Signal (E)

Dieses Signal ist das generelle Freigabesignal für synchrone Peripherieschaltungen. Es ist über die Dauer von zehn 68000-Taktimpulsen (6 Takte LOW, 4 Takte HIGH) aktiv.

2.8.2 Gültige Peripherieadresse ($\overline{\text{VPA}}$)

Dieses Eingangssignal zeigt an, daß die adressierte Einheit oder der adressierte Bereich eine Schaltung mit synchronem Bus ist und daß der Datentransfer mit dem Freigabe-Signal synchronisiert werden muß. Es bedeutet auch, daß der Prozessor für die Interrupt-Verarbeitung einen Autovektor verwenden muß.

2.8.3 Gültige Speicheradresse ($\overline{\text{VMA}}$)

Dieses Ausgangssignal zeigt den synchronen Peripherieschaltungen an, daß sich eine gültige Adresse auf dem Adreßbus befindet und der Prozessor zur Freigabe synchronisiert ist. Das $\overline{\text{VMA}}$-Signal tritt nur auf, wenn eine gültige Peripherieadresse über den $\overline{\text{VPA}}$-Eingang signalisiert wird, d. h., die Peripherieschaltung arbeitet synchron.

2.9 Funktionskode (FC0, FC1, FC2)

Die Funktions-Ausgangssignale zeigen in kodierter Form den Status (Anwender oder Supervisor) sowie die Art des gerade ausgeführten Zyklus an, wie aus Tabelle 3 ersichtlich ist. Die Informationen, die durch die Funktions-Ausgangssignale dargestellt werden, sind immer dann gültig, wenn das Signal „Adreß-Strobe" aktiv ist ($\overline{\text{AS}}$).

Tabelle 3 Bedeutung der Funktionskode-Signale

FC0	FC1	FC2	Zyklus-Typ
LOW	LOW	LOW	undefiniert, Reserve
LOW	LOW	HIGH	Daten im Anwender-Status
LOW	HIGH	LOW	Programm im Anwender-Status
LOW	HIGH	HIGH	undefiniert, Reserve
HIGH	LOW	LOW	undefiniert, Reserve
HIGH	LOW	HIGH	Daten im Supervisor-Status
HIGH	HIGH	LOW	Programm im Supervisor-Status
HIGH	HIGH	HIGH	Interrupt-Quittung

2.10 Takt (CLK)

Das Takteingangssignal ist TTL-kompatibel und wird intern gepuffert, um die für den Prozessor notwendigen internen Takte zu erzeugen. Das Takteingangssignal muß frequenzkonstant sein.

3 Registerbeschreibung und Datenorganisation

3.1 Operandenformate

Folgende Operandenformate sind definiert:

1 Byte   ≙ 8 Bits,
1 Wort   ≙ 16 Bits,
1 Langwort ≙ 32 Bits.

Für jeden Befehl wird das Operandenformat entweder explizit im Befehl vorgegeben, oder es ist implizit im Befehl enthalten. Alle Befehle mit expliziter Angabe können Byte-, Wort- oder Langwortoperanden bearbeiten. Befehle mit impliziter Vorgabe unterstützen die drei Operandenlängen individuell.

3.2 Organisation der Register

Die 8 Datenregister können 1bit-, 8bit-, 16bit- oder 32bit-Datenoperanden enthalten. Die 7 Adreßregister zusammen mit dem Stack pointer enthalten 32bit-Adreßoperanden.

SC 68000

3.2.1 Datenregister

Jedes der 8 Datenregister kann 32 Bits aufnehmen. Byte-Operanden belegen die 8 unteren Bits, Wortoperanden die unteren 16 Bits und Langwortoperanden die gesamten 32 Bits. Das niedrigstwertige Bit wird mit 0, das höchstwertige Bit mit 31 bezeichnet.

Wird das Datenregister als Quellen- oder Zieloperand verwendet und beträgt das Operandenformat nicht 32 Bits, so wird nur der jeweils untere Teil geändert; der verbleibende obere Teil wird weder gebraucht noch verändert.

3.2.2 Adreßregister

Jedes der Adreßregister sowie der Stack pointer besteht aus 32 Bits und kann eine volle 32bit-Adresse enthalten. Die Adreßregister arbeiten nicht mit byteweise orientierten Operanden. Daher wird, wenn ein Adreßregister als Quellenoperand dient, entweder das untere Wort oder das gesamte Langwort als Operand verwendet, was vom Operandenformat abhängt. Wird ein Adreßregister als Zieloperand eingesetzt, so ist das gesamte Register davon betroffen, unabhängig vom Operandenformat. Beträgt diese ein Wort, so werden alle anderen Operanden vorzeichenbehaftet auf 32 Bits erweitert, bevor die Operation durchgeführt wird.

3.2.3 Statusregister

Das Statusregister (Bild 6) enthält sowohl die Interrupt-Maske (7 Ebenen vorhanden) als auch die Bedingungsbits Erweiterung (X), Negativ (N), Null (Z), Überlauf (V) und Übertrag (C). Zusätzliche Statusbits zeigen an, ob der Prozessor in der Betriebsart Trace (T) arbeitet und ob er sich im Supervisor-Zustand (S) befindet.

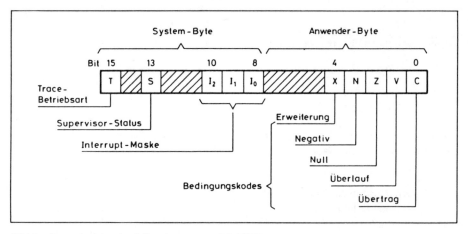

Bild 6 Statusregister des Mikroprozessors SC 68000

3.3 Datenorganisation im Speicher

Die Bytes sind einzeln adressierbar, und zwar ist dem Byte in der oberen Worthälfte eine geradzahlige Adresse zugeordnet, die mit der Adresse des gesamten Wortes identisch ist (vgl. Bild 7). Die Adresse der unteren Worthälfte ist ungeradzahlig, und zwar um 1 höher als die Adresse der oberen Worthälfte oder des gesamten Wortes. Befehle und Daten mit mehreren Bytes werden nur auf Wortbasis adressiert, d. h., sie dürfen nur geradzahlige Adressen haben. Beginnt ein Langwort mit dem 1. Wort auf der Adresse n (n geradzahlig), so hat das zugehörige 2. Wort die Adresse n + 2.

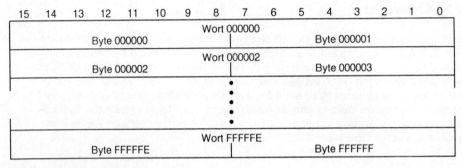

Bild 7 Wortorganisation im Speicher

Folgende Datentypen können vom SC 68000 verarbeitet werden:

Bits*),
vollständige Bytes, Wörter und Langwörter (8, 16 bzw. 32 Bits),
32bit-Adressen,
BCD-Ziffern.

Bild 8 zeigt, wie diese Datentypen im Speicher abgelegt werden.

4 Bus-Operationen

In den nächsten Abschnitten werden Steuersignale und Bus-Operationen während folgender Vorgänge beschrieben:

Datentransfer,
Bus-Arbitration (Buszuteilungsverfahren),
Busfehler- und Haltbedingungen,
Rücksetz-Vorgänge.

---

*) Einzelbits sind keine Datentypen. Aus Gründen der Vereinheitlichung werden sie jedoch hier als solche behandelt.

SC 68000   163

Bemerkung

Die Ausdrücke „gültig" und „ungültig" werden im folgenden unabhängig vom Spannungspegel verwendet. Dadurch lassen sich Mißverständnisse vermeiden, wenn sowohl aktiv-LOW- als auch aktiv-HIGH-Signale auftreten. „Gültig" bedeutet, daß das Signal aktiv ist, „ungültig", daß es inaktiv ist.

4.1 Datentransfer-Operationen

Für den Datentransfer zwischen den einzelnen Geräten werden folgende Leitungen benötigt:

Adreßbus A1 ... A23,
Datenbus D0 ... D15,
Steuersignale.

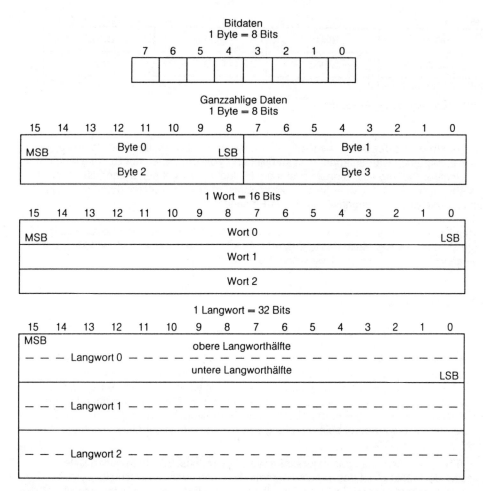

Bild 8

```
                        Adressen
                    1 Adresse = 32 Bits
 15  14  13  12  11  10  9  8  7  6  5  4  3  2  1  0
┌─────────────────────────────────────────────────────┐
│ MSB                    obere Adressenhälfte         │
│ ─ ─ ─ Adresse 0 ─ ─ ─ ─ ─ ─ ─ ─ ─ ─ ─ ─ ─ ─ ─ ─ ─ ─ │
│                        untere Adressenhälfte    LSB │
├─────────────────────────────────────────────────────┤
│                                                     │
│ ─ ─ ─ Adresse 1 ─ ─ ─ ─ ─ ─ ─ ─ ─ ─ ─ ─ ─ ─ ─ ─ ─ ─ │
│                                                     │
├─────────────────────────────────────────────────────┤
│                                                     │
│ ─ ─ ─ Adresse 2 ─ ─ ─ ─ ─ ─ ─ ─ ─ ─ ─ ─ ─ ─ ─ ─ ─ ─ │
│                                                     │
└─────────────────────────────────────────────────────┘
 MSB = höchstwertiges Bit         LSB = niedrigstwertiges Bit
```

```
                       Dezimale Daten
                    2 BCD-Ziffern = 1 Byte
 15  14  13  12  11  10  9  8  7  6  5  4  3  2  1  0
┌────────────┬────────────┬────────────┬────────────┐
│ MSD  BCD 0 │   BCD 1    │   BCD 2    │   BCD 3    │
│            │        LSD │            │            │
├────────────┼────────────┼────────────┼────────────┤
│    BCD 4   │   BCD 5    │   BCD 6    │   BCD 7    │
└────────────┴────────────┴────────────┴────────────┘
 MSD = höchstwertiges Bit         LSD = niedrigstwertiges Bit
```

Bild 8   Datenorganisation im Speicher

Der Adreßbus und der Datenbus sind getrennte parallele Busse, über die Daten asynchron transportiert werden können. In sämtlichen Zyklen, in denen der Busmaster für die Synchronisierung aller Signale zuständig ist, legt er sowohl den Anfang als auch das Ende eines Zyklus fest. Außerdem synchronisiert er sich auch mit dem Quittungssignal sowie den Datensignalen der Slave-Einheiten.

In den folgenden Abschnitten werden die Zyklen Lesen, Schreiben und Read-Modify-Write erörtert. Der nicht teilbare Read-Modify-Write-Zyklus wird beim SC 68000 für die ineinandergreifende Multiprozessor-Kommunikation benutzt.

4.1.1 Lesezyklus

Während eines Lesezyklus nimmt der Prozessor Daten von einem Speicher oder einer anderen Peripherieschaltung entgegen, und zwar liest er in allen Fällen Datenbytes. Wenn durch den Befehl eine Wort-(oder Langwort-)Operation angesprochen ist, liest der Prozessor jeweils 2 Bytes gleichzeitig. Ist durch den Befehl jedoch eine Byte-Operation vorgegeben, so legt der Prozessor mit einem internen A0-Bit fest, welches Byte gelesen werden soll und erzeugt den für dieses Byte erforderlichen Daten-Strobeimpuls. Bei A0 = 0 wird der obere Daten-Strobeimpuls aktiviert, bei A0 = 1 der untere. Der Prozessor sorgt beim Empfang eines Datenbytes intern für die richtige Positionierung im Wort.

Bild 9 zeigt das Ablaufdiagramm für einen Wort-Lesezyklus, Bild 10 für einen Byte-Lesezyklus. In Bild 11 ist das Impulsdiagramm für einen Lese-(und Schreib-)zyklus dargestellt, während aus Bild 12 die Einzelheiten des Wort- und des Byte-Lesezyklus hervorgehen.

SC 68000

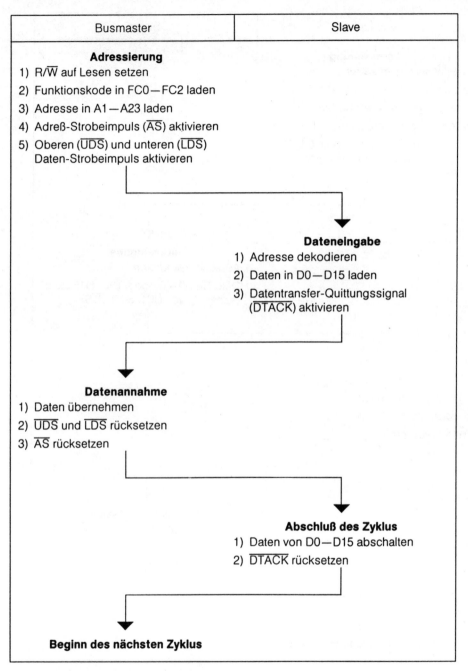

Bild 9 Ablaufdiagramm eines Wort-Lesezyklus

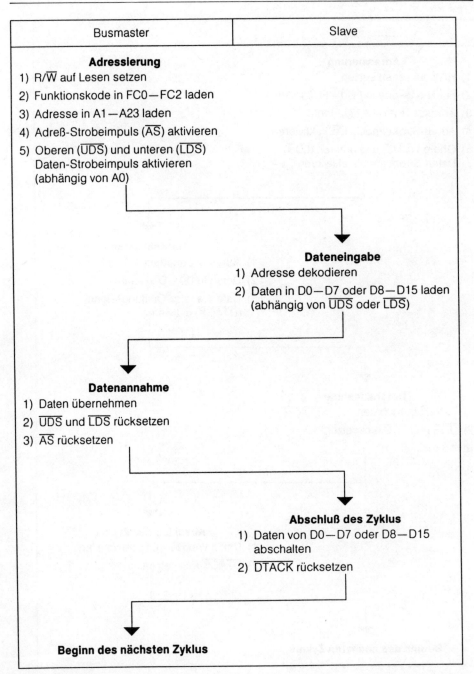

Bild 10   Ablaufdiagramm eines Byte-Lesezyklus

4.1.2 Schreibzyklus

Während eines Schreibzyklus gibt der Prozessor Daten an einen Speicher oder eine andere Peripherieschaltung aus, und zwar schreibt er in allen Fällen Datenbytes. Ist durch den Befehl eine Wort- oder Langwort-Operation vorgegeben, so schreibt der Prozessor jeweils 2 Bytes parallel. Handelt es sich jedoch um eine Byte-Operation, so bestimmt der Prozessor auch hier durch ein internes A0-Bit, welches Byte zu schreiben ist, und erzeugt den entsprechenden Daten-Strobeimpuls. Wieder wird bei A0 = 0 der obere Daten-Strobeimpuls aktiviert, bei A0 = 1 der untere. Bild 13 zeigt das Ablaufdiagramm für einen Wort-Schreibzyklus, Bild 14 für einen Byte-Schreibzyklus. In Bild 11 ist das Impulsdiagramm für einen (Lese- und) Schreibzyklus dargestellt, während aus Bild 15 die Einzelheiten des Wort- und des Byte-Schreibzyklus hervorgehen.

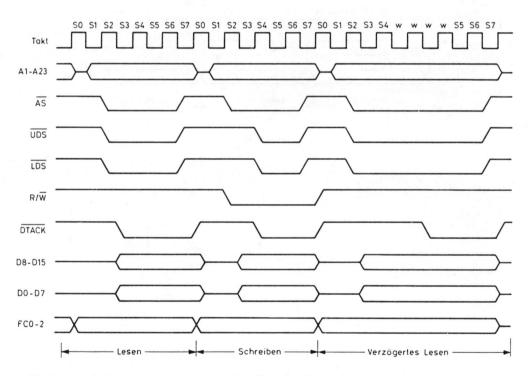

Bild 11   Impulsdiagramm eines Lese- und eines Schreibzyklus

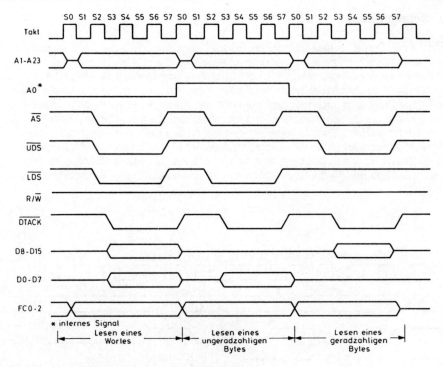

Bild 12   Impulsdiagramm eines Wort- und eines Byte-Lesezyklus

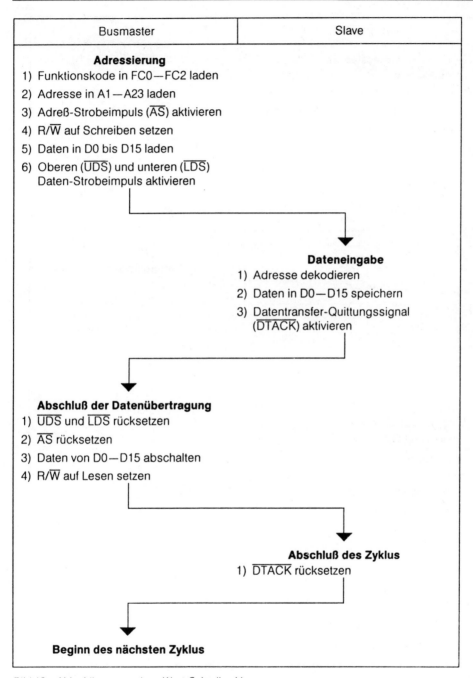

Bild 13   Ablaufdiagramm eines Wort-Schreibzyklus

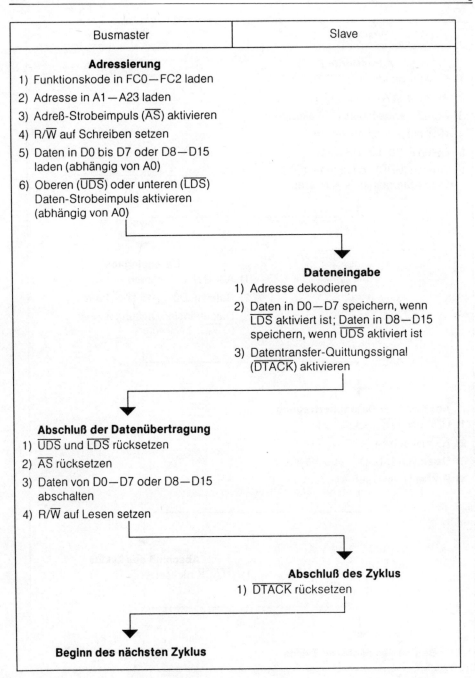

Bild 14   Ablaufdiagramm eines Byte-Schreibzyklus

SC 68000

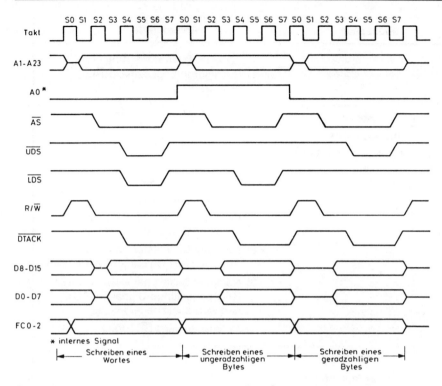

Bild 15   Impulsdiagramm eines Wort- und eines Byte-Schreibzyklus

4.2 Buszuteilung

Die Buszuteilung ist ein Verfahren, das von allen Einheiten verwendet werden kann, die den Bus als Master benutzen dürfen. In seiner einfachsten Form besteht es aus drei Schritten:

1. Busanforderung durch den potentiellen Master.
2. Zuteilung des Busses, d. h., der Bus steht am Ende des gerade laufenden Zyklus für die betreffende Einheit zur Verfügung.
3. Quittung dieser Einheit, daß sie als Master auf dem Bus arbeiten wird.

Bild 16 zeigt ein detailliertes Ablaufdiagramm für die Busanforderung durch eine einzelne Einheit. Bild 17 enthält das Impulsdiagramm für dieselben Vorgänge. Diese Technik erlaubt die Anmeldung einer Busbelegung während eines gerade laufenden Buszyklus.

Aus dem Impulsdiagramm geht hervor, daß die Busanforderung ($\overline{BR}$) in einem Zeitabschnitt ungültig wird, in dem das Buszuteilungsquittungs-Signal ($\overline{BGACK}$) gültig ist. Diese Operationsart gilt für ein System, das aus einem Prozessor und nur einer weiteren Einheit mit Busmastereigenschaften besteht. In Systemen mit mehreren derarti-

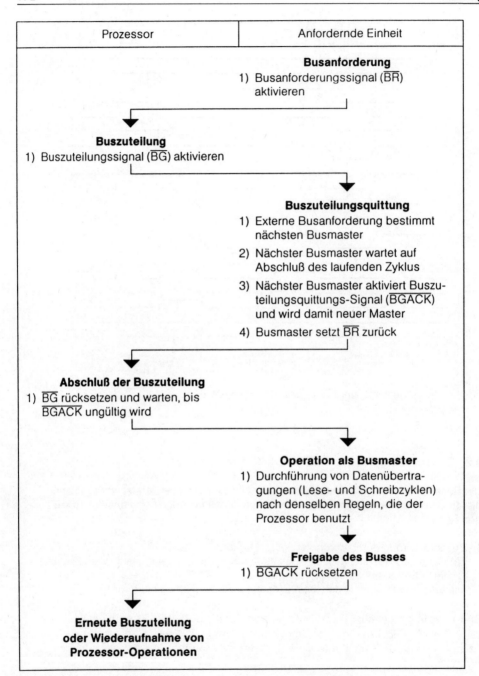

Bild 16   Ablaufdiagramm einer Busanforderung durch eine externe Einheit

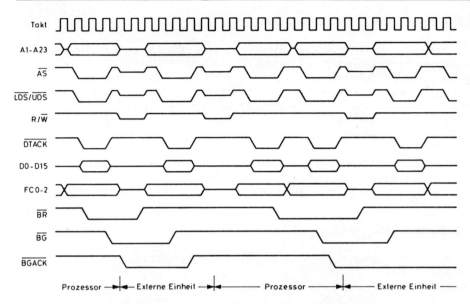

Bild 17 Impulsdiagramm einer Busanforderung durch eine externe Einheit

gen Einheiten sind deren Busanforderungsleitungen über eine wiredOR-Verknüpfung mit dem Prozessor verbunden. In einem solchen System kann natürlich mehr als eine Busanforderung gleichzeitig auftreten. Das Impulsdiagramm zeigt außerdem, daß das Buszuteilungssignal ($\overline{BG}$) nach einigen Taktzyklen ungültig wird, wenn das Buszuteilungsquittungs-Signal ($\overline{BGACK}$) aktiviert worden ist.

Ist jedoch über die Busanforderungen noch nicht entschieden, so wird der Prozessor einige Taktzyklen nach der Inaktivierung des Buszuteilungssignals ($\overline{BG}$) dieses erneut aktivieren. Hierdurch kann eine externe Buszuteilungsschaltung den nächsten Busmaster auswählen, bevor der augenblickliche Busmaster den Bus freigibt. Die folgenden Abschnitte enthalten weitere Informationen über die obengenannten drei Schritte des Buszuteilungsverfahrens.

4.2.1 Busanforderung ($\overline{BR}$)

Externe Einheiten, die den Bus als Master benutzen dürfen, können ihn mit dem entsprechenden Signal ($\overline{BR}$) anfordern. Hierbei handelt es sich um ein wiredOR-Signal, wobei dem Hardware-Designer freigestellt ist, wie er diese Logik extern realisiert. Das Signal $\overline{BR}$ zeigt dem Prozessor an, daß irgendeine externe Einheit die Steuerung des externen Busses übernehmen will. Wenn der Prozessor selbst eine niedrigere Buspriorität als die externe Einheit hat, verzichtet er auf den Bus, nachdem er den letzten, von ihm gestarteten Buszyklus abgeschlossen hat. Wird kein Quittungssignal erzeugt, so fährt der Prozessor mit seiner Arbeit fort, sobald das Busanforderungssignal ungültig wird. Auf diese Weise wird der Prozessor nicht in seiner Arbeit blockiert, wenn die Buszuteilungsschaltung fälschlich auf Störimpulse reagiert hat.

4.2.2 Empfang der Buszuteilung ($\overline{BG}$)

Der Prozessor gibt das Buszuteilungssignal so bald wie möglich aus, normalerweise unmittelbar nach der internen Synchronisation. Die einzige Ausnahme hiervon ergibt sich dann, wenn der Prozessor intern entschieden hat, den nächsten Buszyklus auszuführen, aber noch nicht weit genug fortgeschritten ist, um das Adreß-Strobesignal ($\overline{AS}$) zu aktivieren. In diesem Fall wird das Buszuteilungssignal ($\overline{BG}$) erst eine Taktzeit nach dem Adreß-Strobe aktiviert, um damit der externen Einheit anzuzeigen, daß ein Buszyklus ausgeführt wird.

Das Buszuteilungssignal kann über ein daisy-chain-Netzwerk*) oder ein spezielles Netzwerk zur Prioritätensteuerung geleitet werden. Solange das Protokoll beachtet wird, bleibt der Prozessor von der externen Entscheidungsmethode unberührt.

4.2.3 Buszuteilungsquittung ($\overline{BGACK}$)

Nach dem Empfang eines Buszuteilungssignals wartet die anfordernde Einheit, bis der Adreß-Strobe sowie die Datenübertragungs- und die (vorhergehende) Buszuteilungsquittung ungültig werden, bevor sie ihre eigene Buszuteilungsquittung sendet. Wird der Adreß-Strobe ungültig, so zeigt dies an, daß der vorherige Master seinen Zyklus vollendet hat; wird die Buszuteilungsquittung ungültig, so hat der vorherige Master den Bus freigegeben. (Solange der Adreß-Strobe gültig ist, darf keine andere Einheit in einen Zyklus „einbrechen".) Wird dagegen die Datentransferquittung ($\overline{DTACK}$) ungültig, so bedeutet dies, daß der vorherige Slave seine Verbindung mit dem vorherigen Master gelöst hat. Man beachte, daß bei einigen Anwendungen die Datenübertragungsquittung nicht diese Bedeutung hat. In diesem Fall würde man Standard-Schaltungen so verbinden, daß sie nur vom Adreß-Strobe abhängen. Gibt eine Einheit die Buszuteilungsquittung aus, so ist sie Busmaster, bis sie dieses Signal wieder ungültig werden läßt. Die Buszuteilungsquittung darf nicht ungültig gemacht werden, bis ein oder mehrere Buszyklen vollendet sind. Die Busmasterfunktion ist beendet, sobald die Buszuteilungsquittung ungültig geworden ist.

Die Busanforderung sollte von der ausgewählten Einheit zurückgenommen werden, sobald diese die Buszuteilungsquittung ausgegeben hat. Ist noch eine Busanforderung vorhanden, so wird ein weiteres Buszuteilungssignal innerhalb weniger Taktimpulse nach der Inaktivierung des vorangegangenen ausgegeben. Der Prozessor führt keine externen Buszyklen durch, bevor nicht das Buszuteilungssignal erneut gültig geworden ist.

4.3 Rücksetzen

Das Rücksetzsignal ist ein bidirektionales Signal, das entweder dem Prozessor oder einer externen Logik gestattet, das System zurückzusetzen. Bild 18 zeigt das Impulsdiagramm für die Rücksetz-Operationen. Sowohl die $\overline{HALT}$- als auch die $\overline{RESET}$-Leitung müssen aktiviert werden, um das vollständige Rücksetzen des Prozessors sicherzustellen.

---

*) Kettenförmige Verbindungsstruktur für den Informationsaustausch zwischen mehreren Funktionseinheiten. Die Information wird von einer Einheit zur nächsten weitergereicht. Prioritäten sind durch die Anordnung der Einheiten in der Kette vorgegeben.

SC 68000

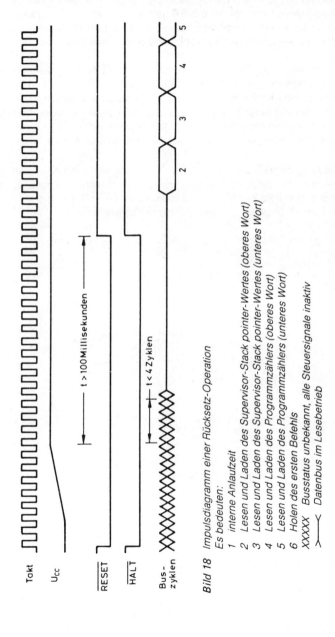

Bild 18 Impulsdiagramm einer Rücksetz-Operation
Es bedeuten:
1 interne Anlaufzeit
2 Lesen und Laden des Supervisor-Stack pointer-Wertes (oberes Wort)
3 Lesen und Laden des Supervisor-Stack pointer-Wertes (unteres Wort)
4 Lesen und Laden des Programmzählers (oberes Wort)
5 Lesen und Laden des Programmzählers (unteres Wort)
6 Holen des ersten Befehls
XXXXX Busstatus unbekannt, alle Steuersignale inaktiv
>—< Datenbus im Lesebetrieb

Werden die $\overline{\text{HALT}}$- und die $\overline{\text{RESET}}$-Leitung durch eine externe Schaltung aktiviert, so stellt dies eine Rücksetz-Operation für das gesamte System einschließlich des Prozessors dar. Der Prozessor liest daraufhin den Inhalt der Vektoradresse 0 (Adresse 0) in der Ausnahme-Vektortabelle und lädt den Inhalt in den Supervisor-Stack pointer (SSP). Als nächstes wird Vektor 1 mit der Adresse 4 gelesen und in den Programmzähler geladen. Der Prozessor setzt das Statusregister auf die Interrupt-Prioritätsebene 7. Weitere Register werden durch die Rücksetz-Operation nicht betroffen.

Bei der Ausführung eines Rücksetzbefehls wird die $\overline{\text{RESET}}$-Leitung während einer Zeit von 124 Taktimpulsen aktiv. In diesem Fall versucht der Prozessor, das externe System zurückzusetzen; der interne Prozessorstatus wird nicht beeinflußt. Alle internen Register und das Statusregister bleiben also durch die Ausführung des Rücksetzbefehls unberührt. Alle externen Schaltungen, die mit der $\overline{\text{RESET}}$-Leitung verbunden sind, sollten nach Ausführung dieses Befehls zurückgesetzt sein.

Durch die Aktivierung der $\overline{\text{RESET}}$- und der $\overline{\text{HALT}}$-Leitung während einer Zeit von 10 Taktimpulsen wird der Prozessor zurückgesetzt, sofern nicht U_{CC} kurz vorher an den Prozessor gelegt wurde. In diesem Fall muß ein externer Rücksetzimpuls während 100 Millisekunden angelegt werden (Netzeinschalt-Reset).

SC 68000

AC ELECTRICAL SPECIFICATIONS — READ AND WRITE CYCLES

Num.	Characteristic	Symbol	4 MHz Min	4 MHz Max	6 MHz Min	6 MHz Max	8 MHz Min	8 MHz Max	10 MHz Min	10 MHz Max	12.5 MHz Min	12.5 MHz Max	Unit
1	Clock Period	t_{cyc}	250	500	167	500	125	500	100	500	80	250	ns
2	Clock Width Low	t_{CL}	115	250	75	250	55	250	45	250	35	125	ns
3	Clock Width High	t_{CH}	115	250	75	250	55	250	45	250	35	125	ns
4	Clock Fall Time	t_{Cf}	—	10	—	10	—	10	—	10	—	5	ns
5	Clock Rise Time	t_{Cr}	—	10	—	10	—	10	—	10	—	5	ns
6	Clock Low to Address	t_{CLAV}	—	90	—	80	—	70	—	60	—	55	ns
6A	Clock High to FC Valid	t_{CHFCV}	—	90	—	80	—	70	—	60	—	55	ns
7	Clock High to Address Data High Impedance (Maximum)	t_{CHAZx}	—	120	—	100	—	80	—	70	—	60	ns
8	Clock High to Address/FC Invalid (Minimum)	t_{CHAZn}	0	—	0	—	0	—	0	—	0	—	ns
9[1]	Clock High to $\overline{AS}$, $\overline{DS}$ Low (Maximum)	t_{CHSLx}	—	80	—	70	—	60	—	55	—	55	ns
10	Clock High to $\overline{AS}$, $\overline{DS}$ Low (Minimum)	t_{CHSLn}	0	—	0	—	0	—	0	—	0	—	ns
11[2]	Address to $\overline{AS}$, $\overline{DS}$ (Read) Low/$\overline{AS}$ Write	t_{AVSL}	55	—	35	—	30	—	20	—	0	—	ns
11A[2,7]	FC Valid to $\overline{AS}$, $\overline{DS}$ (Read) Low/$\overline{AS}$ Write	t_{FCVSL}	80	—	70	—	60	—	50	—	40	—	ns
12[1]	Clock Low to $\overline{AS}$, $\overline{DS}$ High	t_{CLSH}	—	90	—	80	—	70	—	55	—	50	ns
13[2]	$\overline{AS}$, $\overline{DS}$ High to Address/FC Invalid	t_{SHAZ}	60	—	40	—	30	—	20	—	10	—	ns
14[2,5]	$\overline{AS}$, $\overline{DS}$ Width Low (Read)/$\overline{AS}$ Write	t_{SL}	535	—	337	—	240	—	195	—	160	—	ns
14A[2]	$\overline{DS}$ Width Low (Write)	t_{DWPW}	285	—	170	—	115	—	95	—	80	—	ns
15[2]	$\overline{AS}$, $\overline{DS}$ Width High	t_{SH}	285	—	180	—	150	—	105	—	65	—	ns
16	Clock High to $\overline{AS}$, $\overline{DS}$ High Impedance	t_{CHSZ}	—	120	—	100	—	80	—	70	—	60	ns
17[2]	$\overline{AS}$, $\overline{DS}$ High to R/$\overline{W}$ High	t_{SHRH}	60	—	50	—	40	—	20	—	10	—	ns
18[1]	Clock High to R/$\overline{W}$ High (Maximum)	t_{CHRHx}	—	90	—	80	—	70	—	60	—	60	ns
19	Clock High to R/$\overline{W}$ High (Minimum)	t_{CHRHn}	0	—	0	—	0	—	0	—	0	—	ns
20[1]	Clock High to R/$\overline{W}$ Low	t_{CHRL}	—	90	—	80	—	70	—	60	—	60	ns
20A[8]	$\overline{AS}$ Low to R/$\overline{W}$ Valid	t_{ASRV}	—	20	—	20	—	20	—	20	—	20	ns
21[2]	Address Valid to R/$\overline{W}$ Low	t_{AVRL}	45	—	25	—	20	—	0	—	0	—	ns
21A[2,7]	FC Valid to R/$\overline{W}$ Low	t_{FCVRL}	80	—	70	—	60	—	50	—	30	—	ns
22[2]	R/$\overline{W}$ Low to $\overline{DS}$ Low (Write)	t_{RLSL}	200	—	140	—	80	—	50	—	30	—	ns
23	Clock Low to Data Out Valid	t_{CLDO}	—	90	—	80	—	70	—	55	—	55	ns
24	Clock High to R/$\overline{W}$, $\overline{VMA}$ High Impedance	t_{CHRZ}	—	120	—	100	—	80	—	70	—	60	ns
25[2]	$\overline{DS}$ High to Data Out Invalid	t_{SHDO}	60	—	40	—	30	—	20	—	15	—	ns
26[2]	Data Out Valid to $\overline{DS}$ Low (Write)	t_{DOSL}	55	—	35	—	30	—	20	—	15	—	ns
27[6]	Data In to Clock Low (Setup Time)	t_{DICL}	30	—	25	—	15	—	10	—	10	—	ns
28[2,5]	$\overline{AS}$, $\overline{DS}$ High to $\overline{DTACK}$ High	t_{SHDAH}	0	490	0	325	0	245	0	190	0	150	ns
29	$\overline{DS}$ High to Data Invalid (Hold Time)	t_{SHDI}	0	—	0	—	0	—	0	—	0	—	ns
30	$\overline{AS}$, $\overline{DS}$ High to $\overline{BERR}$ High	t_{SHBEH}	0	—	0	—	0	—	0	—	0	—	ns
31[2,6]	$\overline{DTACK}$ Low to Data In (Setup Time)	t_{DALDI}	—	180	—	120	—	90	—	65	—	50	ns

AC ELECTRICAL SPECIFICATIONS — READ AND WRITE CYCLES (CONTINUED)

Num.	Characteristic	Symbol	4 MHz Min	4 MHz Max	6 MHz Min	6 MHz Max	8 MHz Min	8 MHz Max	10 MHz Min	10 MHz Max	12.5 MHz Min	12.5 MHz Max	Unit
32	HALT and RESET Input Transition Time	$t_{RHr, f}$	0	200	0	200	0	200	0	200	0	200	ns
33	Clock High to BG Low	t_{CHGL}	–	90	–	80	–	70	–	60	–	50	ns
34	Clock High to BG High	t_{CHGH}	–	90	–	80	–	70	–	60	–	50	ns
35	BR Low to BG Low	t_{BRLGL}	1.5	3.5	1.5	3.5	1.5	3.5	1.5	3.5	1.5	3.5	Clk. Per
36	BR High to BG High	t_{BRHGH}	1.5	3.5	1.5	3.5	1.5	3.5	1.5	3.5	1.5	3.5	Clk. Per
37	BGACK Low to BG High	t_{GALGH}	1.5	3.0	1.5	3.0	1.5	3.0	1.5	3.0	1.5	3.0	Clk. Per
37A	BGACK Low to BR High (to Prevent Rearbitration)	t_{BGKBR}	30	–	25	–	20	–	20	–	20	–	ns
38	BG Low to Bus High Impedance (with AS High)	t_{GLZ}	–	120	–	100	–	80	–	70	–	60	ns
39	BG Width High	t_{GH}	1.5	–	1.5	–	1.5	–	1.5	–	1.5	–	Clk. Per.
40	Clock Low to VMA Low	t_{CLVML}	–	90	–	80	–	70	–	70	–	70	ns
41	Clock Low to E Transition	t_{CLC}	–	100	–	85	–	70	–	55	–	45	ns
42	E Output Rise and Fall Time	$t_{Er, f}$	–	25	–	25	–	25	–	25	–	25	ns
43	VMA Low to E High	t_{VMLEH}	325	–	240	–	200	–	150	–	90	–	ns
44	AS, DS High to VPA High	t_{SHVPH}	0	240	0	160	0	120	0	90	0	70	ns
45	E Low to Address/VMA/FC Invalid	t_{ELAI}	55	–	35	–	30	–	10	–	10	–	ns
46	BGACK Width	t_{BGL}	1.5	–	1.5	–	1.5	–	1.5	–	1.5	–	Clk. Per.
47[6]	Asynchronous Input Setup Time	t_{ASI}	30	–	25	–	20	–	20	–	20	–	ns
48[3]	BERR Low to DTACK Low	t_{BELDAL}	30	–	25	–	20	–	20	–	20	–	ns
49	E Low to AS, DS Invalid	t_{ELSI}	–80	–	–80	–	–80	–	–80	–	–80	–	ns
50	E Width High	t_{EH}	900	–	600	–	450	–	350	–	280	–	ns
51	E Width Low	t_{EL}	1400	–	900	–	700	–	550	–	440	–	ns
52	E Extended Rise Time	t_{CIEHX}	–	80	–	80	–	80	–	80	–	80	ns
53	Data Hold from Clock High	t_{CHDO}	0	–	0	–	0	–	0	–	0	–	ns
54	Data Hold from E Low (Write)	t_{ELDOZ}	60	–	40	–	30	–	20	–	15	–	ns
55	R/W to Data Bus Impedance Change	t_{RLDO}	55	–	35	–	30	–	20	–	10	–	ns
56[4]	HALT/RESET Pulse Width	t_{HRPW}	10	–	10	–	10	–	10	–	10	–	Clk. Per.

Notes:
1. For a loading capacitance of less than or equal to 50 picofarads, subtract 5 nanoseconds from the value given in these columns.
2. Actual value depends on clock period.
3. If #47 is satisfied for both DTACK and BERR, #48 may be 0 nanoseconds.
4. For power up, the MPU must be held in RESET state for 100 ms to all stabilization of on-chip circuitry. After the system is powered up, #56 refers to the minimum pulse width required to reset the system.
5. #14, #14A, and #28 are one clock period less than the given number for T6E, BF4, and R9M mask sets.
6. If the asynchronous setup time (#47) requirements are satisfied, the DTACK low-to-data setup time (#31) requirement can be ignored. The data must only satisfy the data-in clock-low setup time (#27) for the following cycle.
7. For T6E, BF4, and R9M mask set 11A timing equals 11, and 21A equals 21. 20A may be 0 for T6E, BF4, and R9M mask sets.
8. When AS and R/W are equally loaded (±20%), subtract 10 nanoseconds from the values given in these columns.

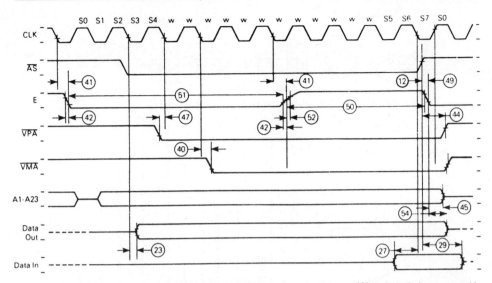

NOTE: This timing diagram is included for those who wish to design their own circuit to generate VMA. It shows the best case possibly attainable.

MC68000 to M6800 Peripheral Timing Diagram — Best Case

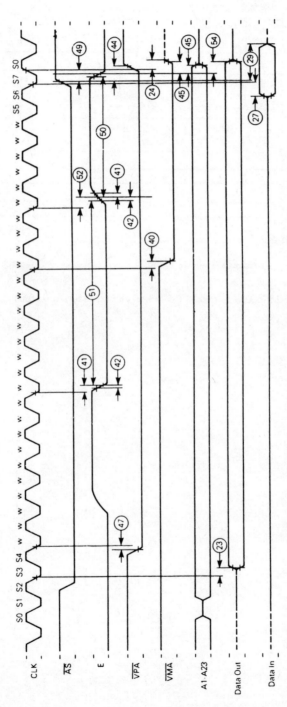

MOTOROLA *Semiconductor Products Inc.*

MCM2114

MOS
(N-CHANNEL, SILICON-GATE)

4096-BIT STATIC RANDOM ACCESS MEMORY

The MCM2114 is a 4096-bit random access memory fabricated with high density, high reliability N-channel silicon-gate technology. For ease of use, the device operates from a single power supply, is directly compatible with TTL, and requires no clocks or refreshing because of fully static operation. Data access is particularly simple, since address setup times are not required. The output data has the same polarity as the input data.

The MCM2114 is designed for memory applications where simple interfacing is the design objective. The MCM2114 is assembled in 18-pin dual-in-line packages with the industry standard pin-out. A separate chip select ($\overline{S}$) lead allows easy selection of an individual package when the three-state outputs are OR-tied.

- Single +5 Volt Supply
- 1024 Words by 4-Bit Organization
- Fully Static: Cycle Time = Access Time
- No Clock or Timing Strobe Required
- Maximum Access Time
  - 200 ns — MCM2114-20
  - 250 ns — MCM2114-25
  - 300 ns — MCM2114-30
  - 450 ns — MCM2114-45
- Power Dissipation: 100 mA Maximum (Active)
- Common Data Input and Output
- Three-State Outputs for OR-Ties
- Industry Standard 18-Pin Configuration
- Fully TTL Compatible

P SUFFIX
PLASTIC PACKAGE
CASE 707

PIN ASSIGNMENT

A6 ⎕ 1	•	18	⎕ V$_{CC}$
A5 ⎕ 2		17	⎕ A7
A4 ⎕ 3		16	⎕ A8
A3 ⎕ 4		15	⎕ A9
A0 ⎕ 5		14	⎕ DQ1
A1 ⎕ 6		13	⎕ DQ2
A2 ⎕ 7		12	⎕ DQ3
$\overline{S}$ ⎕ 8		11	⎕ DQ4
V$_{SS}$ ⎕ 9		10	⎕ $\overline{W}$

PIN NAMES

A0-A9	Address Input
$\overline{W}$	Write Enable
$\overline{S}$	Chip Select
DQ1-DQ4	Data Input/Output
V$_{CC}$	Power (+5 V)
V$_{SS}$	Ground

BLOCK DIAGRAM

V$_{CC}$ = Pin 18
V$_{SS}$ = Pin 9

© MOTOROLA INC., 1984   DS 9800 R1

ABSOLUTE MAXIMUM RATINGS (See Note)

Rating	Value	Unit
Temperature Under Bias	−10 to +80	°C
Voltage on Any Pin With Respect to V_{SS}	−0.5 to +7.0	V
DC Output Current	5.0	mA
Power Dissipation	1.0	Watt
Operating Temperature Range	0 to +70	°C
Storage Temperature Range	−65 to +150	°C

NOTE: Permanent device damage may occur if ABSOLUTE MAXIMUM RATINGS are exceeded. Functional operation should be restricted to RECOMMENDED OPERATING CONDITIONS. Exposure to higher than recommended voltages for extended periods of time could affect device reliability.

This device contains circuitry to protect the inputs against damage due to high static voltages or electric fields; however, it is advised that normal precautions be taken to avoid application of any voltage higher than maximum rated voltages to this high-impedance circuit.

DC OPERATING CONDITIONS AND CHARACTERISTICS
(Full operating voltage and temperature range unless otherwise noted.)

RECOMMENDED DC OPERATING CONDITIONS

Parameter	Symbol	Min	Typ	Max	Unit
Supply Voltage	V_{CC}	4.75	5.0	5.25	V
	V_{SS}	0	0	0	
Logic 1 Voltage, All Inputs	V_{IH}	2.0	−	6.0	V
Logic 0 Voltage, All Inputs	V_{IL}	−0.5	−	0.8	V

DC CHARACTERISTICS

Parameter	Symbol	MCM2114 Min	MCM2114 Typ	MCM2114 Max	Unit
Input Load Current (All Input Pins, V_{in} = 0 to 5.5 V)	I_{LI}	−	−	10	µA
I/O Leakage Current ($\bar{S}$ = 2.4 V, V_{DQ} = 0.4 V to V_{CC})	$|I_{LO}|$	−	−	10	µA
Power Supply Current (V_{in} = 5.5 V, I_{DQ} = 0 mA, T_A = 25°C)	I_{CC1}	−	80	95	mA
Power Supply Current (V_{in} = 5.5 V, I_{DQ} = 0 mA, T_A = 0°C)	I_{CC2}	−	−	100	mA
Output Low Current (V_{OL} = 0.4 V)	I_{OL}	2.1	6.0	−	mA
Output High Current (V_{OH} = 2.4 V)	I_{OH}	−	−1.4	−1.0	mA

CAPACITANCE (f = 1.0 MHz, T_A = 25°C, periodically sampled rather than 100% tested)

Characteristic	Symbol	Max	Unit
Input Capacitance (V_{in} = 0 V)	C_{in}	5.0	pF
Input/Output Capacitance (V_{DQ} = 0 V)	$C_{I/O}$	5.0	pF

Capacitance measured with a Boonton Meter or effective capacitance calculated from the equation: $C = I\Delta t/\Delta V$.

AC OPERATING CONDITIONS AND CHARACTERISTICS
(Full operating voltage and termpature range unless otherwise noted.)

Input Pulse Levels..................................0.8 Volt and 2.4 Volts
Input Rise and Fall Times...10 ns
Input and Output Timing Levels....................................1.5 Volts
Output Load..................................1 TTL Gate and C_L = 100 pF

READ (NOTE 1), WRITE (NOTE 2) CYCLES

Parameter	Symbol	MCM2114-20 Min	MCM2114-20 Max	MCM2114-25 Min	MCM2114-25 Max	MCM2114-30 Min	MCM2114-30 Max	MCM2114-45 Min	MCM2114-45 Max	Unit
Address Valid to Address Don't Care	t_{AVAX}	200	−	250	−	300	−	450	−	ns
Address Valid to Output Valid	t_{AVQV}	−	200	−	250	−	300	−	450	ns
Chip Select Low to Output Valid	t_{SLQV}	−	70	−	85	−	100	−	120	ns
Chip Select Low to Output Don't Care	t_{SLQX}	20	−	20	−	20	−	20	−	ns
Chip Select High to Output High Z	t_{SHQZ}	−	60	−	70	−	80	−	100	ns
Address Don't Care to Output Don't Care	t_{AXQX}	50	−	50	−	50	−	50	−	ns
Write Low to Write High	t_{WLWH}	120	−	135	−	150	−	200	−	ns
Write High to Address Don't Care	t_{WHAX}	0	−	0	−	0	−	0	−	ns
Write Low to Output High Z	t_{WLQZ}	−	60	−	70	−	80	−	100	ns
Data Valid to Write High	t_{DVWH}	120	−	135	−	150	−	200	−	ns
Write High to Data Don't Care	t_{WHDX}	0	−	0	−	0	−	0	−	ns

NOTES: 1. A Read occurs during the overlap of a low $\bar{S}$ and a high $\bar{W}$.
2. A Write occurs during the overlap of a low $\bar{S}$ and a low $\bar{W}$.

 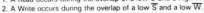

MOTOROLA Semiconductor Products Inc.

MCM 2114

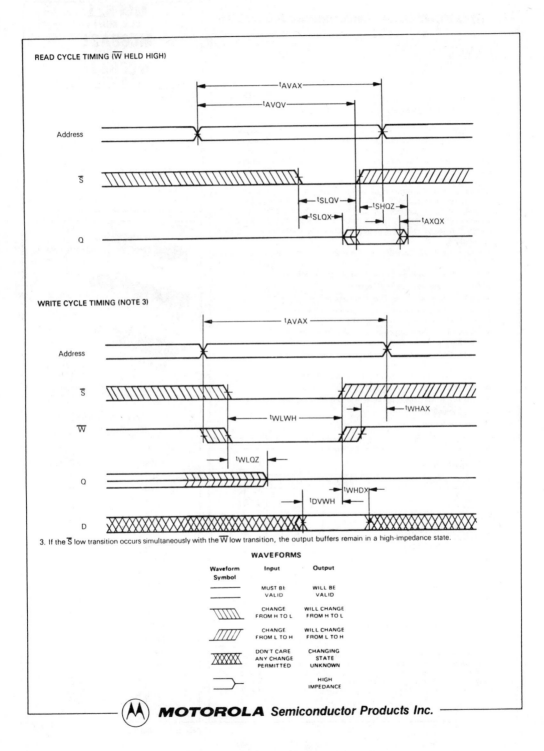

MOTOROLA Semiconductor Products Inc.

MC6821 (1.0 MHz)
MC68A21 (1.5 MHz)
MC68B21 (2.0 MHz)

PERIPHERAL INTERFACE ADAPTER (PIA)

The MC6821 Peripheral Interface Adapter provides the universal means of interfacing peripheral equipment to the M6800 family of microprocessors. This device is capable of interfacing the MPU to peripherals through two 8-bit bidirectional peripheral data buses and four control lines. No external logic is required for interfacing to most peripheral devices.

The functional configuration of the PIA is programmed by the MPU during system initialization. Each of the peripheral data lines can be programmed to act as an input or output, and each of the four control/interrupt lines may be programmed for one of several control modes. This allows a high degree of flexibility in the overall operation of the interface.

- 8-Bit Bidirectional Data Bus for Communication with the MPU
- Two Bidirectional 8-Bit Buses for Interface to Peripherals
- Two Programmable Control Registers
- Two Programmable Data Direction Registers
- Four Individually-Controlled Interrupt Input Lines; Two Usable as Peripheral Control Outputs
- Handshake Control Logic for Input and Output Peripheral Operation
- High-Impedance Three-State and Direct Transistor Drive Peripheral Lines
- Program Controlled Interrupt and Interrupt Disable Capability
- CMOS Drive Capability on Side A Peripheral Lines
- Two TTL Drive Capability on All A and B Side Buffers
- TTL-Compatible
- Static Operation

MOS
(N-CHANNEL, SILICON-GATE, DEPLETION LOAD)

PERIPHERAL INTERFACE ADAPTER

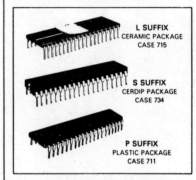

L SUFFIX
CERAMIC PACKAGE
CASE 715

S SUFFIX
CERDIP PACKAGE
CASE 734

P SUFFIX
PLASTIC PACKAGE
CASE 711

PIN ASSIGNMENT

```
VSS  [ 1    40 ] CA1
PA0  [ 2    39 ] CA2
PA1  [ 3    38 ] IRQA
PA2  [ 4    37 ] IRQB
PA3  [ 5    36 ] RS0
PA4  [ 6    35 ] RS1
PA5  [ 7    34 ] RESET
PA6  [ 8    33 ] D0
PA7  [ 9    32 ] D1
PB0  [ 10   31 ] D2
PB1  [ 11   30 ] D3
PB2  [ 12   29 ] D4
PB3  [ 13   28 ] D5
PB4  [ 14   27 ] D6
PB5  [ 15   26 ] D7
PB6  [ 16   25 ] E
PB7  [ 17   24 ] CS1
CB1  [ 18   23 ] CS2
CB2  [ 19   22 ] CS0
VCC  [ 20   21 ] R/W
```

MAXIMUM RATINGS

Characteristics	Symbol	Value	Unit
Supply Voltage	V_{CC}	−0.3 to +7.0	V
Input Voltage	V_{in}	−0.3 to +7.0	V
Operating Temperature Range MC6821, MC68A21, MC68B21 MC6821C, MC68A21C, MC68B21C	T_A	T_L to T_H 0 to 70 −40 to +85	°C
Storage Temperature Range	T_{stg}	−55 to +150	°C

THERMAL CHARACTERISTICS

Characteristic	Symbol	Value	Unit
Thermal Resistance Ceramic Plastic Cerdip	θ_{JA}	50 100 60	°C/W

This device contains circuitry to protect the inputs against damage due to high static voltages or electric fields; however, it is advised that normal precautions be taken to avoid application of any voltage higher than maximum-rated voltages to this high-impedance circuit. Reliability of operation is enhanced if unused inputs are tied to an appropriate logic voltage (i.e., either V_{SS} or V_{CC}).

Reprint July 1983   DS9435-R2

MC 6821 — MC 68A21 — MC 68B21

DC ELECTRICAL CHARACTERISTICS ($V_{CC} = 5.0$ Vdc $\pm 5\%$, $V_{SS} = 0$, $T_A = T_L$ to T_H unless otherwise noted).

Characteristic		Symbol	Min	Typ	Max	Unit
BUS CONTROL INPUTS (R/$\overline{W}$, Enable, $\overline{RESET}$, RS0, RS1, CS0, CS1, CS2)						
Input High Voltage		V_{IH}	$V_{SS} + 2.0$	—	V_{CC}	V
Input Low Voltage		V_{IL}	$V_{SS} - 0.3$	—	$V_{SS} + 0.8$	V
Input Leakage Current ($V_{in} = 0$ to 5.25 V)		I_{in}	—	1.0	2.5	µA
Capacitance ($V_{in} = 0$, $T_A = 25°C$, $f = 1.0$ MHz)		C_{in}	—	—	7.5	pF
INTERRUPT OUTPUTS ($\overline{IRQA}$, $\overline{IRQB}$)						
Output Low Voltage ($I_{Load} = 3.2$ mA)		V_{OL}	—	—	$V_{SS} + 0.4$	V
Three-State Output Leakage Current		I_{OZ}	—	1.0	10	µA
Capacitance ($V_{in} = 0$, $T_A = 25°C$, $f = 1.0$ MHz)		C_{out}	—	—	5.0	pF
DATA BUS (D0-D7)						
Input High Voltage		V_{IH}	$V_{SS} + 2.0$	—	V_{CC}	V
Input Low Voltage		V_{IL}	$V_{SS} - 0.3$	—	$V_{SS} + 0.8$	V
Three-State Input Leakage Current ($V_{in} = 0.4$ to 2.4 V)		I_{IZ}	—	2.0	10	µA
Output High Voltage ($I_{Load} = -205$ µA)		V_{OH}	$V_{SS} + 2.4$	—	—	V
Output Low Voltage ($I_{Load} = 1.6$ mA)		V_{OL}	—	—	$V_{SS} + 0.4$	V
Capacitance ($V_{in} = 0$, $T_A = 25°C$, $f = 1.0$ MHz)		C_{in}	—	—	12.5	pF
PERIPHERAL BUS (PA0-PA7, PB0-PB7, CA1, CA2, CB1, CB2)						
Input Leakage Current ($V_{in} = 0$ to 5.25 V)	R/$\overline{W}$, $\overline{RESET}$, RS0, RS1, CS0, CS1, $\overline{CS2}$, CA1, CB1, Enable	I_{in}	—	1.0	2.5	µA
Three-State Input Leakage Current ($V_{in} = 0.4$ to 2.4 V)	PB0-PB7, CB2	I_{IZ}	—	2.0	10	µA
Input High Current ($V_{IH} = 2.4$ V)	PA0-PA7, CA2	I_{IH}	-200	-400	—	µA
Darlington Drive Current ($V_O = 1.5$ V)	PB0-PB7, CB2	I_{OH}	-1.0	—	-10	mA
Input Low Current ($V_{IL} = 0.4$ V)	PA0-PA7, CA2	I_{IL}	—	-1.3	-2.4	mA
Output High Voltage ($I_{Load} = -200$ µA) ($I_{Load} = -10$ µA)	PA0-PA7, PB0-PB7, CA2, CB2 PA0-PA7, CA2	V_{OH}	$V_{SS} + 2.4$ $V_{CC} - 1.0$	— —	— —	V
Output Low Voltage ($I_{Load} = 3.2$ mA)		V_{OL}	—	—	$V_{SS} + 0.4$	V
Capacitance ($V_{in} = 0$, $T_A = 25°C$, $f = 1.0$ MHz)		C_{in}	—	—	10	pF
POWER REQUIREMENTS						
Internal Power Dissipation (Measured at $T_A = T_L$)		P_{INT}	—	—	550	mW

MOTOROLA *Semiconductor Products Inc.*

BUS TIMING CHARACTERISTICS (See Notes 1 and 2)

Ident. Number	Characteristic	Symbol	MC6821 Min	MC6821 Max	MC68A21 Min	MC68A21 Max	MC68B21 Min	MC68B21 Max	Unit
1	Cycle Time	t_{cyc}	1.0	10	0.67	10	0.5	10	µs
2	Pulse Width, E Low	PW_{EL}	430	–	280	–	210	–	ns
3	Pulse Width, E High	PW_{EH}	450	–	280	–	220	–	ns
4	Clock Rise and Fall Time	t_r, t_f	–	25	–	25	–	20	ns
9	Address Hold Time	t_{AH}	10	–	10	–	10	–	ns
13	Address Setup Time Before E	t_{AS}	80	–	60	–	40	–	ns
14	Chip Select Setup Time Before E	t_{CS}	80	–	60	–	40	–	ns
15	Chip Select Hold Time	t_{CH}	10	–	10	–	10	–	ns
18	Read Data Hold Time	t_{DHR}	20	50*	20	50*	20	50*	ns
21	Write Data Hold Time	t_{DHW}	10	–	10	–	10	–	ms
30	Output Data Delay Time	t_{DDR}	–	290	–	180	–	150	ns
31	Input Data Setup Time	t_{DSW}	165	–	80	–	60	–	ns

*The data bus output buffers are no longer sourcing or sinking current by t_{DHR}max (High Impedance).

FIGURE 1 – BUS TIMING

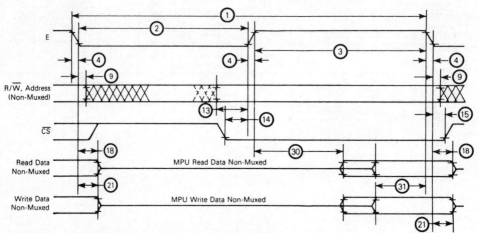

Notes:
1. Voltage levels shown are $V_L \leq 0.4$ V, $V_H \geq 2.4$ V, unless otherwise specified.
2. Measurement points shown are 0.8 V and 2.0 V, unless otherwise specified.

MOTOROLA *Semiconductor Products Inc.*

MC 6821 — MC 68A21 — MC 68B21

PIA INTERFACE SIGNALS FOR MPU

The PIA interfaces to the M6800 bus with an 8-bit bidirectional data bus, three chip select lines, two register select lines, two interrupt request lines, a read/write line, an enable line and a reset line. To ensure proper operation with the MC6800, MC6802, or MC6808 microprocessors, VMA should be used as an active part of the address decoding.

Bidirectional Data (D0-D7) — The bidirectional data lines (D0-D7) allow the transfer of data between the MPU and the PIA. The data bus output drivers are three-state devices that remain in the high-impedance (off) state except when the MPU performs a PIA read operation. The read/write line is in the read (high) state when the PIA is selected for a read operation.

Enable (E) — The enable pulse, E, is the only timing signal that is supplied to the PIA. Timing of all other signals is referenced to the leading and trailing edges of the E pulse.

Read/Write (R/$\overline{W}$) — This signal is generated by the MPU to control the direction of data transfers on the data bus. A low state on the PIA read/write line enables the input buffers and data is transferred from the MPU to the PIA on the E signal if the device has been selected. A high on the read/write line sets up the PIA for a transfer of data to the bus. The PIA output buffers are enabled when the proper address and the enable pulse E are present.

$\overline{RESET}$ — The active low $\overline{RESET}$ line is used to reset all register bits in the PIA to a logical zero (low). This line can be used as a power-on reset and as a master reset during system operation.

Chip Selects (CS0, CS1, and $\overline{CS2}$) — These three input signals are used to select the PIA. CS0 and CS1 must be high and $\overline{CS2}$ must be low for selection of the device. Data transfers are then performed under the control of the enable and read/write signals. The chip select lines must be stable for the duration of the E pulse. The device is deselected when any of the chip selects are in the inactive state.

Register Selects (RS0 and RS1) — The two register select lines are used to select the various registers inside the PIA. These two lines are used in conjunction with internal Control Registers to select a particular register that is to be written or read.

The register and chip select lines should be stable for the duration of the E pulse while in the read or write cycle.

Interrupt Request ($\overline{IRQA}$ and $\overline{IRQB}$) — The active low Interrupt Request lines ($\overline{IRQA}$ and $\overline{IRQB}$) act to interrupt the MPU either directly or through interrupt priority circuitry. These lines are "open drain" (no load device on the chip). This permits all interrupt request lines to be tied together in a wire-OR configuration.

Each Interrupt Request line has two internal interrupt flag bits that can cause the Interrupt Request line to go low. Each flag bit is associated with a particular peripheral interrupt line. Also, four interrupt enable bits are provided in the PIA which may be used to inhibit a particular interrupt from a peripheral device.

Servicing an interrupt by the MPU may be accomplished by a software routine that, on a prioritized basis, sequentially reads and tests the two control registers in each PIA for interrupt flag bits that are set.

The interrupt flags are cleared (zeroed) as a result of an MPU Read Peripheral Data Operation of the corresponding data register. After being cleared, the interrupt flag bit cannot be enabled to be set until the PIA is deselected during an E pulse. The E pulse is used to condition the interrupt control lines (CA1, CA2, CB1, CB2). When these lines are used as interrupt inputs, at least one E pulse must occur from the inactive edge to the active edge of the interrupt input signal to condition the edge sense network. If the interrupt flag has been enabled and the edge sense circuit has been properly conditioned, the interrupt flag will be set on the next active transition of the interrupt input pin.

PIA PERIPHERAL INTERFACE LINES

The PIA provides two 8-bit bidirectional data buses and four interrupt/control lines for interfacing to peripheral devices.

Section A Peripheral Data (PA0-PA7) — Each of the peripheral data lines can be programmed to act as an input or output. This is accomplished by setting a "1" in the corresponding Data Direction Register bit for those lines which are to be outputs. A "0" in a bit of the Data Direction Register causes the corresponding peripheral data line to act as an input. During an MPU Read Peripheral Data Operation, the data on peripheral lines programmed to act as inputs appears directly on the corresponding MPU Data Bus lines. In the input mode, the internal pullup resistor on these lines represents a maximum of 1.5 standard TTL loads.

The data in Output Register A will appear on the data lines that are programmed to be outputs. A logical "1" written into the register will cause a "high" on the corresponding data line while a "0" results in a "low." Data in Output Register A may be read by an MPU "Read Peripheral Data A" operation when the corresponding data lines are programmed as outputs. This data will be read properly if the voltage on the peripheral data lines is greater than 2.0 volts for a logic "1" output and less than 0.8 volt for a logic "0" output. Loading the output lines such that the voltage on these lines does not reach full voltage causes the data transferred into the MPU on a Read operation to differ from that contained in the respective bit of Output Register A.

Section B Peripheral Data (PB0-PB7) — The peripheral data lines in the B Section of the PIA can be programmed to act as either inputs or outputs in a similar manner to PA0-PA7. They have three-state capability, allowing them to enter a high-impedance state when the peripheral data line is used as an input. In addition, data on the peripheral data lines

 MOTOROLA Semiconductor Products Inc.

PB0-PB7 will be read properly from those lines programmed as outputs even if the voltages are below 2.0 volts for a "high" or above 0.8 V for a "low". As outputs, these lines are compatible with standard TTL and may also be used as a source of up to 1 milliampere at 1.5 volts to directly drive the base of a transistor switch.

Interrupt Input (CA1 and CB1) — Peripheral input lines CA1 and CB1 are input only lines that set the interrupt flags of the control registers. The active transition for these signals is also programmed by the two control registers.

Peripheral Control (CA2) — The peripheral control line CA2 can be programmed to act as an interrupt input or as a peripheral control output. As an output, this line is compatible with standard TTL; as an input the internal pullup resistor on this line represents 1.5 standard TTL loads. The function of this signal line is programmed with Control Register A.

Peripheral Control (CB2) — Peripheral Control line CB2 may also be programmed to act as an interrupt input or peripheral control output. As an input, this line has high input impedance and is compatible with standard TTL. As an output it is compatible with standard TTL and may also be used as a source of up to 1 milliampere at 1.5 volts to directly drive the base of a transistor switch. This line is programmed by Control Register B.

INTERNAL CONTROLS

INITIALIZATION

A RESET has the effect of zeroing all PIA registers. This will set PA0-PA7, PB0-PB7, CA2 and CB2 as inputs, and all interrupts disabled. The PIA must be configured during the restart program which follows the reset.

There are six locations within the PIA accessible to the MPU data bus: two Peripheral Registers, two Data Direction Registers, and two Control Registers. Selection of these locations is controlled by the RS0 and RS1 inputs together with bit 2 in the Control Register, as shown in Table 1.

Details of possible configurations of the Data Direction and Control Register are as follows:

TABLE 1 — INTERNAL ADDRESSING

RS1	RS0	Control Register Bit CRA-2	Control Register Bit CRB-2	Location Selected
0	0	1	X	Peripheral Register A
0	0	0	X	Data Direction Register A
0	1	X	X	Control Register A
1	0	X	1	Peripheral Register B
1	0	X	0	Data Direction Register B
1	1	X	X	Control Register B

X = Don't Care

PORT A-B HARDWARE CHARACTERISTICS

As shown in Figure 17, the MC6821 has a pair of I/O ports whose characteristics differ greatly. The A side is designed to drive CMOS logic to normal 30% to 70% levels, and incorporates an internal pullup device that remains connected even in the input mode. Because of this, the A side requires more drive current in the input mode than Port B. In contrast, the B side uses a normal three-state NMOS buffer which cannot pullup to CMOS levels without external resistors. The B side can drive extra loads such as Darlingtons without problem. When the PIA comes out of reset, the A port represents inputs with pullup resistors, whereas the B side (input mode also) will float high or low, depending upon the load connected to it.

Notice the differences between a Port A and Port B read operation when in the output mode. When reading Port A, the actual pin is read, whereas the B side read comes from an output latch, ahead of the actual pin.

CONTROL REGISTERS (CRA AND CRB)

The two Control Registers (CRA and CRB) allow the MPU to control the operation of the four peripheral control lines CA1, CA2, CB1, and CB2. In addition they allow the MPU to enable the interrupt lines and monitor the status of the interrupt flags. Bits 0 through 5 of the two registers may be written or read by the MPU when the proper chip select and register select signals are applied. Bits 6 and 7 of the two registers are read only and are modified by external interrupts occurring on control lines CA1, CA2, CB1, or CB2. The format of the control words is shown in Figure 18.

DATA DIRECTION ACCESS CONTROL BIT (CRA-2 and CRB-2)

Bit 2, in each Control Register (CRA and CRB), determines selection of either a Peripheral Output Register or the corresponding Data Direction E Register when the proper register select signals are applied to RS0 and RS1. A "1" in bit 2 allows access of the Peripheral Interface Register, while a "0" causes the Data Direction Register to be addressed.

Interrupt Flags (CRA-6, CRA-7, CRB-6, and CRB-7) — The four interrupt flag bits are set by active transitions of signals on the four Interrupt and Peripheral Control lines when those lines are programmed to be inputs. These bits cannot be set directly from the MPU Data Bus and are reset indirectly by a Read Peripheral Data Operation on the appropriate section.

Control of CA2 and CB2 Peripheral Control Lines (CRA-3, CRA-4, CRA-5, CRB-3, CRB-4, and CRB-5) — Bits 3, 4, and 5 of the two control registers are used to control the CA2 and CB2 Peripheral Control lines. These bits determine if the control lines will be an interrupt input or an output control signal. If bit CRA-5 (CRB-5) is low, CA2 (CB2) is an interrupt input line similar to CA1 (CB1). When CRA-5 (CRB-5) is high, CA2 (CB2) becomes an output signal that may be used to control peripheral data transfers. When in the output mode, CA2 and CB2 have slightly different loading characteristics.

 MOTOROLA *Semiconductor Products Inc.*

Control of CA1 and CB1 Interrupt Input Lines (CRA-0, CRB-1, CRA-1, and CRB-1) — The two lowest-order bits of the control registers are used to control the interrupt input lines CA1 and CB1. Bits CRA-0 and CRB-0 are used to enable the MPU interrupt signals $\overline{IRQA}$ and $\overline{IRQB}$, respectively. Bits CRA-1 and CRB-1 determine the active transition of the interrupt input signals CA1 and CB1.

FIGURE 17 — PORT A AND PORT B EQUIVALENT CIRCUITS

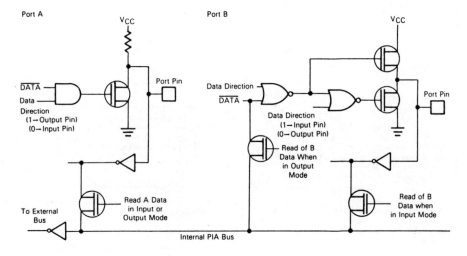

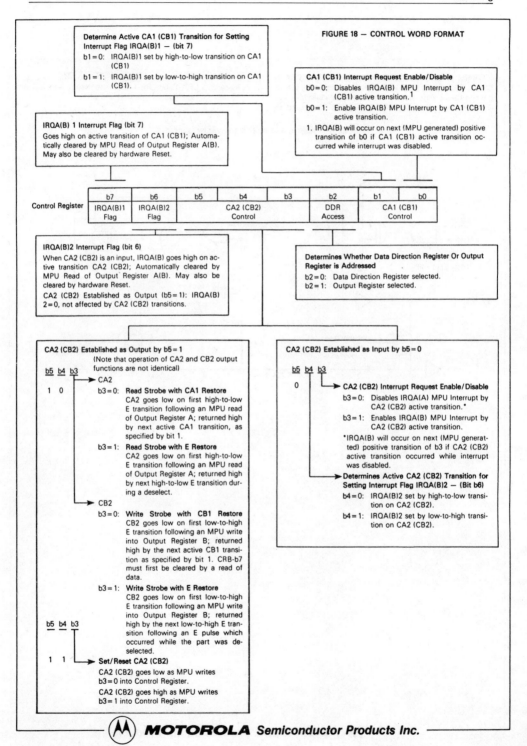

Anhang 191

 MOTOROLA *Semiconductor Products Inc.*

MCM2716

2048 × 8-BIT UV ERASABLE PROM

The MCM2716 is a 16,384-bit Erasable and Electrically Reprogrammable PROM designed for system debug usage and similar applications requiring nonvolatile memory that could be reprogrammed periodically. The transparent lid on the package allows the memory content to be erased with ultraviolet light.

For ease of use, the device operates from a single power supply and has a static power-down mode. Pin-for-pin mask programmable ROMs are available for large volume production runs of systems initially using the MCM2716.

- Single 5 V Power Supply
- Automatic Power-down Mode (Standby)
- Organized as 2048 Bytes of 8 Bits
- TTL Compatible During Read and Program
- Maximum Access Time = 450 ns MCM2716
- Pin Equivalent to Intel's 2716
- Pin Compatible to MCM68A316E
- Output Enable Active Level is User Selectable

MOS
(N-CHANNEL, SILICON-GATE)

2048 × 8-BIT
UV ERASABLE PROM

C SUFFIX
FRIT-SEAL CERAMIC PACKAGE
CASE 623A

L SUFFIX CERAMIC PACKAGE
ALSO AVAILABLE — CASE 716

PIN ASSIGNMENT

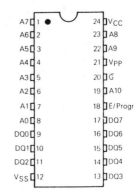

*Pin Names	
A	Address
DQ	Data Input/Output
Ē/Progr	Chip Enable/Program
Ḡ	Output Enable

*New industry standard nomenclature

MOTOROLA'S PIN-COMPATIBLE EPROM FAMILY

64K — MCM68764
32K — MCM2532
16K — MCM2716

MOTOROLA'S PIN-COMPATIBLE ROM FAMILY

64K — MCM68A364
32K — MCM68A332
16K — MCM68A316E

INDUSTRY STANDARD PINOUTS

©MOTOROLA INC., 1981   DS9817R1

MODE SELECTION

Mode	Pin Number					
	9-11, 13-17 DQ	12 V_{SS}	18 $\overline{E}$/Progr	20 $\overline{G}$*	21 V_{PP}	24 V_{CC}
Read	Data Out	V_{SS}	V_{IL}	V_{IL}	V_{CC}*	V_{CC}
Output Disable	High Z	V_{SS}	Don't Care	V_{IH}	V_{CC}*	V_{CC}
Standby	High Z	V_{SS}	V_{IH}	Don't Care	V_{CC}	V_{CC}
Program	Data In	V_{SS}	Pulsed V_{IL} to V_{IH}	V_{IH}	V_{IHP}	V_{CC}
Program Verify	Data Out	V_{SS}	V_{IL}	V_{IL}	V_{IHP}	V_{CC}
Program Inhibit	High Z	V_{SS}	V_{IL}	V_{IH}	V_{IHP}	V_{CC}

*In the Read Mode if $V_{PP} \geq V_{IH}$, then $\overline{G}$ (active low)
$V_{PP} \leq V_{IL}$, then G (active high)

BLOCK DIAGRAM

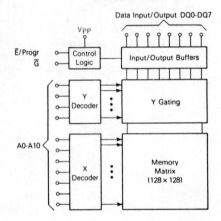

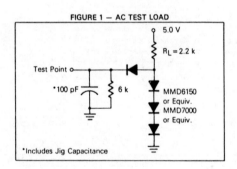

FIGURE 1 — AC TEST LOAD

*Includes Jig Capacitance

MOTOROLA *Semiconductor Products Inc.*

DC OPERATING CONDITIONS AND CHARACTERISTICS
(Full operating voltage and temperature range unless otherwise noted)

RECOMMENDED DC READ OPERATING CONDITIONS

Parameter		Symbol	Min	Nom	Max	Unit
Supply Voltage*	MCM2716	V_{CC}	4.75	5.0	5.25	V
		V_{PP}	4.75	5.0	5.25	
Input High Voltage		V_{IH}	2.0	—	$V_{CC} + 1.0$	V
Input Low Voltage		V_{IL}	−0.1	—	0.8	V

RECOMMENDED DC OPERATING CHARACTERISTICS

Characteristic	Condition	Symbol	MCM2716			Units
			Min	Typ	Max	
Address, $\overline{G}$ and $\overline{E}$/Progr Input Sink Current	$V_{in} = 5.25$ V	I_{in}	—	—	10	μA
Output Leakage Current	$V_{out} = 5.25$ V $\overline{G} = 5.0$ V	I_{LO}	—	—	10	μA
V_{CC} Supply Current (Standby) 2716	$\overline{E}$/Progr = V_{IH} $\overline{G} = V_{IL}$	I_{CC1}	—	—	25	mA
V_{CC} Supply Current (Active) 2716 (Outputs Open)	$\overline{G} = \overline{E}$/Progr = V_{IL}	I_{CC2}	—	—	100	mA
V_{PP} Supply Current*	$V_{PP} = 5.25$ V	I_{PP1}	—	—	5.0	mA
Output Low Voltage	$I_{OL} = 2.1$ mA	V_{OL}	—	—	0.45	V
Output High Voltage	$I_{OH} = -400$ μA	V_{OH}	2.4	—	—	V

*V_{CC} must be applied simultaneously or prior to V_{PP}. V_{CC} must also be switched off simultaneously with or after V_{PP}. With V_{PP} connected directly to V_{CC} during the read operation, the supply current would then be the sum of I_{PP1} and I_{CC}.

AC OPERATING CONDITIONS AND CHARACTERISTICS
(Full operating voltage and temperature range unless otherwise noted)

Input Pulse Levels .... 0.8 Volt and 2.2 Volts
Input Rise and Fall Times .... 20 ns
Input and Output Timing Levels .... 2.0 and 0.8 Volts
Output Load .... See Figure 1

Characteristic	Condition	Symbol	MCM2716		Units
			Min	Max	
Address Valid to Output Valid	$\overline{E}$/Progr = $\overline{G} = V_{IL}$	t_{AVQV}	—	450	ns
$\overline{E}$/Progr to Output Valid	(Note 2)	t_{ELQV}	—	450	ns
Output Enable to Output Valid	$\overline{E}$/Progr = V_{IL}	t_{GLQV}	—	150	ns
$\overline{E}$/Progr to High Z Output	—	t_{EHQZ}	0	100	ns
Output Disable to High Z Output	$\overline{E}$/Progr = V_{IL}	t_{GHQZ}	0	100	ns
Data Hold from Address	$\overline{E}$/Progr = G = V_{IL}	t_{AXDX}	0	—	ns

MOTOROLA Semiconductor Products Inc.

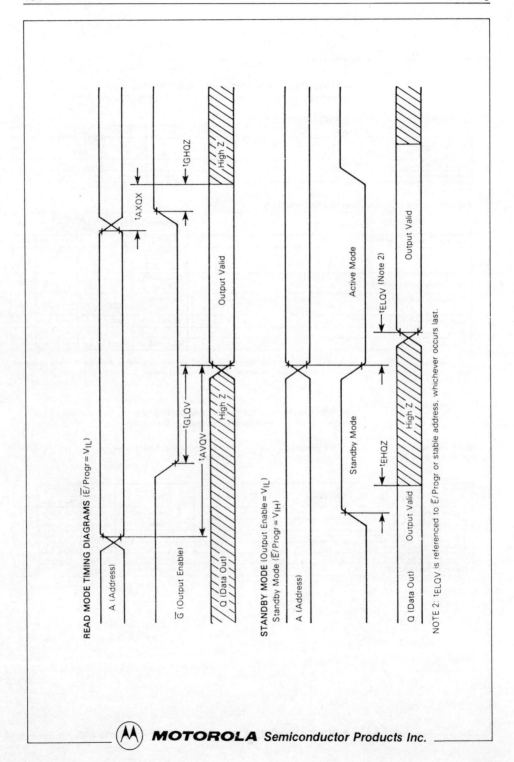

Sachwortverzeichnis

A
A0, logische Adresse 5—6
AS, Steuerleitung, 6
Adreßbus, Übersicht 5
Adreßpufferung 7
Adreßpufferung, Prüfung 95 ff
Adreß-Stimulierung, SST 87
Ausgangs-Port, Fehlersuche 128

B
bidirektionale Pufferung 12 ff
bidirektionale Pufferung, Schaltung 13, 17
Blockbild des ROM-Systems 19
Blockbild des statischen RAM-Systems 29
Bus Konflikt, Zeitdiagramm 36
Bustreiber 74LS245 14

C

D
Datenbus, Übersicht 8 ff
Datenbus-Pufferung 12 ff
Datenstimulierung, SST 91
Datenüberwachung, SST 91 ff
$\overline{DTACK}$, Prüfung mit SST 106, 131

E
EPROM 2716, 18

F
Flußdiagramm, Schrittmuster 137 ff

G
Gehäusemaße, 68000 4

I
I/O-PIA 6821, 59 ff
I/O-Operation, Überblick 47 ff
I/O-Operation, Fehlersuche 119 ff
I/O-Port, Adresse 48
I/O-Port, Schaltung 55
IORQ-Steuersignal 49

L
$\overline{LDS}$, Steuersignal 8
$\overline{LDS}$, Zeitdiagramm 16

M

O
Originalunterlagen der Hersteller siehe Anhang

P
PIA 6821, Überblick 59 ff
PIA 6821, Programmierung 62 ff
Port-Lese-Sequenz 52
Port-Schreib-Sequenz 50
Pufferung 12
Pufferbaustein 74LS245 14

R
READ-Zyklus 39
R/$\overline{W}$, Steuersignal 12
R/$\overline{W}$, Zeitdiagramm 16
RAM, Lese-Zyklus 39
RAM, Schreib-Zyklus 41
ROM, Lese-Zyklus 19, 22

S
Schaltung, RAM-System 40
Schaltung, ROM-System 21
Schaltung, bidirektionale Puffer 17
Schaltung, I/O-Port 55
Schrittmuster, Flußdiagramm 138
Schrittmuster, Programm 144 ff
Speicheranwahlleitungen 20
Speichersteuersignale des 2114 37
Speichersystemdiagnose 133 ff
statisches RAM, Überblick 28
statisches RAM, Systemschaltbild 40
statischer Stimuliertest, Hardware 87 ff
statischer Stimuliertest, Überblick 84

T
Test durch statische Stimulierung 83 ff

U
$\overline{UDS}$, Steuerleitung 8
$\overline{UDS}$, Zeitdiagramm 16

V
VPA, Eingang des 68000 69

W
WRITE-Zyklus 41

X, Y

Z
Zeitdiagramm, Schreiben/Lesen 24
Zeitdiagramm, I/O mit 6821 73

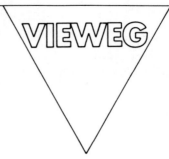

Gerhard Schnell und Konrad Hoyer
Mikrocomputer-Interfacefibel
1984. X, 175 S. 16,2 X 22,9 cm. Brosch.

Jede Datenübertragung zwischen einem Mini- oder Mikrocomputer einerseits und einem Peripheriegerät andererseits wird — hard- und softwaremäßig — durch ein Bindeglied „Interface" geregelt. Das Lehr- und Arbeitsbuch behandelt diese Zwischenschaltungen und die dazugehörigen Assemblerprogramme in systematischer Gliederung vom einfachen Interface für einen Schalter oder eine Leuchtdiode bis zum Interface für eine Tastatur oder den IEC-Bus.

Darüber hinaus werden verschiedene Übertragungsarten (RTZ, NRTZ, Manchester usw.) und Bussysteme (IEC, VME, P896) beschrieben sowie die Kodesicherungen mit Parität, Prüfsumme und CRC.

Ein eigenes Kapitel ist den programmierbaren seriellen und parallelen Universal-Interface-Bausteinen gewidmet, die als Industriestandards in Interface-Schaltungen weite Verbreitung gefunden haben.

Sämtliche Schaltungen und Programme sind so übersichtlich und klar gestaltet und beschrieben, daß der Leser das Wesentliche ohne große Mühe zu erfassen vermag.

Gerhard Schnell und Konrad Hoyer
Mikrocomputerfibel
Vom 8-bit-Chip zum Grundsystem. Unter Mitarbeit von Burkhard Kours.
2., durchges. Aufl. 1983. X, 231 S. 16,2 X 22,9 cm. Brosch.

Dieses einführende Lehrbuch behandelt fast alle auf dem Markt befindlichen 8-bit-Mikroprozessoren sowohl hard- als auch softwaremäßig: 8080, 8085, Z80, 2650, 6802, 6502, 1802 und SCMP. Die Beschaltung der einzelnen Mikroprozessoren und ihre Erweiterung zum voll funktionsfähigen Grundsystem mit kleinem Speicher und Ein- und Ausgabeeinheit wird ausführlich behandelt.

Der Besprechung der Hardware läuft die Einführung in die Programmierung parallel. Vom einfachsten kleinen Addierprogramm über ein sehr lehrreiches, kurzes Echtzeitprogramm bis zu einem anspruchsvollen Uhrenprogramm wird der Leser mit den Programmiertechniken und den wichtigen Befehlen aller Mikroprozessoren vertraut gemacht.

Eingestreute Aufgaben mit Lösungen ermuntern zur Lernkontrolle und ein umfangreicher Anhang bietet zusätzlich ein kleines Mikrocomputer-Lexikon der wichtigsten Begriffe, verschiedene Tabellen als Arbeitshilfen und eine Liste von Herstellern.

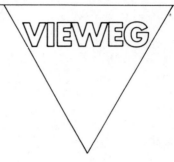

Rainer Kassing
Mikrocomputer — Struktur und Arbeitsweise
Hrsg. von Harald Schumny. 1984. X, 182 S. mit 149 Abb. u. zahlr. Beisp. 16,2 X 22,9 cm. (Viewegs Fachbücher der Technik/Reihe Informationstechnik.) Brosch.

Die moderne Digitaltechnik hat in den letzten Jahren einen ungeahnten Aufschwung genommen. Die Bereiche Bildung und Ausbildung sind von dieser Entwicklung nicht ausgenommen.

Die Ursache dieser „elektronischen Revolution" ist der Mikroprozessor: die auf einem Siliziumkristall realisierte Zentraleinheit eines Computers.

Dieses Buch macht den Mikroprozessor durchsichtig anhand eines aus Digitalbausteinen aufgebauten Modellprozessors. Durch den folgenden Aufbau eines Modellmikrocomputers wird der Blick nur auf das Wesentliche, die bleibende Struktur von kommerziellen Mikrocomputern gelenkt.

Der Lehrstoff ist auf eine Zielgruppe abgestimmt, die keine besonderen Vorkenntnisse mitbringt. Deshalb konnte die Darstellung der Zusammenhänge, durch bewußte Beschränkung bei der Stoffauswahl, kompakt werden. Dies erleichtert dem Neuling auf diesem Gebiet den notwendigen Einstieg.

Armin Schöne
Digitaltechnik und Mikrorechner
1984. 168 S. mit 102 Abb. und zahlr. Beisp. 16,2 X 22,9 cm. Brosch.

Als Grundlagenfach im Studium der Nachrichtentechnik, Automatisierungstechnik und Informatik spielt die Digitaltechnik eine besonders wichtige Rolle. Dieses Buch behandelt den Entwurf von Schaltnetzen, Schaltwerken und Mikrorechnersystemen. Die theoretischen Zusammenhänge sind knapp, aber präzise dargestellt. Die wichtigen Schritte von der Theorie zum Entwurf werden aufgezeigt. An geeigneten Stellen sind kleinere Beispiele eingefügt, die den Text erläutern. Jedes Hauptkapitel enthält darüber hinaus ein vollständig ausgeführtes Entwurfsbeispiel.

Studenten der Fachhochschulen und der Technischen Universitäten werden die komprimierte Art der Darstellung begrüßen, wenngleich ein konzentriertes Arbeiten mit dem Buch dadurch unumgänglich wird. Papier und Bleistift gehören deshalb als weiteres Arbeitsmaterial neben dieses Studienbuch, will man aus ihm vollen Nutzen ziehen. Informatikern und Entwicklungsingenieuren bietet dieses Buch einen Überblick über die Zusammenhänge unterschiedlicher Entwurfsverfahren auf unterschiedlichen Entwurfsebenen.